高校体育文化理论与实践研究

董艳芬　著

北京工业大学出版社

图书在版编目（CIP）数据

高校体育文化理论与实践研究 / 董艳芬著. — 北京 ：北京工业大学出版社，2025.7重印
ISBN 978-7-5639-6841-1

Ⅰ. ①高… Ⅱ. ①董… Ⅲ. ①高等学校－体育文化－研究 Ⅳ. ①G807.4

中国版本图书馆 CIP 数据核字（2019）第 102363 号

高校体育文化理论与实践研究

著　　者：董艳芬
责任编辑：李倩倩
封面设计：点墨轩阁
出版发行：北京工业大学出版社
（北京市朝阳区平乐园 100 号　邮编：100124）
010-67391722（传真）　bgdcbs@sina.com
经销单位：全国各地新华书店
承印单位：三河市元兴印务有限公司
开　　本：710 毫米 ×1000 毫米　1/16
印　　张：13
字　　数：260 千字
版　　次：2021 年 10 月第 1 版
印　　次：2025 年 7 月第 4 次印刷
标准书号：ISBN 978-7-5639-6841-1
定　　价：50.00 元

前 言

高校体育文化是中国特色社会主义先进文化的重要组成部分，是在学校的特定环境下，经过全体师生的共同努力，促使体育文化和高校文化相互碰撞、整合、渗透、积淀而形成的产物。高校体育文化历史悠久、持续时间长、影响广泛，具有鲜明的时代性、教育性、实践性等特征。作为高校体育教育发展的重要内容，高校体育文化建设不仅引领着学校体育工作的发展方向，还担负着营造积极健康的高校体育文化氛围的使命。

发展积极向上、健康有益的高校体育文化，一方面可以充分发挥高校体育文化在强身健体、休闲娱乐、发展个性、陶冶情操、教学育人等方面的独特价值，对学校师生的价值取向、人格塑造、道德品质和行为习惯产生深远的影响；另一方面可以促使他们从更深层次上理解体育文化，从而树立终身体育意识。可见，研究高校体育文化具有重要的现实意义。

高校体育文化建设与学校体育教学实践是相辅相成的。体育教学是高校体育文化的一种呈现方式，也是构成高校体育文化的重要内容。在体育教学中有效融入体育文化，在高校体育文化建设中大力开展体育教学，从而加强二者的互动发展，是学校体育教学改革的内在要求，也是学校教育管理创新的必然结果。此外，二者的融合更有利于对满足社会主义现代化建设所需要的全面发展的人才进行培养。有鉴于此，笔者特撰写《高校体育文化理论与实践研究》一书，以期为高校体育文化的顺利建设及健康发展提供理论指导。

本书共有十二章，第一章至第四章是理论部分，着重分析高校体育文化的基本知识、建设理论、与现代化的关系及传播。第五章至第十二章是高校体育教学实践项目，包括高校篮球运动、足球运动、排球运动、羽毛球运动、网球运动、乒乓球运动、健美操运动以及啦啦操运动，以期为高校体育教学的开展及高校体育文化的发展提供实践指导。

总体来看，本书主要依据高校体育文化建设的要求，结合目前我国特有的文化底蕴和高校体育文化发展的实际情况来研究高校体育文化建设与实践。在研究过程中，笔者阐述了高校体育文化建设的基础理论，提出了加强高校体育多元文化建设的建议，并对建设路径的拓展进行了探索，最后针对高校常见运动项目的教学实践进行了研究，与高校体育文化建设形成了互动发展的关系，突出了本书的理论性、学术性、科学性及实用性。希望本书能够为高校体育文化的繁荣发展提供有价值的参考和指导。

在撰写本书的过程中，笔者参考了大量相关书籍和资料，在此向有关专家和学者表示敬意和感谢。由于笔者水平有限，书中难免存在不足之处，欢迎广大读者批评指正。

目　录

第一章　高校体育文化概论

作为体育文化的一个重要组成部分，高校体育文化的发展和完善对于高校体育的开展有着非常重要的影响。本章就高校体育文化的基本知识进行阐述，内容主要包括高校体育文化的相关概念解析、内涵与本质、结构与内容、特征与功能。

第一节　高校体育文化的相关概念解析

一、文化

文化可以分为广义的文化和狭义的文化。广义的文化包括一切物质财富和精神财富，是人类作用于自然界和社会成果的总和，又被称为“大文化”，其着眼于人类社会与自然界的本质区别。狭义的文化指意识形态所创造的精神财富，它专注于精神创造活动及其结果，又被称作“小文化”，主要包括道德情操、学术思想、宗教、信仰、各种制度、文学艺术、风俗习惯、科学技术等。值得注意的是，狭义的文化从属于广义的文化，二者是不可分割的。

二、高校文化

通常来说，可以从宏观和微观两个层面来对事物加以分析和认知。所以，为了对高校文化有准确、全面的了解，也可以从宏观和微观两个层面进行阐释。

（一）宏观层面

就宏观层面来看，高校文化是指在学校范围内多种精神或实体存在方式的综合，这主要体现在学校的物质文化、精神文化和制度文化等方面。

（二）微观层面

从微观层面来说，高校文化就是一种精神文化和文化氛围的总称，其主要内容是学校课外文化活动。

高校文化是不同于其他主流体育课程教育形式的课延文化，而课延文化是一种课程文化的延伸形式，是高校中一种辅助性的、课外性的课程文化。

三、体育文化

（一）体育文化相关概念辨析

为了更好地认识和理解体育文化，我们需要对体育文化的几个相关概念加以理解。

1. 体育文化丛

这是指在一定的时间和空间内得以产生并发展起来的，在功能方面能够相互整合的体育文化特质丛体，它是一个对体育文化特质进行研究的单位。例如，作为传统体育文化的一个特定内容，武术文化在其历史发展中受到文化的辐射，就军事需要这一单纯的方面来说，武术文化从其所需的实用性的局限中脱离出来，这样既将攻防技击的精髓保留了下来，又在审美、健身等方面得到更好的发展，从而构建起了一个比较完善的传统武术文化丛林。体育文化丛是各种文化特质持续发展、相互整合的结果，共同形成了文化特质交错的体系。

2. 体育文化交流

世界体育是在体育文化相互交流中不断演进的，交流的过程涉及很多体育文化观念的相互比较、变迁和冲突，从而更好地推动了世界体育总体发展的步伐。

体育文化交流突破了本民族的一些保守性，成为进步的表征，这也是体育文化动力精神力量使然。体育文化的交流，其基本含义主要包括以下几个方面。

第一，体育运动以交流为存在形式。

同其他社会文化方式和形态有着很大的不同，体育运动以交流的形式存在。体育运动向着开放性的方向发展是由其竞技性所决定的，这种竞技性既能够从技艺、体能、胜负得分的竞争中体现出来，又能从竞赛规则、组织制度、价值观念，甚至与体育运动有关的依附于体育运动而存在的器物层面等诸多方面充分体现出来。

第二，体育文化的共享性。

体育运动是在简洁明了的规则基础上建立起来的。作为一种文化符号，这种游戏规则具备了进行广泛交流的重要前提。这使不同种族、不同语言的民族运动员能够站在同一个竞技场上进行比赛，而不存在其他障碍。

第三，体育交流具有文化载体的性质。

体育文化交流从来就不是单纯的体育文化行为，政治、经济、社会文化的多重意义附加在体育文化交流中，从而形成文化载体的作用。

第四，体育文化交流能够将文化关系体现出来。

这主要表现为冲突、影响、干涉、融合，并且是双向互动的。武术冲出亚洲走向世界的过程和对以奥林匹克运动为主的西方体育进行接收的过程，都能够将体育文化交流中的文化关系体现出来。

3. 体育文化冲突

随着现代社会的发展，体育文化出现了不同的类型和不同的模式，这些体育文化常因在价值观念方面不尽相同，甚至差异非常大而出现冲突，这便是体育文化的冲突。在体育文化交流中，体育文化冲突是一种较为常见的现象。

从体育文化冲突中能够看出，源于传统文化的体育运动方式，在同其他具有不同行为模式、思维方式，甚至游戏规则的体育运动相互接触的过程中，产生了消极反应等一系列心理不适应的状态。体育文化冲突产生的原因有很多种，具体如下。

（1）文化区域上的差异

虽然从体质学方面来说，身体活动方式具有共同性和一致性，但各种运动的情趣和思路都蕴藏着民族区域的文化观念。又因为民族区域是体育运动得以产生的源头，但世界各民族又各有特点，存在差异，这就造成了体育文化的冲突。

（2）时代特征的不可超越

在社会文化中，体育运动是其中的主体部分，与时代文化相吻合也是必然的。我们可以将奥林匹克运动恢复，但古奥林匹克运动同现代奥林匹克运动在意义方面还是存在差别的，现代奥林匹克运动经过 100 多年的发展，也在各个不同的时间段带给人们不同的感觉。体育文化冲突的时代性典型地反映出了体育运动的社会性特征。

（二）体育文化的基本含义

就概念来说，体育文化和体育并不等同，体育是具有动力性的，而体育文化是具有结构性的。体育文化同一般文化概念也不同，因为在体育文化中，结构不仅是行动的中介工具，也是行动本身。它不是制约竞争和进取，而是为竞争和进取提供了条件和保证。也就是说，体育文化并不是对人类狂野彪悍的原始生命力予以压制和束缚，而是要昂首步入相互促进的轨道之中。

体育文化能够很好地促进进取性道德和竞争心的形成，因此，它是具有价值的，也是值得发扬的，这能够很好地克服缺乏竞争能力者的乖巧、懦弱、卑劣等心态，能够很好地对个人和民族的身体素质和精神品质进行改善，促使民族的生命力得以增强。这个作用，对于社会的进步，对于当前正在进行的改革和现代化，也是一种推动。体育文化具有如下几个性质。

1. 体育文化的民族性

人类文化既具有共性，又具有个性，这种人类文化的差异性，便是其民族性的表现。生活在不同区域的人类所创造出的文化具有不同的类型和不同的形态，它们同时也塑造出了具有不同文化特征的群体。每一种形式的民族文化都与本民族的形成、发展和延续有着非常紧密的关系，同时也与本民族的风土人情、生产水平、经济条件、地理环境、社会结构相适应。

同文化产业相同的是，每一个民族的体育文化都在一定的区域范围之内形成，并逐步发展成为全民族共同的文化现象。因此，就这一层面来说，所有的体育文化都是民族的，不存在超越民族的体育文化。但需要注意的是，任何一个民族的体育文化在发展到一定程度后就会产生膨胀，必然将原有的躯壳打破并向外进行扩散，与其他民族的体育文化进行接触，并接受来自外部文化的影响。

体育文化的民族性的内容核心是民族的心理、语言、性格以及在这个基础上所形成的体育文化模式。生活方式和体育文化的不同是由不同的心理、语言、性格所塑造而成的，这些差异又内化在民族的性格和心理等因素之中，使体育文化的民族性得以固化，从而很难被动摇。

2. 体育文化的人类性

人类性是指一个民族的体育文化所蕴含的具有普遍性的品格，它能够被各个民族所理解或吸收，其主要的动因是人类有能够超越民族限制的共同的理性和需求。在民族体育文化中，体育文化能够代表一个民族的整体精神风貌和旺盛的生命力，它具有世界性的意义和价值。例如，中华民族古老的养生文化具有追求生命质量的人类共性，这是人类体育文化的一部分，有着超越地域、语言、民族、国家界限的力量。

3. 体育文化的变异性

变异性是指在形成和发展的过程中，体育文化在内容、结构、模式等方面发生变化的属性。历史并不是一成不变地向前发展的，它需要在历史进程中对外部世界和其他体育文化的积极的或先进的要素进行不断吸收，以此来不断调试自身，这样才能获得进一步发展。在文化发展中，传播和交流是其主要的动力，如果缺少了传播和交流，文化就很难发生改变，如果文化没有产生变化，它就会成为一潭死水，走向灭亡。当然，体育文化的变异并非总是积极的，或全部是积极的。历史发展的曲折性就表现在体育文化发展的方向是进步的，但在前进过程中会有挫折。从殷商开始，中国文化便代代相传，虽然中间出现了很多曲折，但并没有因此而中断，中国体育文化也同样如此。如此，在经过几次明显的变异之后，中国体育文化先是从秦朝对“武勇”崇尚的体育文化发展成为汉代对“费力尚德”体育文化的推崇；汉代和唐代对足球文化的推崇，使其发展至宋代成为单球门的游戏。以上这些变异体现出了体育文化的变异属性。

4. 体育文化的时代性

文化也具有特定的内容、形态和性质，能够呈现出比较鲜明的时代性。在各个时代，体育价值观念是不相同的，因此，对于各个时代的体育文化不能采用同样的标准进行衡量，而是要从历史的角度对体育文化的评价进行审视，既从中看到其所具有的进步性，又看到时代的局限性。

体育文化的时代内容与形式使体育文化发展呈现阶段性特征。所有的体育文化都具有民族性，同时也具有时代性，这两者属于一般与特殊的关系。一般之处通常表现为各个不同民族的文化在同一时代表现出相同的时代特点，同一民族在同一时代有着相同的心理变化；特殊之处则表现为各个不同民族的文化在同一时代都具有各自的民族特点，同一民族在同一时代又由于有不同党派、不同阶级而产生不同的心理。由此可见，文化的民族性就包含在时代性之中，文化的时代性就包含在民族性之中，这是同一内容的两种不同性质。

5. 体育文化的继承性

继承性是指在历经各个不同时代的发展之后，体育文化依然对原有的一些特质或属性进行了保留。所有的文化都是由人类亲自创造出来的。正是由于人类文化的传播特性和人类意识的历史积累性，体育文化才具备了能够通过图像、文字、语言等媒体在社会价值体系和人类的意识领域中进行传承的特性。当然，体育文化由于以身体动作为基本形式，因此身体是其主要传承形式，但依附于体育文化之上的独有的语言和文字也具有强大的传承功能。发展至今，体育比赛在数量方面越来越多，人们通过采用各类大型体育比赛的形式，来促使体育文化得到更好的传承。在体育文化传承方面，与体育相关的歌曲、谚语、邮票、电影等实物也是不可忽视的主要形式。

四、高校体育文化

（一）不同学者对高校体育文化的解释

1. 周征对高校体育文化的解释

周征也从广义和狭义两个层面对高校体育文化的概念提出了自己的看法，分析如下。

第一，从广义的层面来看，在学校体育教学、体育活动、体育管理等实践过程中，由师生员工所创造并保存的所有内容即高校体育文化。

第二，从狭义的层面来看，以学生为主体，教师为主导，在学校体育这个主要空间所形成的文化形态即高校体育文化。体育道德、体育观念、体育价值、体育行为等都属于高校体育文化的内容，这些内容主要是通过体育教学、体育竞技等体育活动形式呈现出来的。

2. 魏秋珍对高校体育文化的解释

魏秋珍认为，人们在高校这一特定的环境中通过实践活动所创造的所有财富总合即高校体育文化，其既包含物质财富，又包含精神财富。

魏秋珍还从广义与狭义两个层面对高校体育文化进行了解释，阐释如下。

第一，从广义上来看，在学校体育教学、体育训练、体育竞赛以及体育设施建设等实践中形成和创造的物质与精神财富，即高校体育文化。

第二，从狭义上来看，学生的体育思想、体育意识、体育价值观等即高校体育文化。

3. 卢元镇对高校体育文化的解释

卢元镇对高校体育文化概念的解释主要有以下两种。

第一，从广义上而言，在体育教育、体育活动等实践过程中，学校师生依托学校现有条件所创造的物质方面与精神方面的所有内容的总和就是所谓的高校体育文化。

第二，从狭义上来讲，在学校特定的教学环境下和丰富多彩的体育活动中，师生（以学生为主体，以教师为主导）共同作用而形成的体育精神、体育价值观、体育道德、体育能力、体育行为等为高校体育文化。

4. 严德一对高校体育文化的解释

严德一认为，以一定的社会条件（政治、经济、文化、教育等）为依托，由学校内部有形的体育物质环境和无形的体育社会环境共同构成的体育生存氛围就是所谓的高校体育文化。从这一观点来看，高校体育文化极具高校特色。

（二）高校体育文化的概念

以上几种观点都有利于我们从不同的角度来认识高校体育文化。当前，关于高校体育文化概念的界定，认可度比较高的是由曲宗湖、杨文轩等学者在《课余体育新视野》一书中提出的观点，这些学者一致认为，高校体育文化是以高校为空间，以学生、教师参与为主体，以身体练习为手段，以多种多样的体育锻炼项目为主要内容，具有独特表现形式的一种群体文化。

第二节　高校体育文化的内涵与本质

一、高校体育文化的内涵

在高校文化中，高校体育文化是非常重要的组成部分，它是将高校作为空间，将师生作为参与的主体，采用身体练习的手段，将各类体育运动项目作为主要内容，有着独特表现形式的一种群体性文化。

对于高校体育文化，我们可以从广义和狭义两个层面进行理解：从广义的层面来说，高校体育文化就是在学校现有的环境中，学校师生在体育教育、体育活动和体育学习等过程中创造出来的精神和物质的所有内容。从狭义的层面来说，高校体育文化是在学校教学环境下，教师主导下的行为主体在各种体育活动中相互作用所创造出来的学校文化形态，是学校这一特殊社区的体育群体意识。

一些学者认为，高校体育文化具有多功能指向的特点，具体如下。

从教育视角来说，高校体育文化能够促使学生的思想品质得到提升，培养学生良好的道德品质、体育观念、审美情趣，并对学生的心理特质加以完善。

从发展的视角来说，高校体育文化能够很好地促使学生的身体素质和智力等方面得到更好的发展。

从教养的层面来说，高校体育文化能够向学生传授一些体育基本知识和基本技能，培养学生良好的体育文化态度，促使学生养成良好的体育学习兴趣和学习动机，并养成锻炼身体的好习惯，提高学生的自我意识。

从社会学的层面来说，高校体育文化能够很好地促使学生社会情感和社会意识得到提高，促进学生个体社会化，培养学生良好的社会活动能力，增强学生的人际交往能力。

在参与高校体育文化活动的过程中，学生既能够使自身在心理、身体和人际交往等方面得到更为全面的提高，又能够营造出一个积极、健康、向上的高校文化氛围。

二、高校体育文化的本质

高校体育文化是高校文化的重要组成部分，其构成要素是体育物质文化和体育精神文化。它是通过体育文化氛围，体育文化环境，体育文化活动，和大多数人共同遵守的法规、行为以及学校制度等文化因素，对学生实施体育教育，从而促进学生身心的全面发展。高校体育文化是学校在特定的历史条件下，为实现教育的目标，在长期的高校文化建设中，把各种有益于师生成长的文化，通过不同的方法和手段渗透于体育活动之中，从而达到积淀、整合、提炼的目的的一种文化。它反映了学校广大师生的健身目标、健身理念以及健身行为准则。高校体育文化本质上所体现的是关于学生及教职员工的体育价值观念。因此，某种先进的高校精神一旦形成，必然会对全体师生的体育行为产生巨大的导向作用，形成一种强大的高校体育氛围，在引导师生树立“健康第一”的观念的同时，规范他们应该做什么、为何而做、如何去做，从而使参与的人具有某种特有的“体育精神特质”，形成该学校区别于其他学校的一个特征。任何为了要达到某种目的的活动，不仅是有价值定向的活动，也是由价值支撑的活动，只有当人们的行为被认为具有某种合理性时，人们才会理直气壮、义无反顾地去实践。作为高校价值体系的精华和学校发展的潜在力量，先进的高校体育精神无疑是一种巨大的激励因素，它推动着人们积极进取、战胜困难、开拓创新、夺取胜利，特别是在学校遇到困难或挫折时，它会给人们支撑下去的信念，会成为人们追求理想、追求发展的力量源泉。高校体育文化是学校师生共同创造并认同的价值观念，具有无形的凝聚力和感召力。在高校体育精神的熏陶下，体验并认识到彼此具有共同的理想追求、价值观念、道德情操和行为规范，会使生活在同一所学校的人们产生强烈的认同感、责任感和荣誉感。

第三节　高校体育文化的结构与内容

一、高校体育文化的结构

（一）关于高校体育文化结构较为统一的观点

关于高校体育文化的结构，学者与专家比较统一的观点是，高校体育文化可以分为三个层次，即物质文化层、精神文化层和制度文化层，这三个结构层次主要是以物质文化、精神文化、制度文化三个要素为依据划分的。（见表 1-1）

表 1-1　高校体育文化的结构（一）

结构	内容
物质文化层	体育场馆 体育器材 体育雕塑 体育场景 体育服装 体育用品 ……
精神文化层	体育意识 体育观念 体育情感 体育道德 ……
制度文化层	体育行为 体育规则 体育技术 体育规范 ……

（二）关于高校体育文化结构的不同见解

除了上述比较统一的观点外，顾圣益提出了不同的见解。他将高校体育文

化结构划分为隐性的高校体育文化、显性的高校体育文化和混合的高校体育文化三个层次。（见表 1-2）

表 1-2　高校体育文化的结构（二）

结构	内容
隐性的高校体育文化	体育精神 体育意识 体育价值观 审美观 ……
显性的高校体育文化	体育运动的技术形态 体育场馆设施等直观形态
混合的高校体育文化	体育组织 政策法规 规章制度 管理体制 ……

（三）高校体育文化的四个层面

高校体育文化并非是多要素的简单集合，其具有系统性与组织性。高校体育文化的各个组成部分相互影响、相互联系，共同形成了高校体育文化这个具有开放性的系统。综合不同学者的观点，我们可以将高校体育文化结构划分为以下四个层面。（见表 1-3）

1. 体育物质层

体育物质文化在高校体育文化结构系统中居于基础地位。在高校体育文化主体参与体育实践活动的过程中，需要由体育物质层提供基础条件，体育器材、体育场馆、体育雕塑等可感觉到的形态都是高校体育物质文化的主要内容。

2. 体育制度层

作为高校体育的综合文化形态，体育制度文化层是将物质层与精神层联系起来的中介及桥梁。体育制度文化主要体现于高校体育的组织形式之中，其充分反映了高校体育意识及体育观念。体育教学、课外体育活动、体育科研、体育竞赛、运动队训练、体育俱乐部、体育知识讲座和体育交流等相关活动的制度、规范及政策都属于体育制度文化的范畴。

3. 体育行为层

在高校体育活动中，文化主体以约定俗成的方式形成的体育行为表现方式、体育行为规范及体育行为内容被总称为体育行为文化，体育活动、体育协会、体育社团、学生体育等是体育行为文化的主要内容。

4. 体育精神层

简单地说，高校体育价值观、健康观就是高校体育精神文化。在高校体育文化系统中，精神文化居于核心地位，其对高校体育文化目标的确立与实现具有决定性的影响。高校体育精神、体育观念、体育风尚等都是体育精神层面的内容。

表 1-3　高校体育文化的结构（三）

结构	内容
体育物质层	体育场馆 体育器材 体育雕塑 体育景观 体育宣传 体育图书
体育制度层	体育规范 体育制度 体育政策 体育传统
体育行为层	体育协会 体育社团 职工体育 教师体育 学生体育 体育活动

续 表

结构	内容
体育精神层	体育精神 体育观念 体育风尚 体育道德 体育目标 体育知识

二、高校体育文化的内容

高校体育文化是以高校为空间，以学生、教师为参与主体，以身体练习为手段，以多种多样的体育锻炼项目为主要内容，具有独特表现形式的一种群体文化。

高校体育文化是高校文化和体育文化两种体系交汇产生的，两者互相影响、融合、渗透、促进和发展，有着密不可分的联系。高校体育文化可通过多种形式来体现，其主要形式有早操、课间操、课外体育活动、运动队训练、小型运动竞赛、体育讲座、专题报告会、体育技能表演、学校体育节等。其中，学校体育节是近年来发展比较快的一种高校体育文化活动，其已成为目前高校文化的亮点之一，这是因为它以自身独特的风格吸引着全体师生来参与体育活动，起到活跃高校文化生活的作用。

第四节　高校体育文化的特征与功能

一、高校体育文化的特征

（一）指导性特征

高校体育活动并不是随机开展的，高校体育文化不是一个虚空的事物，后者有其存在的重要意义，并对前者产生重要影响，即高校体育文化具有指导性。

具体来说，可以从以下两个方面理解高校体育文化的指导性。

首先，高校文化的指导性受体育发展程度的影响。例如，近现代，由于我国体育事业发展落后，国民体质较差，所以我国高校体育文化的重点是“强国护种”的政治目的。在我国近现代历史中，有许多教育学家都认可此观点，故有“强国之道，首重教育，教育之本，体育为先”的说法。这种理念影响了几代中国人，特别是中华人民共和国成立以后，国家虚空、百废待兴，人们体质也普遍虚弱，因此不利于国家的建设。根据这种实际情况，党和政府决定将为国防和生产服务定为高校体育的基本目标，进而提出了“锻炼身体，保卫祖国”“锻炼身体，建设祖国”的口号。而西方体育发达国家则更重视体育的强身作用。人们对高校体育文化的目的的理解是其通过体育运动的方式加强学生的身体健康水平，并以体育运动为手段增强学生的心理健康度和与社会融合的适应度。除此之外，它还注重培养学生的竞争意识和自我个性。我国与西方高校体育文化指导重心的差别的原因不仅仅是东西方文化的差异，更是不同社会环境中政治赋予体育意义的差异。

其次，高校体育文化的指导性并非永恒的，它会根据时代的不同和社会主流价值观的变化而改变。在现代社会，随着社会对高素质人才要求的不断提高，学校体育培养学生的目的也与以往不同。例如，20 世纪 90 年代以后，随着我国社会经济不断发展，人们的观念日益开放，人们更加了解自己，也更了解国外。在这种有利时机下，东西方体育文化的交流让我国高校体育文化得到了诸多有益的经验，西方先进体育思想被引入我国，我国也对体育教育进行了大胆改革。一方面，社会大环境改变了高校体育文化；另一方面，高校体育文化的改变也可以引导在这种高校体育文化影响下成长的学生的思维与观念，二者互相促进，推动了我国体育教育的良性发展和高校体育文化内容的完善。目前，“以人为本”“健康第一”和“快乐体育”等体育教育思想正成为在顺应素质教育大背景下我国高校体育文化发展的新型指针，为学生的健康发展指明了方向。

（二）表现性特征

社会文化的表现与传承具有多样性，如诗歌用文字来表现，酒文化通过酒的实物来传承。许多社会文化虽然被传承下来，但它的观念已经变得模糊不清。高校体育文化通过身体来实现，不同的体育运动项目由于运动方式的不同产生了不同的身体形态特点。

学校体育教学中多采用动作示范的方法进行教学，体现出身体是高校体育文化传承的主要方式。语言也是高校文化传承的重要方式，高校体育文化的传承也包含语言的表现功能。例如，身体运动的动作类似于语言中的语音，身体运动的技巧与方式类似于语言的词汇，身体运动的动作衔接类似于语言的语法，只有三者有机地结合起来才能实现高校体育文化的传承。

（三）民族性特征

不同的民族有不同的体育文化，因此，不同民族的高校体育文化也必然具有一定的差异，这就是高校体育文化的民族性特点。

高校体育文化的民族性主要表现在开展项目不同、同一项目的活动理念不同两个方面。例如，在我国不同民族聚集的地区，学校体育文化表现出较大的民族性特点，这点与我国各民族传统体育受各自地域和民族习惯的影响较大有关，在此地域或民族群体中存在的学校，其高校体育文化必定有相应的特点。

再如，中外学校在体育活动开展项目上也不同。美国高校体育文化会更加鼓励培养学生的个性，崇尚关键时刻能够有决定性的人物站出来主宰比赛，其体现在篮球、橄榄球和冰球等具体体育活动中。而我国的民族性格主要以儒雅、谦虚为主，崇尚个人的利益服从集体的利益等理念，这使开展的项目也更注重这些理念的发挥。此外，我国各级学校还开展一些民族传统体育项目，如跳长绳等多种民族体育游戏，这些活动都体现了团队协作。还应该认识到，尽管中外体育活动中都包含了足球、篮球等项目，但活动本身所追求的理念并不一致，这些不一致正体现了高校体育文化的民族性特点。

高校体育文化的民族性丰富了高校体育文化的内容，也推动了体育文化的传播和发展。由于体育文化传播的灵活性较大，它着重强调保持和发扬民族传统体育，如此便能从多层面、多角度来构筑传播民族传统体育文化的平台，所以这对于我国民族体育文化的推广和发展是十分有益的。

（四）传承性特征

高校体育文化的传承性具体是指民族体育文化的接续与传承。随着社会的变革和时代的发展，现代高校体育文化的内容和思想都充满了时代感，它与我国最初的高校体育文化相比早已千差万别，但尽管如此，我们仍旧可以从不同时代的体育文化和高校体育文化中发现种种文化传承的痕迹。

（五）多样性特征

体育教育的多样化要求和体育活动形式的多样性，决定了高校体育文化的多样性特点。当前的体育教育以培养学生体育精神、体育意识和体育技能为重要宗旨。在此宗旨的指导下，各地可以开展种类新颖、形式各异的高校体育文化活动。多样性的活动使高校体育文化更加丰富多彩。高校体育文化的主要性质结合及其价值具体表现在以下几个方面。

1. 理论与实践的结合

理论与实践的结合，具体是指通过较多的体育运动实践来检验平时所学的有关高校体育文化的理论知识是否为真，并且将得出的感悟和想法反馈到理论中去，由此形成良性循环，不断促进高校体育文化的可持续发展。

2. 健身与文化的结合

体育运动的健身价值与文化价值决定了高校体育文化必然要体现健身与文化的结合。

3. 民族与世界的结合

民族与世界的结合是通过高校体育文化活动中的民族运动项目来达到的。从实践来看，高校体育文化的发展也确实能够起到弘扬民族体育文化的作用，使之得到广泛传播和发展。

二、高校体育文化的功能

（一）健康功能

1. 改善身体机能状况

高校体育活动形式各样，不同形式的体育活动对师生都有很强的吸引力，都能使师生加入体育锻炼的队伍中来。事实上，高校体育运动之所以对师生具有吸引力，主要在于其具有突出的健身功能。师生经常参与体育锻炼，身体器官抵抗疾病的能力就会不断增强，从而更好地保持健康。作为高校体育文化的基本功能，健身功能受到了高校广大师生的重视。高校体育文化主体参与各种体育文化活动，最主要的动机就在于提高与改善自己的体质与健康水平。学生在参与体育活动的过程中，血液循环逐渐加快，心脏功能不断提高，呼吸系统功能逐步得到改善，骨骼、肌肉也会快速发育。对于处在生长发育阶段的青少年学生而言，积极参加体育锻炼有利于终身体育锻炼习惯的养成。

促进机体的生长发育和运动能力的提高也是高校体育文化的重要功能。人们不管参加什么体育运动，都离不开肌肉的活动，因此肌肉发育的好坏对人体运动能力的强弱具有直接的影响。如果人体肌肉发达而结实，那么其劳动力和运动能力就相对较强。体育锻炼能够使学生肌肉的血液供应情况得到改善，可以促进肌肉内营养物质，尤其是蛋白质含量的增加，可以使肌纤维变粗，从而提高肌肉的工作能力。学生在参与体育锻炼的过程中，会消耗很多能量，产生大量的代谢产物，新陈代谢和血液循环速度也会不断加快，身体机能水平也会不断提高。此外，高校体育有利于对学生的心理进行调节，使学生保持舒畅、愉快的心情，摆脱不良情绪和心理的困扰，从而充满朝气，活力四射。

2. 疏导心理的积郁

高校体育文化有利于促进学生良好个性品质的形成和积极心理状态的保持，这就是其心理疏导功能的主要表现。高校体育文化活动充满刺激、娱乐和欢快的元素，因此有利于丰富学生的精神生活，能够缓解学生因学习压力大而产生的紧张心理，可以使学生保持愉快的心情、饱满的情绪以及旺盛的精力。高校体育营造了良好的精神氛围，这有利于协调高校内人与人之间的关系，有利于促进学生不良情绪、心理的缓解。高校体育活动不但能够使学生各种正当的、合理的体育活动需要得到满足，同时还能够促进学生心理的健康发展，使学生形成良好的个性心理品质和行为规范，保持积极健康的心理状态。

3. 培养健康生活方式

很多因素都会对个体的生活习惯和生活方式产生影响，如生活环境、成长历程、经济条件、受教育程度等。高校体育文化为学生提供了良好的体育生活环境，在这一环境中，青少年学生能保持充沛的精力，充满求知欲，并能够快速接受新鲜事物。高校体育还有利于促进学生业余生活的丰富，使学生养成积极健康的生活习惯。

经济的发展与社会的进步使人们的需求不断增加，单纯的物质生活已经难以使人们的多元需求得到满足。在接触体育活动后，人们会渴求健康，希望通过体育来完善自我，获得健康的身体和优美的形体。其次，体育活动不仅能够使人保持基本的健康，还能够提高人的生命活力，使生命的意义得到进一步拓展。除此之外，高校体育文化还有利于促进学生身心的健全。体育活动充满竞争与趣味，其鼓励人们积极进取，倡导人们在竞争的同时体验活动的乐趣，这对于培养人的拼搏精神和缓解人的心理压力具有重要的意义。最后，学生的心理素质还不够完善，很容易因为一些因素的影响而产生不良心理，而体育活动对于缓解学生的不良情绪与心理具有积极的作用。

（二）教育功能

1. 育人功能

高校体育文化对人的影响是悄无声息的、是潜移默化的，这也是高校体育文化与其他高校文化的一个不同之处。高校体育文化的育人功能从两个方面反映出来：第一，学校通过开设体育课程来将体育知识、技能传授给学生，促进学生知识的丰富与技能的提高；第二，学校组织开展多种形式的课余体育活动，以此来对学生的知识结构进行改善，促进学生个性的发展、物质与精神生活的丰富、社交需要的满足，并对学生的交际能力与合作精神进行培养。由此可见，高校体育文化在培养人才方面具有全面性的作用。只有充分发挥高校体育文化的育人功能，才能更好地对适应社会发展的全面型人才进行培养。

作为社会文化系统的重要组成部分，高校体育文化具有鲜明的高校特色。学校这个文化环境相对而言是比较独立的，因此高校文化这一文化体系也具有相对独立性。在学校这个环境中，高校文化以无形的力量推动全校所有人员的进步与发展，向每一个人施加教育方面的影响，这是高校文化的重要价值取向。高校体育文化是高校文化群中的一个重要成分，高校文化的特征在高校体育文化中也有突出的体现，因此二者的价值取向是相通的。高校体育是师生共同参与的体育活动，高校体育文化对师生，特别是对学生的教育就是在文化主体参与高校体育活动的过程中完成的。高校体育文化教育功能的发挥有助于对师生的智能结构进行改善，有助于学校人类理性精神和人文精神的发扬，有助于对师生的潜能进行开发，同时有助于学校教育目标的顺利实现和对素质教育的进一步贯彻。总之，在师生思想品质和身心素质培养方面，高校体育文化具有得天独厚的优势。

2. 激励功能

高校体育文化具有一定的激励功能，其能够使高校内每个成员的学习与工作动机得到强化，能够对高校人员学习与工作的积极性、主动性和创造性进行调动与激发。一些人以“运动机器”来称呼运动员或高校体育积极分子，而且在高校竞技运动中以“运动成绩论英雄”，这些都是不应该提倡的。高校体育文化能够使学生的事业心和责任感不断增强，能够使学生以饱满的精神和积极的心态参与学习，所以我们应该引导全校人员树立共同的体育目标、体育价值观、体育理想、体育信念，从而进一步促进高校体育文化的繁荣发展，并为我国体育事业的迅速发展培养优秀的人才，使高校体育文化和体育事业紧密结合，共同进步，共创辉煌。

事实上，高校体育文化的激励问题是一个使主体需要不断得到满足的问题。高校体育文化为高校人创造了和谐的体育氛围及人际关系环境，高校人员在这一环境与氛围中能够获得精神方面的满足。同时，高校体育文化也为高校人员提供了良好的体育文化享受空间及创造空间，在这一特定的空间内，高校人员可以利用现有的体育场馆设施、体育器材等满足参与体育活动需要。此外，高校人员在参与活动的过程中，其体育人生观与信念会不断强化与升华，这也是高校体育文化激励功能的重要反映。

3. 智力促进功能

人体集中精力以稳定的情绪敏捷地从事艰难、复杂和创造性活动的能力就是所谓的智力。青少年时期是智力快速发展的阶段，高校体育文化活动有助于促进学生智力的发展。研究证实，经常参与体育活动，可以保证大脑能源物质与氧气供应的充足性，因而可以使大脑神经细胞得到充分的发育。另外，不同的运动动作具有不同的性质，不同性质的运动动作对大脑神经系统的刺激也是不同的，各种运动动作能够不同程度地促进运动参与者大脑皮层细胞活动的强度、灵活性、均衡性的提高，从而可以使整个大脑神经系统的结构、功能得到改善。学生参与各种形式的高校体育活动，能够使大脑疲劳快速消除，头脑逐渐清醒，精神更加充沛，这对于学习效率的提高具有积极的意义。体育活动还能够促进学生感知力、思维力、想象力、注意力、记忆力等的提高与增强。

4. 凝聚功能

目前，人们非常关注高校体育文化的凝聚力问题。高校体育文化是连接高校人员和体育的重要纽带，其发展的目的是将个体目标整合为学校体育的总目标。

作为一种群体文化，高校体育文化的构建必须借助群体的力量，由群体共建的高校体育文化反过来又影响着每个个体，使个体将学校体育行为风尚内化为自我要求。人们在不同的阶段所参与的体育活动是不同的，因此他们所了解的体育文化也是有差异的。随着时间的推移，人们掌握了越来越多的体育知识，对体育的认识越来越深入。不同时期的体育活动对人们产生的影响也是不同的。学生在不同教育阶段所参与的高校体育活动都对其社会化发展起到了积极的影响，如高校体育对学生的社会认同感、团队意识进行了培养，使学生树立了平等、公正和竞争的体育理念，并学会遵守规则。因此，客观上来说，高校体育文化规范了学生的行为方式，有利于学生养成良好的体育锻炼行为习惯。

在学校体育中，各种类型的体育活动大都是以集体的形式组织的，如体育课、早操、课间操、课余运动训练、体育竞赛等。它们基本上是以集体（班、组、队）为单位来组织的，每一个参与者的体育行为都会对集体的得失与荣誉带来影响。集体性的高校体育活动对学生具有重要的教育意义，对于学生群体意识和集体主义观念的树立具有积极的推动作用。学生在参与集体活动的过程中，会逐渐树立热爱与关心集体、服从与维护集体的意识，这也是高校体育文化凝聚功能的一个重要体现。

集体性体育活动需要多名学生共同参与才能顺利进行，这就要求参与者具有高度的协作意识与配合能力，任何一名参与者的失误都会对最终的运动成绩造成影响。而参与者只有通过长时间的练习才能够形成默契的配合。在长期的练习过程中，学生之间相互帮助，互相理解，友谊不断加深。此外，学生在练习的同时也树立了以集体利益为主的大局观，并会在训练与体育竞赛等实践活动中为一个共同的目标而努力拼搏，为集体的荣誉而奉献自己的力量。学校开展丰富多样的高校体育活动，营造高校体育文化氛围，有利于进一步加强高校体育对广大师生的吸引力，从而使师生积极参与到各种体育活动中。师生在参与活动的过程中，彼此间的感情逐渐加深，集体意识也逐渐得到强化，这对于高校团体内聚力的提升具有积极的意义。

高校体育文化之所以具有强大的凝聚力，主要是因为每一位高校人都普遍认同高校体育，理解高校体育。体育活动为团体成员之间相互沟通和相互理解提供了良好的机会，团体成员在活动过程中彼此信任，共同为团体荣誉而奋斗，共同维护他们之间的友谊。校内体育竞赛能够增强班级、团队的凝聚力，校际体育比赛可以使一个学校的凝聚力得到提升，同时能够使全校师生员工的责任感、荣誉感以及归属感不断强化。

（三）情感功能

1. 娱乐功能

体育是一种积极健康的文化娱乐方式，也是一种非常重要的精神文化活动，它已经成为高校人现代生活中不可缺少的一部分。高校体育文化能够调节学校成员的生活方式和精神状态，使学校成员的体育需要和愿望得到满足，能够促进高校人员身心的健康与愉悦，使高校人员保持积极饱满的精神状态。

体育是一种要求参与者身体直接参与的活动形式，学校师生在参与高校体育活动的过程中，与身体最为密切的人格要素（如健康、力量、素质、审美、智慧、性格等）都会得到不同程度的锤炼，并会感到有一股力量在激励自己不断奋进。由此可见，高校体育文化有利于营造生机、协调、美好的高校生活氛围。师生在这样一种高校文化氛围中生活，自然会受到感染。这样，其个性品质、能力都会得到不断完善，精神境界也会得到一定的升华。

2. 审美功能

高校体育文化的审美功能是无形的，我们可以从学生的情感体验中看到高校体育在审美方面的价值与功能。“更快、更高、更强”是体育运动不懈追求的价值目标，高校体育文化同样将此作为追求目标，“更快、更高、更强”集中体现了体育的“美”的特质。具体来看，高校体育文化的审美功能主要体现在以下几个方面。

（1）体态美

高校体育文化有利于启发与提高学生的审美意识，促进学生的体态不断向着“美”的方向发展。这主要表现在以下三个方面。

第一，学生通过参与体育锻炼，可以更好地展现自己身体的协调性、灵巧性与表现力，充分彰显自己的青春魅力。体育活动能够促进学生自信心的进一步增强和创造美的能力的不断提高。

第二，体育运动富含美的元素，强劲有力的动作、风驰电掣的速度、结实健美的躯体、娴熟的技巧无不展现着运动之美。

第三，体育运动有助于对学生正确的审美观念进行培养。在参与体育运动的过程中，人们会逐渐以健美作为自己的生活标准，从而改善自己的服饰搭配，提升自己的仪表风度。高校体育在美化学生形态和心灵方面具有积极的影响，能够使学生高层次的美的需求得到满足。

（2）鉴赏美

高雅的高校体育文化活动还能够创造各种美，如语言美、心灵美、行为美等，这些美的元素又有利于促进学生对美的感受能力、鉴赏能力、表现能力以及创造能力的提高。同时，高校体育文化的美育功能还能够帮助学生对低级的、腐朽的审美情趣进行抵制，从而引导学生树立正确的审美观念。

（3）运动美

高校体育教育有机融合了体育与美育，将体育的运动美充分展现了出来。如体操、健美操、体育舞蹈、花样游泳等，这些体育运动项目本身就具有高度的艺术性，体育运动的竞技美、技术美和动作美在这些项目的技术动作中得到了充分的反映。

3. 陶冶情操功能

高校体育文化具有陶冶情操的功能，这主要体现在以下两个方面。

（1）陶冶情感品质

高校体育文化有利于培养学生良好的情感品质，这主要是通过情绪的自我调节和情感的自我优化而实现的。高校体育有利于对学生顽强的意志品质进行培养，使学生遇事更果断、遇到困难更坚毅、遇到不良诱惑更具自制力。各种高校体育活动的举办有利于创建团结活跃、朝气蓬勃、积极向上的文化氛围，有利于素质教育在体育领域的进一步落实。

（2）陶冶思想修养

高校体育文化活动对广大学生的影响与教育是通过文化氛围、激励机制、实践活动等因素实现的，高校体育文化对学生具有很强的感染力，使学生能够积极主动地投入这一体育锻炼的环境中。学生在这一环境与氛围中既学到了体育方面的知识，又锻炼了身体；既丰富了自己的生活，又锻炼了自己的运动能力和组织能力，还形成了良好的竞争与合作精神。例如，体育竞赛活动能够使学生懂得自尊、自爱、自强，可以促进学生竞争与合作意识的强化；体育讲座能够使学生树立积极健康的健身观念；体育实践活动能够促进学生意志力的增强和良好个性的形成。由此可见，学校可以针对不同学生的不同需求来对体育活动进行组织，从而有针对性地促进学生思想修养的提升。

[illegible]

第二章 高校体育文化建设

同其他文化建设一样，高校体育文化建设也需要有一定的理论来提供相应的科学指导，只有这样才能更好地促进高校体育文化的建设，并形成一个完整的体系。本章就高校体育文化建设进行研究。

第一节 我国高校体育文化建设发展现状

一、高校体育物质文化的发展现状

物质文化是高校体育文化发展的基本保障，缺少这一物质基础，体育活动将无法正常运行。高校体育物质文化内容丰富，具有代表性的有体育建筑、运动设施、运动器材、体育雕塑、体育吉祥物、体育标语、体育图书、体育音像资料等，这些内容凝聚和展示着高校全体师生员工的知识与智慧。这些客观的外在实物在潜移默化中深入学生的内心。这些体育物质实物都是具有实际作用的，如体育建筑、设施、场地和器材等都是师生参与体育教学活动和课余体育活动的重要场所和载体，是改善和提高学生物质文化生活的基础设施，其建设状况、设计水平和文化内涵反映了学校高校体育文化的发展水平。

（一）高校体育场地设施现状

体育场馆、器材等设施是体育教学活动开展的基本载体，因此，其质量状况直接影响高校体育文化的发展。

高校是学术和技能的最高水平的代表，因此，宝贵有限的教育资源大都集中在高校。作为稀缺教育资源，体育资源在高校中也得到了充分的补充和建设，因此，在分析高校体育物质文化发展的现状时，我们特地选择了高校作为代表。

通过对部分高校进行实践考察和调查统计，我们发现，多数高校的体育场馆、器材不仅不能达到教育部规定的相关标准，而且无法达到满足运动训练和竞赛、课外体育，甚至体育教学的需要。这势必会阻碍高校体育文化的整体发展。

正是由于优质的体育物质资源有限，所以这些资源主要用于学校官方的体育教学和运动训练，这就必然导致用于课余体育锻炼的场馆、器材的紧张和不足，这样的高校体育物质条件根本无法有效培养学生的体育健身意识和习惯。

笔者经过走访与调查了解到，造成当前我国大学体育场馆、器材不足的原因主要有以下几个方面。

第一，我国幅员辽阔，因此在经济发展的过程中难免会出现地区不平衡的情况。在此情况下，各地各级领导对大学体育的任务、目的、地位的认识有诸多偏差，甚至毫不重视高校体育文化的开展，对其放任自流，这种态度使高校不注重体育方面的投入，因此体育场馆、器材难以使学生的体育需求得到满足。

第二，一些高校为追求短期利益和荣誉，提高知名度，往往重眼前、略长久，以牺牲大部分学生的长远发展换取学校在高等教育市场中的有利位置。另外，盲目扩招也使高校体育优质资源变得紧张。

第三，虽然许多高校的体育场馆、器材比较齐全，但是在运行过程中由于对设施的维护保养费用支出表现出过度恐惧的一面，因此便以减少向学生开放的次数，甚至不在重要的时刻根本不开放的方式应对，这也是高校体育场馆、器材不能满足学生锻炼需求的一个重要原因。

（二）高校体育物质环境现状

高校体育物质环境直接影响学生的体育兴趣和体育参与动机。学生体育价值观念的可塑性很强，他们对体育价值的认识还处在表层、初始阶段，因此，充满活力的高校体育氛围和良好的体育环境本身就具有一定的教育功能，这些有利因素可以培养学生正确的体育观念，提高学生的体育文化素养。因此，营造良好的体育教育环境，尤其是具有感官最佳刺激效果的高校体育物质环境，往往能够潜移默化地促进学生体育文化素养的提高。

调查发现，大部分高校还未形成良好的体育物质文化环境，还未形成体育物质文化环境的创造意识。在现代信息化的社会环境下，学生主要通过体育图书资料和网络资源来了解和接触体育相关信息，但是只有少数高校会将学校的体育信息主动放到高校网和学生论坛中。

在调查的部分高校中，只有少数几所有体育雕塑，在校广播和宣传栏中宣传相关体育信息的高校以及在高校官方网站上登载体育新闻的高校更是寥寥无几。可以说，当前大部分高校都缺乏体育物质文化环境的主动创新意识，体育宣传途径较少、宣传方式较单一、宣传意识较差、力度较弱，可以想象，这样的环境很难促进高校体育教育目标的实现。为了改变这种不利现状，在当前环境下，体育部门领导和教师应主动与团委、宣传部、学生处、基建处等职能部门协调，加强高校体育物质环境建设。

二、高校体育精神文化的发展现状

实践证明，如果拥有良好的高校体育文化氛围，则可以使高校变为一个在一定区域内集成的具有普遍自觉性的体育文化小群体。每一个身处在这个小群体中的人都普遍具有相似的体育观念和体育行为，而加入这个群体的人均会被这种氛围所感染，受其影响，更多人会加入这个群体之中，最终充分发挥与实现体育的教育等功能。由此可见，高校体育精神文化是高校体育文化的核心。

下面主要从体育观念、体育道德以及体育精神等方面来探讨高校体育精神文化的发展现状。

（一）体育观念现状

体育观念指的是体育教师与学生对体育在健身娱乐、提高心理素质、培养智力等方面的价值的认定。如果体育观念正确，则可以指导体育教师和学生在高校中采取恰当的体育行为。也就是说，体育教师和学生对体育在健身娱乐、提高心理素质、培养智力等方面所体现出来的价值认识程度直接反映出了其体育观念。

调查发现，大多数学生可以比较正确地认识体育的价值，但详细访谈后，我们发现，广大体育教师和学生对体育观念的认识大多停留在传统和表面上，对于体育对人的深层次影响，很多人还是表达不清，也无法完全领会。

此外，很多学生，甚至是体育教师都无法清楚阐明体育观念的具体内容，只有少数师生可以将持有的体育观念付诸行动。我们在调查中还发现，很多离退休职工在晚年生活当中，由于认识到了体育对于身心健康的重要性，反而能够对体育在人的生理、心理健康中的作用、方法等有一个较为清晰的掌握，并且长期坚持体育健身的离退休职工占有相当高的比例。离退休职工采取的健身方式主要为晨走、散步、秧歌舞、跑步、健身体操、太极剑、太极拳、太极健身球等。

总而言之，学生的体育观念较为正确，但是缺乏内涵、基础不扎实。令人欣慰的是，学生的可塑性很强，只要稍加引导，并对相关内容加以学习，他们就可以理解体育文化中更深层次的内容。而在当前社会竞争日益激烈、高校体育与社会体育日益接轨的环境下，如果对学生体育观念的培养仍停留在原有基础上，学生就很有可能会失去对体育运动的兴趣，更为严重的是，如此一来，高校体育精神文化环境的建设与发展也只能停留在表面，无法取得深远发展。

（二）体育道德现状

在现代社会中，道德危机带来了比新技术和新知识更严重、更紧迫的挑战。随着现代社会财富的急剧增加，贫富差距的急剧加大，人们的心理状态发生了较大的转变，因此在现代社会中，道德培养对于学生而言极为重要。实践证明，高校体育文化对提高学生体育道德具有独特的作用。学生的道德水平在体育运动中可以有所体现，因此便有“要想打好球，先要做好人”的语言。体育道德能够反映学生整体人文素质状况。学生在体育运动参与过程中体现出的道德水平非常真实和客观，它是学生内在的体育意识、观念及价值等的具体表现形式，其在团队性体育运动中展现得淋漓尽致。如在足球比赛中可以对通过学生的责任感、公平意识、规则遵守情况等进行观察来考察学生的体育道德情况。

访谈发现，我国大学生体育道德基础较好，道德水准较高。其主要表现在体育运动中基本没有功利主义色彩，能够按照公平竞争、团结友爱、遵守规则、重在参与的原则参与比赛，并且表现出强烈的集体荣誉感和爱国主义精神。学生普遍表示，在体育竞赛中，他们最希望实现的是公平竞争、重在参与、裁判公正、团结一致；在体育活动和锻炼中，他们最希望实现的是机会均等、互谦互让、积极参与、遵守纪律、表现自我、实现自我。

学生参与体育活动，重在锻炼、学习，提高素质，他们较为单纯，没有社会上世俗的功利心态，在这种环境中能够有效培养和提高学生的体育道德素养。但是，我们也应该认识到，在开放的高校环境中，学生会因为受到家庭、学校、社会等各种复杂因素的影响，而在体育道德方面表现出一些不足，如学生在体育运动中表现出来的自私自利、缺乏责任感、缺乏团结合作精神、以自我为中心、不尊重裁判等。因此，我们要根据当代学生所处的成长环境，切实深入了解他们的成长经历，了解他们的心理需求，对其进行科学合理的体育道德法制教育，充分利用体育文化氛围来感染和影响他们，从而促进其体育道德水平的提高。

（三）体育精神现状

体育精神包括竞争、拼搏、意志品质、团结协作、奉献、遵纪守法和创新等精神。这些精神对学生的终身发展十分有益。在高校体育文化建设中，奥林匹克文化是非常有必要提及的一个内容，应向学生弘扬奥林匹克精神，促使他们也将“更快、更高、更强”理想作为人生的追求。此外，学校对学生公平竞争、拼搏奉献等精神的培养，也都无一例外地体现了高校体育文化对学生体育精神涵养的要求。

高校体育精神的培养直接受学校体育传统、地域、民族以及学生性别等因素的影响。其中，学校体育传统和学生性别的影响最大。比如，体育传统较好的学校能够积极培育学生的体育精神，相反，在尚未形成体育传统的学校，学生感受不到体育精神的渗透，感受不到高校体育给他们学习与生活带来的影响。再者，在高校中，男生在体育运动中的拼搏精神和认真程度通常高于女生，这当然与男性争强好胜的天性有关；而女生则在体育运动过程中体现出更强的意志品质，这也与女性天性中的隐忍与韧性有关。

另外，在体育运动中，大多数学生可以做到遵守规则、服从裁判和尊重对手，但另一方面，他们在体育运动中的创新能力较弱，这使他们的体育活动看起来就是规规矩矩的活动，从而不利于他们创新思维的发展。因此，在今后的高校中应当营造强烈的体育创新文化氛围，要求学生在运动过程中积极思考，发挥自己的聪明才智与想象力。

三、高校体育制度文化的发展现状

高校体育制度文化是高校体育组织形式和体育意识的集中体现，其内容丰富，可以说，几乎所有与体育教学活动有关的事物都有体育制度的存在，它的作用主要是指导正确的体育活动行为。

高校体育活动的有序开展需要有相应的管理制度做保障，因此，一个完善的高校体育管理体制和健全规范的体育规章制度无疑会成为高校体育文化建立和发展的保障，同时这也是高校体育文化管理和文化活动的准则。在活动中，它成为约束与规范学生体育行为的基本原则，也正是由于受到这些体育制度的约束，学生才能在这种“局限”下慢慢养成依规则行动的意识和习惯。现代社会本来就是各种规矩林立的社会，在社会中，法律就是制度，因此高校体育制度文化有利于培养学生的社会适应能力和遵守公共道德的素质。为了更加全面地了解高校体育制度文化对高校文化发展的影响，下面主要分析高校体育传统和高校体育制度的发展现状。

（一）体育传统现状

体育传统是指学校在体育方面形成的一种带有普遍性、重复性和相对稳定性的体育行为风尚。

高校体育传统活动的主要内容包括校际运动会、校内学生体育联赛等。大部分学校重视课余体育训练，也能够针对高水平运动队和普通学生运动队的不同特点安排相应的运动训练并组织学校运动队参加校外体育竞赛。但是，调查发现，大部分学校并不关注体育节等活动的开展，这反映出高校体育活动组织者还没有形成这方面的意识，而实际上，这种体育传统对高校体育文化的建设与发展具有极为重要的作用，值得关注。另外，大部分学校缺乏体育理论选修课的设置，过于注重实践选修课的安排，认为这样才不违背体育课程关于“运动”的本质。最后，鉴于实力有限，或者是精力有限，安排的体育专题讲座、体育知识竞赛等活动也非常少。

（二）体育制度现状

为了保障各类体育文化活动的顺利进行，需严格制定和实施高校体育规章制度，因此要协调安排各部门、各层面高校主体的工作，最大限度地发挥相关人力、物力和财力的作用。

调查发现，高校基本具备国家下发的成文制度，大多数高校能够根据本校的体育教学、校内体育竞赛、运动队训练和竞赛、体育教师管理、场地器材设施管理等方面的需要建立相应的体育制度，但很多高校的体育制度文件内容基本相同，没有以自身现状为依据建立更加具有针对性的制度，已制定的制度也无法充分落实，这就难以保障体育工作的顺利进行。

调查还发现，少数学校因为不重视体育工作，并没有按照国家学生体质健康标准的相关要求进行体质测试，测试成绩也并未纳入学生评优和毕业要求中，存在严重的造假现象。总体而言，虽然高校基本具备国家下发的相关体育政策文件和维持学校体育工作的体育制度，但随着高校体育工作现代化、信息化、社会化发展趋势的加强，高校的体育制度已远不能满足当前需求，因此需进一步宣传与强化依法治校的观念。

四、高校体育文化的发展趋势探讨

（一）多元化趋势

作为文化的一种具体形式，高校体育文化要适应时代发展，与时俱进，只有这样，才能满足学校发展需要和学生运动锻炼的需求，才能够保证高校体育文化的可持续发展。

学生之间存在明显的个体差异，因此在体育方面的需求也有所不同，原先单一的高校体育文化已无法满足学生的需求，这就要求高校体育文化朝着多元化的方向发展，突破单一型发展模式。

（二）大众化趋势

20 世纪 90 年代末之前，教育的形式主要是推行“精英教育”。随着社会经济的不断发展和进步，这种教育形式已与社会发展的需求不相符。因此，“大众化教育”逐渐取代“精英教育”，并成为当前教育的主流形式。

（三）社会化趋势

社会文化环境包含众多要素。对于高校体育文化来说，往往存在学校以自我为中心，片面强调体育在学校自身发展中的地位和作用，过分关注自我价值的问题，简言之，就是严重的自我性问题。

而从当前的形势来看，学校要获得理想的发展，不仅要承担社会责任，同时还要服务社会，使社会需要得到较好的满足。我们可以从相关实践中发现，在社会主义市场经济体制从建立到逐步完善的过程中，高校体育文化社会化的速度越来越快。尤其是近几年，我国竞技体育实力越来越强，社会体育的推广和普及进一步推动了高校体育文化的社会化趋势。

（四）开放性趋势

随着社会经济的不断发展，全球化愈演愈烈，我国已经与国际有了较好的联系和交流，因此，我国也开始在高校体育文化的发展方面逐渐借鉴国外的一些先进经验。另外，当前包括体育文化在内的各种文化频繁交流，文化的碰撞也越来越激烈，这就使高校体育环境的开放程度越来越高。因此，高校体育文化的建设和发展也要博采众长，这是一种必然。

第二节　高校体育文化建设的原则与要求

一、高校体育文化建设的原则

（一）主体性原则

高校体育文化建设要遵循主体性原则，也就是要遵循“以人为本”的原则。学生是高校体育文化的创造者和受益者。因此，高校体育文化建设理应围绕着学生这个主体来进行。现代教育理念已经从过往的单一向学生教授某项技能或知识向全面的素质型教育转移，新型的素质教育更加注重对学生全面性和社会适应力方面的培养，即培养出德、智、体全面发展的综合型人才。高校体育文化的建设应该继续秉承这一理念，使学生能够在这种有利的氛围下，通过丰富多彩的体育运动得到充分的锻炼，并对体育观念、体育精神、体育价值、体育道德有一个正确的认识，同时把公平、公正、公开的体育原则，更高、更快、更强的体育精神融入平时的生活和学习当中。此外，学生在享受参与体育活动的体验的时候，还应该注重能够亲自组织某些体育活动，了解其中的组织方法和运行规律，这是另一种能力的培养。在这些要求下，高校体育文化的建设要确定学生是高校体育文化的主体，学校组织的体育活动要以学生为核心，去了解学生需要什么，想要得到什么样的体育文化氛围，并将这些视为高校体育文化建设的首要原则。一旦脱离了学生作为高校体育文化的主体这一理念，一切的行为都是游离于形式，没有实质性作用的文化形态是没有生存价值的。

（二）与时俱进原则

事物都是处在不断变化发展中的。新鲜事物的频繁出现必定会影响整个社会的变革，因此，文化也就在这种变化中逐渐改变。尽管文化是时代的产物，每种文化都有其固定性的一面，但总体上看，几乎所有文化在面对社会变革的时候也会发生或多或少的改变。高校体育文化也是如此，如 20 世纪 80 年代的排球热到 20 世纪 90 年代变成了足球热。随着这些运动的蓬勃发展，高校体育文化也做出了相应的调整，一时间，排球、足球运动成为高校体育文化的主流。

到了 21 世纪，人们意识到，物质上的富裕并不算真正的富裕，必须在身体和心理都健康的条件下，物质的富裕才算得上真正的富裕。在这种时代背景下，作为社会亚文化的高校体育文化，仍旧要随着社会需要而转移建设方向，与社会同步发展，这样才能更好地服务社会。

（三）统筹协调原则

高校体育文化包含的内容较多，因此它的建设是一个系统工程，要做到多方面统筹兼顾、相互协调。只有做到这些才能将高校体育文化建设得合理，才能使建设过程有序、顺利，才能够得到文化主体的赞许。在建设高校体育文化的过程中应遵循统筹协调原则。主要表现在以下几个方面。

1. 软件与硬件协调

“软硬”结合主要指与高校体育文化有关的软件和硬件之间的匹配与协调。其中，硬件包括承载各种体育活动的体育场地、体育器材、体育师资队伍和体育社团等；软件则包括了高校师生的体育精神、体育制度和体育观念等。

通过多年实践，我们发现，高校体育文化的建设不应过分偏重于某一方面，而是应该尽量做到“两手都要抓，两手都要硬”，“软硬兼施”，两者协同发展，只有这样才能确保高校体育文化的发展始终保持在一种平衡的状态下，达到事半功倍的效果。在建设的过程中，如果学校的硬件设施完善，但软件设施建设与现存的高校体育文化格格不入，体育活动组织内容单一，没有把学校具有的硬件设施充分利用起来，那么学校的硬件设施就成了一种摆设，优良的硬件设施只能作为展示实力的摆设。相反，如果学校的组织内容多样、制度完善，但硬件设施始终跟不上组织活动的要求，那么，所谓的组织计划、规章制度就只是一种空谈，因为它缺乏必要的承载物质。由此可见，“硬”是“软”的基础，“软”是“硬”的条件，只有两者协调地发展，高校体育文化建设才能更加快速地前进。

2. 课堂教育与课外活动的协调

在现代高校中，体育教育的形式主要有课堂教育和课外活动两种形式。因此，高校体育文化的建设就要建立在这两种形式的基础上。

在我国，体育课已经成为各级各类学校的必修课，体育教学大纲规定了学生每周的最少体育活动时间。体育课又分为室内课和室外课。其中，室内课主要讲授一些体育理论性知识，或者是体育相关的运动医学、疲劳的恢复与营养等内容。它是由体育教师根据教育部颁布的体育教学大纲按照班级授课制的方式进行的。从总体上来看，体育理论课所占的比重较少。室外体育课则以实践为主，主要传授学生某项体育运动的技战术方法、体育游戏的开展方法，以提高学生的运动技能为主要目的。它采取有计划的、循序渐进的教学方法，对成套的运动套路进行分阶段的解析。实践课所占的课时比例远远高于体育理论课的课时比例。

课外活动也是高校体育的重要组成部分，尽管它并不是国家规定的活动内容，但它的丰富程度在很大程度上决定了高校体育文化的开展水平。相比于传统的课堂体育教学，课外体育活动拥有更强的生命力。其原因就在于时间充足、形式多样，是一种对课堂体育教学的补充与完善。

另外，由于课外活动不受教学大纲限制，它体现出比体育课更为灵活、内容更为丰富的特点，能够充分地满足学生的个性需求。但需要注意的是，课外体育活动并不是简单的、无目的的“疯玩”，它也需要理论知识和运动技能做基础。因此，需要把课堂上的理论知识赋予课外活动实践，用实践的经验来补充理论知识，求得两者相互完善。

二、高校体育文化建设的要求

（一）物质文化建设要安全、实用

1. 安全性

健康体育有许多理念，其中，安全是最基本的理念。在学校体育活动中，有时会发生安全事故，这与安全这一基本的理念是相违背的，所以在进行高校体育物质文化建设时要对安全性进行特别强调，要经常检查体育场地与器材等，年久的器材与不符合标准的器材要及时更换，确保学生的安全。

2. 实用性

许多学校的体育场地与器材都是比较短缺的，所以在修建体育场地、购买体育器材时，要注意器材与场地的实用性，要坚持的主要准则就是最大限度地使学生的体育需求得到满足。一些学校在设计体育场地时，仅仅是为了好看与时尚，却将实用性忽略了，这样不但浪费资金，而且没有实用性，不能满足学生的需要，难以发挥器材和场地的价值。

（二）组织形式要多样化

建设高校体育文化需要与时代发展的要求相适应。现在，学校中开展的高校体育活动仅有运动会、体育课、课间操等，但这些已经不能与时代发展的要求相适应了，也不能使学生的体育需求得到充分的满足。与此同时，高校体育文化发展必然要求学校要组织丰富多样的体育活动，既要确保其具有健康的体育内容，又要确保体育活动具有娱乐性特点。所以，多元化发展道路是高校体育文化建设的主要方向。多元化的发展主要通过多样化的组织形式体现出来，多样化的组织能够使学生有更多选择的空间。同时，只有多元化的组织形式才能满足学生的体育需求，才能使学生更加积极地参加体育锻炼活动。

此外，高校体育文化的健康性与娱乐性也要通过多样化的组织形式体现出来。倘若学校只有单一的体育组织形式，那么这就会降低学生参与的积极性，高校体育文化的健康性与娱乐性也就难以实现。

（三）内容要具有健康性和娱乐性

1. 健康性

建设高校体育文化要以“健康第一”为主题。一方面，学生正处于身体发育的关键与最佳时期，参加体育锻炼能够促进发育进程的加快，使学生拥有一个健康的身体。高校体育文化的建设要为学生营造一个健康的体育锻炼环境，这主要体现在以下几点。

第一，有良好的体育物质文化。

第二，有精英体育教师作指导。

第三，有健全的高校体育健身模式。

第四，有浓厚的高校体育文化氛围。

另一方面，学生的思想稳定性较差，高校体育文化建设要求教师经常向学生宣传体育意识，使学生树立正确的体育观、人生观，使学生能够将体育精神深入自己的生活中，影响自己的行为习惯，从而提高抗外界诱惑的能力，免受身心损害。

2. 娱乐性

学生的学习负担很重，压力也很大，因此精神上就会受到影响。如果经常处于紧张状态，学生就无法拥有健康的身体。而高校体育文化的娱乐性能够使学生消除紧张心理，放松身心。学生需要参加丰富多彩的娱乐项目，这样才能获得精神上的愉悦和享受，才能处于积极乐观的状态，才能有利于学生的成长，才能提高学生的学习效率。

（四）体育文化建设要持之以恒

要掌握体育技能、提高体育意识、树立正确的体育观，学生需要不断接受体育教育，参加体育锻炼，而这在短时间内是不可能全部实现的。因此，高校需要对学生进行坚持不懈的指导。

另外，在高校体育文化建设的过程中总会持续不断地出现问题，而且这一过程中出现的问题通常带有时代的因素。所以，只有长期坚持高校体育文化建设，用时代的眼光进行建设，才能防患于未然，才能有效解决不断出现的问题，才能更好地使高校体育文化为学生服务。

第三节　高校体育文化建设的内容与形式

高校体育文化的建设包含多方面内容，并表现为多种形式，有体育课、课外体育活动、课余体育训练、体育竞赛、体育文化节，等等。本节主要就以上几种常见的高校体育文化建设的内容与形式进行论述。

一、体育课

（一）理论课建设

建设高校体育理论课的基本思路是，向学生讲授相关体育文化知识、体育卫生保健知识。通过向学生传授体育基础原理和知识，学生能够对体育对人类社会、国家、自己未来生活和工作产生的重要影响有更加深刻的理解，从而使学生能够积极地参与到体育的学习中来。通过向学生传授保健与卫生知识，学生能够对健康的重要性和身体健康所需要的环境有一个准确的认识，从而掌握一些基础的保健方法，并且更自觉地爱护环境、保持健康。此类理论内容要力争与学生现实生活中可能遇到的实际问题保持密切联系。不仅如此，在理论课建设中，对这类内容的选择要切忌支离破碎、简单无逻辑地罗列知识，而是要注意紧跟当前社会重点发展潮流，精选针对学生有重要意义的体育、保健原理来组织教学内容，并注意考虑结合运动实践部分的内容来组织建设。

（二）实践课建设

1. 田径

田径运动与人的走、跑、跳、投等基本活动能力有内在关系，所以被誉为“运动之母”。通过此项教学内容，学生能够了解田径运动，理解田径运动在锻炼身体中的意义，使学生明白跑、跳、投等的基本原理和特征，并使他们掌握一些基础性、实用性较强的田径运动技能，学会用田径运动来了解增强体能的方法和注意事项。田径教学内容既与田径运动技能有直接联系，又与人克服障碍、进行竞争的心理要求有内在联系。因此，应从文化、竞技、运动、心理体验以及发展体能作用等多方面去全面地理解、分析教学内容并组织教学。

2. 体操

体操运动包括技巧、支撑跳跃、单杠和双杠等。它是发展人的力量性、协调性、灵活性、平衡性等能力最有效的运动。体操的历史较为悠久，自人类进入文明时代后，体操就一直伴随着人类的发展，它还与人克服各种外界物体的心理欲求有联系。通过此项实践教学内容，教师应使学生了解体操运动文化的概貌，了解体操运动对人体锻炼的价值和作用，明白基本的体操原理和特征，掌握一些典型的、实用性较强的体操技能，并学会用体操的动作来进行身体锻炼和娱乐，运用保护与帮助的手法去安全地从事体操运动。

对体操实践内容进行选择时，要主要考虑它的竞技、心理、生理等方面。

在教学过程中要注意循序渐进的原则，通过逐步加大动作难度、幅度，使学生的技能得到切实提高。

3. 球类

球类运动包括足球、篮球、排球、乒乓球、羽毛球、橄榄球、网球等。通过此项教学内容的传授，学生能够对球类运动的概况和球类比赛的共性有所理解，能够对球类运动的基本技术和战术技能有所掌握，从而具备一定的参加比赛的知识与技能。此类教学内容中的技战术通常较为复杂，每种技战术或技战术之间的组合相互依存、相互制约。因此，若要选出适合教学的内容就显得比较困难。如果只是对单一技术进行教学，那么就失去了球类运动的本质，比赛和应用也就不顺畅，也会导致学生对球类运动失去兴趣，最终也不能使单个技术得到运用和提高。而若想整体详细讲解和介绍又需要较长的时间，有些球类运动若想达到一定的教学目标，至少需要一学年的时间甚至更长。因此，如果计划开展此类项目，则应通盘考虑，注意把技术教学、战术教学与教学比赛结合起来。

4. 民族传统体育

民族传统体育的内容有武术、导引、气功及各民族的传统体育内容。此项教学内容能够使学生对中国优秀的、丰富的民族传统体育情况有所了解，并懂得用其来健身、自卫的方法，还能使学生在学习技能的同时理解中国的“武德”精神，讲究武术中的礼貌举止，它甚至还可以与爱国精神、民族自尊心的培养结合起来，教会学生热爱祖国和本民族。

民族传统体育教学需要较长的教学时间，同时还要兼顾教学的实效性。对于普通学生而言，鉴于民族传统体育往往需要较强的基本功，这种基本功不是一朝一夕能够习得的。因此，教授这种教学内容时的重点不应只是放在一定要学生在学习过后能够完美地练一套套路。传授这部分教学内容应根据学生的心理特点强调教学内容的文化性、实用性、范例性，并使其了解到教学内容的文化背景和意义。

5. 韵律运动

韵律运动包括健美运动、民间舞蹈、健美操、体育舞蹈、韵律操、艺术体操等内容。在组织韵律运动的教学内容时，应从审美观培养、舞蹈音乐理论介绍、感情表达能力培养和健身效果等多方面来考虑。之前，此类教学内容过多地考虑了动作练习的教学以及练习中的不断上量等，而对于向学生传授一些基本原则并让学生尝试自编的要求较弱，应予以考虑加强。

二、课外体育活动

（一）教师的课外体育活动

教师是高校体育文化的主体之一，开展针对教师的课外体育活动是十分必要的，这不仅是对高校体育文化氛围进行积极营造的要求，也是全面健身活动发展的要求。

针对教师的课外体育活动主要包括以下两个方面。

1. 组织有利于缓解压力的体育活动

登山运动、春游等都不仅能够使教师缓解压力，锻炼身体，还可以消除心理疲劳，形成良好的精神面貌。

另外，也可以举办一些体育比赛，如教师田径赛、教师排球联赛、健美操比赛等。教师自觉参与体育锻炼，能够在促进自身技术水平提高的同时，拥有健康的身体。

2. 组织师生之间的体育比赛

教师在日常上课时比较严肃，学生自然就会对教师有一种害怕心理，距离感由此产生。而通过参加师生之间的比赛，师生就共同处于一个层面，从而能够自由地发挥自己的个性和体育技能。他们可以在比赛结束后针对体育或共同感兴趣的话题展开讨论，这样就能够增加师生之间的感情，使师生之间不再感到陌生，学生也不再害怕教师，双方的距离自然就拉近了。

有一些教师年龄比较大，不能参加登山之类的户外运动，也不能进行大强度的体育比赛，因此可以选择参与一些强度小的活动，如武术、太极拳等。

（二）学生的课外体育活动

学生的课外体育活动有以下几种形式。

1. 全校活动形式

全校活动具有庞大的规模、恢宏的气势和巨大的影响力，而且可以进行统一领导与指挥，操作起来比较方便，也为组织与管理者的督促、检查与评价工作提供了便利。全校活动形式的主要作用表现为以下几点。

首先，可以促进班级、年级之间相互学习、共同进步。

其次，有利于对学生进行爱国主义与集体主义教育。

最后，有利于提高学生遵守纪律的意识和培养学生的集体荣誉感。

全校活动的开展也会受到一系列因素的限制，如场地、组织措施、学生个体差异等因素，全校活动比较适合早操与课间操等活动。

2. 班级活动形式

生动活泼、便于组织管理、选择余地较大、限制因素较少以及锻炼效果良好是班级活动形式的主要优势。班级活动以教学班为单位，由班级体育委员负责组织，团支部、学生会等组织的其他班干部的主要职责是协助配合体育委员。班主任与体育教师主要负责指导和辅导班级活动的开展。

3. 小组活动形式

小组活动可以根据学生班级、学生性别、学生兴趣等因素自然分组。例如，根据学生体质与兴趣爱好成立足球组、体操组等。各组由体育积极分子或项目擅长者担任组长，小组在组长的带领下开展活动。也可以根据季节与场地器材等条件的不同来灵活选择小组的具体活动内容。

4. 团体活动形式

团体主要是由体育兴趣爱好和特长相同或相似的学生自发组成的。共同的目的、兴趣爱好和特长使学生能够自发组织起来，共同开展体育活动，共同学习与交流，共同提高与进步，从而增进友谊，并通过团体体育活动体验成功和快乐。团体开展的体育活动形式多样。

团体的组织比较松散、自由，成员多少视具体情况而确定，且团体内的成员相对不固定。团体的成员没有局限在一个班级或一个年级中，他们可以是本班与本年级的学生，也可以是其他班与年级的学生。团体活动不需要进行专门的管理，主要是因为团体组织相对比较随意，没有固定的活动时间和地点。

在学生的课外体育活动中，团体的体育活动具有其他组织形式无法比拟的重要作用，它有利于学生体育兴趣与爱好的形成和发展，有利于促使学生养成良好的体育锻炼习惯，有利于促进学生终身体育意识的形成与发展。学生可以通过团体活动获得身体、心理和社交等方面的全面发展。

5. 个人活动形式

个人活动指的是学生根据自己的体育兴趣爱好与需要，根据体育锻炼的方法与要求，自觉自愿地选择体育锻炼项目，在体育课外活动中进行单独锻炼的活动方式。个人活动是一项非常重要的体育实践活动，它反映了学生体育意识的觉醒，有利于促进学生体育兴趣的形成和发展，也有利于学生养成并巩固良好的体育锻炼习惯，从而帮助学生实现体育学习的终极目标。

通常情况下，学生大都是因为对体育有较浓厚的兴趣才会自觉进行体育锻炼，经常参加体育锻炼的学生在体育知识、身体素质、运动技术技能等方面都具有良好的基础，是班上的体育积极分子。因此，教师要积极做好这类学生的引导工作，使他们的特长充分发挥出来，达到以点带面、整体提高的目标。

个人活动可选择的内容十分广泛，学生大多选择与自身兴趣爱好与需求相统一的体育项目进行锻炼。个人活动与全校、班级、团体等集体活动并不矛盾，绝对的排他性是不存在的。恰恰相反，个人活动与集体活动在一定程度上可以相互促进与转化。

6. 俱乐部活动形式

近些年，在学校尤其是高校中，体育俱乐部这种课外体育活动组织形式相继出现。俱乐部主要分为两类：单项俱乐部和综合俱乐部。学校主要根据本校的场地设备、体育传统优势与师资力量等因素创办俱乐部。筹建俱乐部的经费主要源于学校下拨的经费、学生缴纳的会费与社会赞助。学生按照自身的兴趣与爱好自愿加入俱乐部，在俱乐部内进行自己感兴趣的体育锻炼活动。学生参加俱乐部的目的各有不同，一些学生是为了提高技术技能水平，一些学生只是为了参加课余体育训练，还有一些学生只是为了娱乐。俱乐部活动的主要特点是有专门的组织管理和专业的指导教练，俱乐部活动的效果良好，深受广大学生的推崇与喜爱。

三、课余体育训练

课余体育训练是指为了发展部分在体育方面有一定天赋或有某项运动特长的学生的体能和身心素质，提高他们某项运动的技术水平，从而利用课余时间，以运动队、代表队、俱乐部等形式对他们进行较为系统的训练，它是为竞技体育培养后备人才的一种体育教育过程。课余体育训练是我国学校体育的组成部分，我国在颁布的《学校体育工作条例》中明确规定了要开展多种形式的课余体育训练。

课余体育训练要通过对具有运动特长的学生的训练，来提高学生对体育的认识，使其掌握一些专项与非专项技战术和知识，并通过加强身体、技术、战术方面的全面训练，促进身体的正常发育，提高各系统器官的功能，发展体能，培养良好的体育道德作风和顽强的意志品质，并为进一步的专项运动训练打下身体、心理、技术、战术和思想品质的良好基础，从而为提高运动技术水平，输送优秀体育后备人才和群众性体育骨干服务。这便是学校课余体育训练的目的，其具体方法可以从以下三个方面进行阐述。

第一，学校课余体育训练要促进学生体能发展与运动能力的提高。学生身心发展处于发育关键时期，在这一时期进行训练，不仅能保证学生的正常生长发育，还能使其生理功能大大提高，从而提高运动素质和运动能力。

第二，学校课余体育训练应该是学校培养高素质人才的补充措施。课余体育训练能帮助学生掌握体育的基本知识和技能，促进体能和综合素质的提高，为运动队或群众体育提供人才。

第三，学校课余体育训练应该完善学生道德品质并提高其精神意志力。学校课余体育训练，要力求使学生得到爱国主义、集体主义和社会主义教育，提高学生对体育的兴趣，使其竞争意识、合作精神和拼搏意志得到培养。

四、体育竞赛

高校中开展的体育竞赛主要有以下两种。

（一）校内体育竞赛

校内体育竞赛能够发展学生的个性，培养学生的能力，陶冶学生的情操，并能够创造良好的学校体育氛围，这些作用都是其他活动所无法替代的。学校应该开展多元的体育竞赛，主要开展原则就是面向学生、服务学生，在开展中需要采用大众化的组织形式、比赛方法。

以组织的等级为依据，可以将校内体育竞赛分为校级体育竞赛、院级或年级体育竞赛、班级体育竞赛。竞赛的项目主要有田径、篮球、羽毛球等。此外，也要对一些小型的比赛进行组织，如接力赛、拔河比赛，这些比赛的参与者众多，能够使更多的学生参与进来。与校际的体育竞赛相比，班级之间的体育比赛灵活性更强，而且也特别普遍，对不同的体育爱好者都是比较适宜的。校内体育竞赛的开展为高校体育文化提供一股强大的凝聚力。

（二）校际体育竞赛

开展校内体育竞赛的主要目的是对体育精神进行传播，使学生参与到体育锻炼中，而开展校际体育竞赛的主要目的是加强校际交流，提高学校文明形象，同时加强学校与社会的交流。世界大学生运动会和世界中学生运动会是校际开展的比赛中级别最高的校际体育竞赛活动，此时的校际比赛已引申成为国际比赛。通过比赛，学生可以将自己的活力与实践技能展示给全世界。

五、体育文化节

学校价值观念的传播方式之一就是高校体育文化节，文化节的举办能够将学生参与体育锻炼的兴趣有效地激发出来。体育文化节的主要载体是体育活动，宗旨是公平竞争、团结协作、拼搏进取，主要目标是“健康、快乐、文明”，同时也注重对师生体育道德素养的培养。现在高校体育文化的传播离不开文化节这一重要的形式，体育文化节主要是集中一周的课外活动时间，对各种活动进行开展，面向全校所有学生，为学生提供良好的机会来对体育运动的乐趣加以感受。学生可以利用这一平台将自己的才华展示出来，充分发挥自己的个性与技能。

体育文化节也可以在节日里举行，如在“劳动节”“国庆节”“元旦节”举办学校篮球、足球、羽毛球等联赛，分教职工、学生两组进行循环淘汰赛，这样不但能够充实师生的节假日生活，还可以培养提高师生的集体荣誉感和竞争意识。

第四节　高校体育文化建设的环境要求

一、高校体育物质文化环境

（一）高校体育物质文化的形态体现

1. 运动场

运动场包括田径场、篮球场、足球场、排球场、网球场、羽毛球场等。它们因属于露天建设，方便向学生开放，而成为学生参加体育活动的最主要的场所，学生的体育课、课外体育活动、体育文化节、体育竞赛等都依靠体育运动场进行。因为各个地区的经济发展程度不同，学校体育运动场的质量存在着很大的差距。在经济发达地区，运动场规模较大，造价较高，如塑胶田径场、篮球场、网球场及绿茵足球场等，而且外延设施比较齐全，如设有看台、风雨棚等。而在经济贫困地区，大多是一些煤渣跑道，或是不太正规的跑道，篮球场、排球场大多是水泥地。相对而言，贫困地区的运动场质量较差、规模较小。

2. 运动馆

运动馆包括综合性体育馆、篮球馆、排球馆、乒乓球馆（房）、艺术体操房、游泳馆、肋木区、单杠双杠区、攀爬角、健身角等。相比运动场，它的造价较高，而且开放时间有限，因此不能成为大学生参加课余体育活动的首选。但运动馆不受天气影响，场地质量较高，安全系数比室外运动场高，通常一些重要的比赛都在运动馆里进行。

3. 运动器材

按照不同运动项目所需的器材分类，学校的运动器材可分为体操类器材、球类器材、田径类器材、民俗类器材、健身类器材等。通常情况下，学校的运动器材是与学校开设的课程以及运动场馆相匹配的，有运动场就必须有相应的运动器材，这样才能进行体育活动；反之亦然。随着人们对体育活动要求的提高，学校运动器材的配置必须完善，如以前“一班一球”的器材分配方式显然已经不能满足学生练习的要求，因此种类齐全、数量充足的体育运动器材是每个学生在课堂有限的几十分钟内得到充分练习的基础。

4. 其他体育物质形态

学校其他体育物质形态包括体育雕塑、体育壁画、体育传播设施等。表面上，它对学生参加体育活动并没有实质性的作用，但是它对营造高校体育文化氛围以及培养学生浓厚的体育兴趣具有重大的意义。如学校的体育雕塑、体育壁画以最直接的方式传达给学生浓厚的体育寓意，学生在看到体育雕塑的时候自然会联想到一段体育历史故事，从而开始对体育产生浓厚的兴趣；又如学生通过观看一段高水平的体育录像，会激发出参加体育活动的热情。因此，不能忽视学校其他体育物质文化形态在学校体育文化环境中的作用。

（二）高校体育物质文化环境的优化

1. 扩大体育物资设备

优化高校体育物质文化环境，数量种类多是优化的前提，只有“多”才能进行“优”。因为“优化”在很大程度上就是一个如何选择的问题，如果连最起码的体育设施都不齐全，就没有任何选择的空间，优化只能是“纸上谈兵”。而高校体育不同于商业体育，不能广泛拉赞助，因此扩大物质设施资金应主要依靠学校的直接投入。当然，这种资金投入并不是盲目的。首先，要从实际出发。因为各学校的经济承受能力是不一样的，在经济落后地区，体育设施的要求就不能与经济发达地区的学校相比。其次，要重视扩大体育设施的方向。每个学校的体育文化氛围倾向是不一样的，而这种氛围的倾向性决定了学生参加体育活动的方向，也就是说，在不同的运动项目中，参加的学生人数以及热衷程度是不一样的。因此，在扩大体育设施的时候必须对本校体育氛围倾向有一个充分的了解，然后再针对运动人群多而体育设施少的体育项目来扩充设备，从而达到资金合理分配以及资源合理利用的效果。

2. 优化现有的体育物质文化环境

优化现有的体育物质文化环境其实就是对现有的体育物质资源进行合理规划，以营造出良好的体育物质文化氛围。

首先，高校体育物质文化环境本身是一种文化现象，井然有序的体育场馆和体育运动器材会给人一种舒适的感觉，因此对学校体育物资设备的规划就显得格外重要。如把篮球场集中修建在同一个地方，当学生走近篮球场时就会被浓厚的篮球运动氛围所吸引，那里便成为篮球运动的一片沃土，方便了篮球爱好者之间的交流。

其次，体育场馆整洁干净也是非常重要的。干净整洁的体育场馆能给人一种舒适感，进而使学生更加亲近体育运动。相反，四处都是果皮纸屑、铁锈横生的体育场馆会让人产生厌恶感。因此，保持学校体育场馆的洁净非常重要，每天都必须安排人对体育场馆进行打扫，以保持场馆的干净整洁，营造出良好的体育物质文化氛围，从而吸引更多的学生参加体育运动。

二、高校体育教学环境

（一）高校体育教学环境的构成

1. 体育教学物质环境

体育课是一个实践性很强的课程。在学校体育教学环境中，体育物资设备起到了载体作用，教师通过体育器材来实施教学目的，学生则通过体育器材、场馆进行体育活动。通常情况下，体育教学物质环境包括自然环境和体育设施环境，自然环境指的是学校的花草树木、空气、噪音、光线等，这些客观事物在一定程度上影响了学生的学习和训练。体育设施环境指的是由后天改造而来的体育设施，如体育场馆、体育器材、教学设备（如秒表、录像带、光盘等）。体育设施的好坏直接影响到教学质量的好坏。此外，由于物质环境是客观事物的载体，因而合理的场地规划、整洁的场地能使学生产生良好的体育兴趣，本身具有教育作用。

2. 体育教学师资环境

学校体育教师是教学环境的灵魂。作为学校体育文化的指导者，他们对学校体育发展方向具有绝对的主导权，学校体育要弘扬什么样的精神、发展什么样的体育传统、提倡什么样的品质和培养什么样的能力等都是由体育教师在思想、行为上的体现和认识决定的。通常情况下，体育教师传授什么样的体育传统、精神、品质等，学生就能收获什么样的体育传统、精神、品质等。因此，在学生形成正确的审美观、体育观、人生观以及体育意识的过程中，学校体育教学师资环境对其影响是巨大的。

3. 体育教学网络环境

网络已成为当今社会生活中的一个普及工具。在体育教学中，网络教学越来越广泛，体育教师利用网络给学生讲授最新的体育知识、实施远程教育等，大大提高了教学的效率。在网络教学环境中，体育教师通常具有一个自己的网站邮箱，学生从指定的网站或邮箱上获取最新的学习任务。另外，在上体育课的时候，体育教师可利用课件把平时很难用语言描述的技术动作通过网络以图片或视频的方式展现出来，这种方法更能让学生接受。在今后网络逐渐普及的形势下，网络教学的重要性将在体育教学中逐渐凸现。

4. 体育教学人际环境

学校体育教学是施教和受教的实施过程，这个过程中最重要的就是师生之间、学生之间、老师之间的交流。因此，体育教学的人际环境是不可缺少的。良好的人际环境体现为师生间的一种默契，如老师的一个眼神或一个手势，学生就能体会其中的意图。师生互相尊重，老师以高尚的人格品质去感染学生，也能改善体育教学的人际环境。最后，体育教师应融洽，没有教学界限，互相交流教学经验，互取所长，这对完善学校体育教学也非常有帮助。

（二）营造体育教学环境应注意的几个问题

1. 体育教师的知识修养和综合能力

学校体育教师只有具备丰富的专业知识、文化知识以及体育经验，见多识广，才能让学生信服。体育是一门多学科性课程，而且在运动过程中具有一定的规律性，同时它又是一个发散式的体育活动，如果教师没有一定的专业知识和体育经验，很难对学生提出的问题进行解答。此外，作为实践性很强的学科，仅有丰富的理论基础还不够，体育教师还必须具备多方面的能力，如组织管理能力、动作操作能力、人际关系处理能力等。同时，作为一位传播者，体育教师的一言一行都备受学生的关注，因此在体育教学的过程中，体育教师应注意言行举止，以身作则。

2. 体育教学环境的普及范围

目前，在体育教学环境普及范围上存在着很大的误区，如有相当一部分教师认为，学校余暇体育活动不属于教学范围，如课外体育活动、节假日体育活动等。这种认识显然是不对的，因为学生参加余暇体育的时间远比课堂的时间多，而且很多的体育技能都是在余暇体育中形成的。如果让余暇体育自由地发展，那么学生的体育运动技能就会出现很多的错误。因此，应把余暇体育作为教学任务的一部分，充分利用余暇体育来传播体育知识。

还有一个误区，那就是认为体育教学就是以教师为主导，以学生为主体，以教学为内容，以培养学生的健康体魄和终身体育能力为主要目的的一种体育教学。这种认识过于片面，因为培养学生的健康体魄和终身体育能力只是教学目的的一部分，在具有浓厚体育文化内涵的体育教学中，引导学生养成正确的人生观、体育观以及培养他们的合作能力、竞争意识、拼搏精神，同样是体育教学的目的。

3. 体育教学环境的硬件设施

学校体育教学环境的营造需要软件与硬件协调发展，这样才能取得好的效果。目前，硬件跟不上软件已成为一种普遍现象，许多体育教师有教书育人的抱负，却因为缺少硬件设施，最终只能使抱负变成空想。而造成这种现象的原因是多方面的，比如学校的财政紧缺或学校对体育教学环境的认识不够等。但硬件设施是教学的基础，对它的保障已成为为不争的事实。硬件设施的短缺必然会给体育教学的质量带来影响，表现在不仅教师无法施教，学生参加体育活动也同样会受到制约。因此，学校必须高度重视这一问题，加大经费投入，尽可能地满足体育教学的合理要求。

第五节　网络时代背景下我国高校体育文化建设

一、我国高校体育文化建设中存在的问题

（一）学生缺少足够的参与意识

中国人注重文化学习，当前的考试制度和教育资源的不均衡也让家长把主要的精力放在了孩子文化课的学习与艺术特长的培养上。由于独生子女较为普遍，而且许多家长认为对子女的教育只能成功，不能失败，所以为了使孩子能

够考一个好一点的高中、大学，孩子从小就被逼上各类辅导班，从一个学习地点向另一个学习地点疲于奔命。同时，运动安全问题让每一个学校与家长谈虎色变，一些运动项目也被迫取消，供学生们自我锻炼、自我玩耍的学校体育器材和设施也几乎都被拆除，有限的器材也被束之高阁，这造成了学生即便有意识、有动机去锻炼，也没有必备的设施和器材的尴尬境地。全员性运动会的推广和体育节的创新也进展缓慢，仅有的校内校外的各种体育竞赛也成为少数学生的专利，离广大的学生很远。当前学生的课外体育锻炼面临着应试教育、特长功利、运动空间、网络电游、运动安全、运动伙伴、运动技能、枯燥锻炼等多重压迫。由于中小学阶段没有养成体育锻炼的习惯，也没在思想上形成对体育锻炼的正确认识，所以中学应试教育对体育造成的负面影响便延伸到了大学阶段，造成了大学阶段学生参与课外体育锻炼的热情不高，甚至相当一部分人认为体育就是休闲玩耍、娱乐消遣，不认为体育也是一种文化。

（二）重视物质建设，轻视人文精神建设

高校体育文化设施建设一直是国外发达国家彰显学校魅力，培育良好高校文化氛围、凸显学校文化精神的载体，因此国内著名学校在体育物质文化景观和场所的规划、设计与建设上均要从学校发展的高度进行严谨的论证分析，给予强大的支持和关注。随着我国经济的发展和教育资金投入的增多，我国的高校建设经历了一个重要发展期，体育场馆建设也如雨后春笋般涌现出来。这些体育场地与体育设施为体育的发展提供了物质保障，也在一定程度上反映了高校体育文化的发展水平。体育场馆的建筑风格、良好的体育设施能够使学生受到体育环境的熏陶，对体育运动产生向往之情。但是许多体育场馆的建设缺少人文精神，缺少文化底蕴，同时对体育宣传及图书资料等相关配套设施的建设方面投入也相对较少，体育图书资料老旧，高校体育宣传设施建设无法跟上潮流。

（三）重视活动形式，轻视育人功能

作为学校教育不可缺少的一部分，体育这个特定领域对人的全面发展起着重要作用。在具体的活动中，通过统一的规则、规范的行为、严密的组织及约定俗成的规定，参加者和观赏者能够自觉或不自觉地接收到体育文化的教育、熏陶，从而培养出团结友爱、吃苦耐劳、勇敢顽强、坚持不懈等优良作风，同时也可以培养集体主义、爱国主义的精神，机智灵活、沉着冷静、坚决果断、谦虚谨慎等意志品质，使他们能够亲身参与到体育活动中来，缓解工作与学习的压力，享受体育运动所带来的愉悦和自由，而这是网络所不能替代的。但是，

在高校体育文化建设中，群体性活动、体育竞赛、校级体育文化活动、体育社团建设滞后。其中，学校的体育竞赛项目主要集中在球类上，多数以院系为单位组队参加比赛，这就使参赛人员受到限制，普通学生很难在这些比赛中一展身手。而以班级为单位的系列赛却得到了学生的喜爱，因为这样的比赛能够满足普通学生的参与需求，校级体育文化活动主要包括校运动会和体育文化节，活动本身缺乏创新，活动内容缺乏普及性，校领导和普通学生对其关注度和参与度呈现下降的趋势，形式主义较为严重。同时，体育社团的建设处在一种自发的组织管理活动状态，由于缺乏学校相应管理部门的关注、支持和考核，很多社团没有发挥应发挥的功能，无法满足大学生的体育文化需求，所以高校体育文化建设呈现出这样一种状况：一方面，体育文化活动日益丰富、多元，给师生们提供了展示自我的舞台；另一方面，由于缺少科学的规划、有效的管理，造成了表面热闹与实施者盲从，出现了组织者疲于应付而参与者意兴阑珊的现象。

二、网络时代背景下高校体育文化建设措施

（一）增强大学生的体育参与意识

学生是高校体育文化建设的活动主体。学生体育参与积极性不高，究其原因，是由当前的应试教育造成的。短时间内改变中国的高考现状是不可能的，能改变的只能是进入大学后学生的体育参与意识。

第一，要加强宣传力度，通过高校网络、广播站等现代化手段，宣传体育运动与健康的关系，使学生树立终身体育思想。

第二，不断推进体育教学改革，提高学生的体育兴趣。加强课堂教学常规教育，严禁学生在课堂上过度使用手机。

第三，加强高校体育文化建设，渲染体育氛围，并充分利用网络的影响，发展学校体育文化，提高学生参与意识。

第四，真正重视体育社团活动，学校有关部门应有意识地对其进行引导与支持。

（二）注重高校体育文化的硬环境与软环境建设

体育场馆建设要能体现该校的文化底蕴，与整个高校的文化氛围相融合，彰显高校文化的魅力。无论是气势恢宏的体育馆，还是造型优美的体育雕塑，抑或是个性鲜明的体育标识，要能够撞击学生的心灵，激发他们向往体育、参与体育、热爱体育的激情，在做好大型体育场馆建设的同时，也要注意体育景

观，使其有层次、有深度，以一定的文化底蕴体现其中所包含的体育精神，使每一处建筑、每一处景观都能传递体育思想，表达体育文化。即在关注硬件建设的同时，更需要考虑软件的融合，增添人文元素，丰富文化内涵，通过人与物的沟通与感悟，传承、创新体育文化，提升高校体育文化品位，实现以物化人。在体育宣传与图书资料方面，应通过现代化手段加大宣传力度，充分利用高校网络，建立高校体育网页，并利用高校广播站和投影机来播报体育新闻和播放体育比赛等方式，构建一个大的高校体育文化整体环境，为学生创造一个良好的体育文化氛围，从而给学生搭建了解体育信息的平台，为高校体育文化建设提供服务支持，让网络为我所用。

（三）重视体育文化活动的形式与内涵

高校体育文化对学生的人生观、价值观具有潜移默化的深远影响，其育人功能不容忽视。目前，我国高校体育文化的建设是以自主学习为主，缺乏系统的指导，知识掌握得不牢固与可靠，且缺乏实践机会，学生获得的只是一些科普类的预防知识，对运动损伤的处理和治疗方面的知识严重缺乏。

第三章 高校体育文化的现代化发展与创新

第一节 高校体育文化的现代化转型与发展

体育文化是对基于人类从事和参与体育运动而衍生出来的一切活动及其成果的总称。体育是人外在地改造自身机体机能与内在地改造心、智、德的高度统一。人在主动融入体育文化的过程中，未必改造了自身的机体与机能（如体育欣赏行为与球迷行为等），却必然进行着自身个体的心、智、德的改造与变化。在这一过程中，体育文化的精神内核发挥了自有的作用。它通过文化所固有的“号角”功能和激励功能，对人的心理结构与文化模式进行影响和干预，从而完成了对人的个体内化改造过程。体育文化具有良好的精神内涵，其中包括竞争精神、人文精神、科学精神、平等精神、公平精神、法治精神、超越精神等，这对于正在努力进行扬长避短、融会贯通的我国文化的现代化转型，具有无可比拟的促进和渗透作用。因此，深刻认识体育文化与我国文化进步的基本规律，正确把握体育文化与我国文化现代化转型两者之间的相互关系，是实现运用有效手段快速推动我国文化转型和进步的基本前提。

一、当代体育文化的时代精神内涵

当代体育文化是建立在西方体育文化基础之上的现代体育文明，因此具有浓厚的西方文化色彩。西方文化思想中的重自由、重平等、重竞争、重科学、重法治、重契约等倾向，在当代体育文化中一览无遗。

第一，平等精神。“体育无国界”，是对体育坚持开放、平等理念的最好诠释。在任何体育竞赛或活动中，体育都始终躬身践行着无国别、无种族、无性别、无信仰歧视等原则，人们一律平等参与、公平竞争，这使人们在体育竞赛中享有最大的尊重权利，使现代体育成了世界文化交流活动中最大最好的舞台。

第二，竞争精神。古希腊高度发达的物理学和数学，给予了人挑战自然的信心和力量，由此也造就了以高度、远度和速度至上的古奥林匹克精神。现代体育的精彩无限，也得益于体育竞赛过程的激烈和结果的不可预见。有了竞争，就有了无限前进的动力和目标，人类通过体育认识自我、改造自身的终极愿望就能得到满足和实现。

第三，法治精神。在体育竞技场上，竞赛规则统摄着一切。它不容置疑、不容挑衅的高度权威性，贴合了法律的天然本质，赋予了体育鲜活强劲的生命力。体育运动尊重规则、遵守秩序的本质要求，使法治精神的旗帜在体育的领空高高扬起，既捍卫了体育的纯洁，也捍卫了人性的尊严。

第四，超越精神。“更高、更快、更强”是体育运动的不懈追求。体育运动充满了生生不息的动力和蓬勃向上的活力，培养人们勇敢顽强的性格和迎接挑战、不畏艰险的品质。在体育运动中，人们不断克服困难、跨越障碍、挑战极限、战胜自我，体现了超越一切、勇往直前的积极的人生态度。

第五，合作精神。体育文化是社会文化的有机组成部分，充斥着人与人之间的关系问题。良好的体育行为，既是公平竞争的产物，也是分工合作的结果。体育的沟通合作过程可以有效地增强人与人之间的认同感、归属感，是消除对立、弥合分歧、缓解矛盾的有效媒介。

第六，科学精神。体育本身是一门科学，它横跨于自然科学和社会科学之上，有着自身的规律和特点。因此，任何成功、合理的体育行为，都必然是在体育科学基础之上的行为。人们也只有遵循体育科学规律，崇尚科学精神，才能在体育行为中实现自身追求的目标。

第七，人文精神。《奥林匹克宪章》写道：“奥林匹克主义是将身心和精神方面的各种品质均衡地结合起来，并使之得到提高的一种人生哲学。奥林匹克主义所要开创的人生道路，是以奋斗中所体验到的乐趣，优秀榜样的教育作用和对一般伦理基本原则的尊重为基础的。”奥林匹克人生哲学就是体育要为人的和谐发展服务。参加体育活动，能够使人在体魄、心智和精神方面全面发展，使人成为完美的人。

第八，创新精神。体育的发展史，就是一部创新史和进步史。体育的技战术进步、规则的发展和设备设施的进步，都是不断创新的结果。体育竞赛的最精彩之处，是其结果的不可预测性和不可重复性，是运动员在每一次的比赛中都发生的变化和创新造就了体育行为的无比愉悦感。

二、体育文化精神在中国文化现代化转型过程中的现实意义

在我国文化现代化转型中，如果想要克服传统文化的弱点，需要从当代体育文化精神中获取新的生命力和原动力。发端于中华武术的我国传统文化中的“尚武精神”，就曾对中华民族的延续和发展起到过强劲的支撑作用。面对新时期中华民族重新崛起的奋斗目标，我们也切实需要借助体育文化精神，来冲击、突破过去长期被沉闷、文弱、守旧、封闭等气息所笼罩和包围的文化生活环境，以振兴民族精神，重塑民族风貌。

新中国的体育事业一直在向世界看齐。尤其是在我国的市场经济体制得以确立发展以后，体育事业真正实现了大发展和大繁荣，“与世界同步发展”成为我国体育前进的基本要求。无比开放的姿态，主动融入世界体育文化潮流的步伐，使我国体育在与世界体育的交流和竞争中推陈出新，从而革除自身传统不利因素的束缚，积极吸收西方先进体育文化的营养，在汇集全民的政治热情和民族热情的基础上，实现了中国成为“世界体育大国”的目标。新中国的体育之路是一条开放之路、交流之路、竞争之路、合作之路，它在与西方体育文明的冲突、融合中所升华凝结而成的精神内涵与理念体系，对当前我国文化的现代化进程具有现实的指导和促进意义。

第一，坚持体育的平等参与精神，推动中国文化现代化的理念转型。平等参与是当代体育文化的首要精神。它反映的是人在体育上的一种应有的权利和一种理想的追求，即人人都有参与体育活动、进行锻炼以获得身体健康，或者进行竞赛以达到最高体验或良好心理状态的权利。这种参与或享有应是平等的、自由的，即在参与各类体育竞赛与活动中保证社会的每一个人都能平等地参与，不得有任何歧视或特权的存在。愉悦的享受，彼此尊重，互助共进，有利于全民参与体育的热情得到极大的释放。综观世界，发达国家在现代化建设过程中，无不在平等、自由的思想下，摒弃身份意识，突出能力本位，从而最大限度地调动社会每一位成员的参与性和积极性，并在不断融会科学、民主的新质内涵的过程中，吸收了各国的文明成果，促进了民族意识与现代化观念的统一，从而使其民族凝聚力和创造力得到空前发展。在中国文化现代化的转型过程中，同样必须高举平等、自由的旗帜，以社会个体的人的现代化为核心，以推进民主、强化公民意识为保障，在全民理念深化、思想统一、情感迸发的基础之上，有力地激发全民关注和参与现代化进程的热情，不断增强推动事业发展的民族凝聚力和创造力，从而为新时期民族精神的重塑和再造注入新的精神力量。

第二，坚持体育的公平竞争精神，推动中国文化现代化的机制转型。“不

以不正当的手段取胜”，是奥林匹克运动的神圣誓言。然而，要真正实现公平竞争，绝不是单纯用道德的力量就能够达到的。为了使任何比赛都能在客观条件完全相同的条件下顺利完成，体育竞赛规则应运而生，并以公平为首义不断地进行修改和完善。体育竞赛规则对比赛的公开、公平、公正、公道进行了严密的设计和控制，使运动员只能在允许和鼓励的领域里进行自由发挥，并杜绝和打击一切不正当行为，从而保证了比赛的获胜者的真实性和纯洁性。长期在封建王朝里穿梭行走的中国传统文化，官本意识强烈，特权思想严重，统治者不愿意将任何法纪凌驾于自己之上，因此“法治”思想的落后性和法制建设的缓慢性就在所难免。面对世界文化进步的潮流，面对以社会化大生产为基础的市场经济，中国文化精神必须在与西方文化的相互激荡中，在与发展市场经济的实践的相互作用中得到拓展、深化和提升。只有在中国文化现代化转型过程中以机制转型为根本保障，弘扬公平正义和民主法制的精神，全面确立市场主体意识，真正淡化政府主导角色，以法制的健全和完善为基本内容，优化公平竞争的环境和条件，努力消除不正当竞争和垄断等行为，中国体育的现代化目标才能如期、彻底地实现。

第三，坚持体育的开放合作精神，推动中国文化现代化的视野转型。体育是开放与合作的典范。体育的竞技性及永无止境的超越本质，使其离开了开放就毫无意义可言。任何时候它都需要最强劲的对手的存在和参与，如此，“更快、更高、更强”的价值追求才会被赋予现实的意义。所以，就这个意义而言，体育的眼光必然是世界的眼光，体育的思维必然是全球的思维。体育只能是在国际间交流合作的平台上跳跃舞动才能满足人们对体育的各种期望。中国体育在经济社会整体发展中一马当先、率先突围，在世界体育的舞台上占据重要位置的事实原因是当代体育文化的这种全球化本质。而以资本主义大工业为开端的全球化，至今已历时一百多年，并完成了从经济层面向政治层面、文化层面的依次演进和变迁。但在全球化浪潮空前汹涌的今天，各种文化价值上的冲突与矛盾越来越明显，中国文化的现代化转型也不可避免地面临着巨大困惑与选择。唯有加深对全球化趋势不可逆转的正确认识，坚持理性批判与吸收、整合和创新的原则，促进中国的全球化从自发向自觉提升、从冲突矛盾向协调整合的方向发展，在更大范围、更大程度上的开放与合作中加快追赶西方现代化中心的步伐，才能确保全球化的机遇中所蕴含的全部能量在中国得到全力释放。必须注重中国文化现代化转型中的世界性眼光和全球性思维习惯和能力的培养，使其中的人的价值观的转型能真正适应于全球化发展的要求，努力为中国现代化运动提供精神动力和智力支持。

第四，坚持体育的科学发展精神，推动中国文化现代化的范式转型。体育的科学发展之路中最值得借鉴和颂扬的是体育始终保持了科技促进与人文关怀的高度统一。体育是建立在对人体的科学的认识之上的。但人类体育的发展轨迹，并没有单纯遵循着英国工业革命发生之前的“生产—技术—科学”及之后的“科学—技术—生产”这两种人类科学发展的基本线路，而是在依托科学发展的同时始终坚守着慰藉人、促进人、发展人的人文文化价值的底线，严正拒绝一切损害人、毁灭人的体育行为。

体育界共同行动、长期实施的“反兴奋剂”行为，表面上看似乎仅是保持公平竞争的一种手段，实质上则表达了体育所坚持的一种对人类自身保护和珍惜的关爱意识。世界现代化进程的经验早已表明，科学技术是推动经济社会和国家强盛的决定性因素。对于处在社会主义初级阶段的中国而言，实施科教兴国战略，大力发展科技文化，倡导科学精神，努力提升全民的科学意识和行动必不可少。但面对当今由人类科技文明高度发达所衍生出的诸多道德问题、精神问题和生态问题等，我们必须深刻领会体育的科学发展内涵，避免人类科技文化发展的单一倾向，避免以“求真”取代“求善”“求美”，坚持将科学的工具理性和人文的价值理性统筹兼顾起来，紧紧围绕促进人类健康、持续发展的终极使命，积极推动中国文化现代化的范式转型，努力实现经济、社会、人、环境的协调和持续发展。

中国文化现代化转型的过程，是批判与吸收、综合与创新的过程。唯有在开放流通的文明土壤中，积极吸收各方有益的营养成分，才能培育出富于时代性、先进性和创造性的文化盛果。当代体育文化中所蕴含的平等、竞争、合作、科学及人文等精神，对中国文化现代化转型的价值取向具有现实的促进意义。因此，作为中国文化现代化内容的组成部分之一，大力培育和弘扬体育文化精神，既是中国文化现代化转型的应有之义，也是为推动中国文化整体转型和进步开创有效载体的重要举措。

三、高校体育文化的现代化发展

高校体育文化现代化发展需要塑造新模式。

（一）平衡高校体育文化中主体需要与社会需要的关系

1. 主体需要与社会需要的区别

高校体育文化主体需要与社会需要之间存在很多的共性，但也有一些明显的不同，具体表现在以下几个方面。

（1）起始目标不同

社会需要的起始目标为国家和民族的发展进步，它的着眼点更大、更宏观。而高校体育文化主体的需要更加细致和具体，它是从高校中师生群体的意识诉求的微观角度出发的。

（2）形成机制不同

社会需要是在遵循社会价值取向的基础上总结总体的共性而形成的。反观高校体育文化的主体需要，它将自身作为对象，遵循学生的价值取向，受个人非理性因素的影响较大。

（3）表现形式不同

社会需要主要表现在宏观层面，这就带有了明显的概括性和综合性。而高校体育文化的主体需要则主要表现在微观层面，带有明显的针对性与具体性。

妥善处理主体需要与社会需要的关系以及明确它们之间的地位关系非常重要。只有这样才能让两者需要相互促进，相互借鉴，共同发展。但实际上，我国更加注重社会需要，忽视高校体育文化的主体需要，这直接导致体育教学在学校中的地位偏低，教学质量较差，不能充分调动主体的积极性，体育教育作为素质教育中的重要组成部分沦为一种形式。

2. 妥善处理主体需要与社会需要的关系

高校体育文化主体对于文化发展的自身需要是促使文化长期、健康与稳固发展的重要保证，一旦这种重视程度降低，高校体育的文化发展就会成为一种形式化的活动与文化，而这是一种没有灵魂的实际文化，这就一定会使高校体育文化难以形成一个有序、健康发展的文化系统。

虽然社会需要与高校体育文化主体需要具有一定的一致性，但是如果忽视主体在各个侧面不同层次的需要，也会在一定程度上影响社会需要的满足。高校体育文化主体的需要如果没有获得满足，则很可能在心理层面上对这种文化教育产生反感情绪，长此以往，就会影响社会需要的实现。

高校体育文化主体需要是高校文化发展的重要推动力，而社会需要则是重要的外在影响因素。学生在发展过程中，可了解社会需要的发展动向，并将其内化为自身需要，实现体育文化的发展。

在开展相应的高校体育文化建设的过程中，应积极对高校文化主体进行分析，了解其生理和心理特点，加强与其的沟通和对其的理解，将满足主体需要作为各项体育工作的重要目的。同时，在开展工作的过程中，应将社会需要视为关键的基础，给予充分重视，将其作为评定高校体育文化发展水平的标准，引导其向正确的方向发展。学校应通过各种方式，将社会需要与主体需要融合起来。

（二）协调外部性干预与主体主观能动作用的关系

1. 坚持开放性原则

要想建设优秀的高校文化，首先要关注建设主体的问题。高校文化建设的主体对文化需要的形成会产生相应的内在动力，促进其主观能动性的发挥，能提高其工作效率。然而，可以看到的是非高校体育文化建设主体的外部干预性的确可以在加快文化建设速度方面取得一些捷径，但要明确这并不是说如此一来效率就更高。出现这种差距的主要原因是高校体育文化主体自身进行高校文化建设，能够更好地发展能动性，从而使建设的文化体系更加统一，学生也就更能适应这种文化系统。有鉴于此，建设者就需要始终保持开放的态度，积极借鉴外部优秀的文化，将其融入高校体育文化建设中。此外，还要注重对文化主体的整合，实现文化主体素质的发展。

2. 发挥市场调节机制的作用

我国目前正处在社会主义初级阶段，各方面事业都在有条不紊地发展之中。因此，国家也在对教育体制进行改革，不断探索更加合理的教育之道。特别是在人才培养中越发关注市场的作用，即培养人才的依据是社会的需要，这就是一种典型的市场调节教育的行为。例如，某个行业缺乏相关人才，学校就会加强对相关专业学生的培养。政府在其中发挥一定的宏观调控职能。

（三）排除主导性制约因素的影响

高校体育文化发展的主导性制约因素主要包括人生价值取向、社会交往模式、价值本位类型、价值思维方式。消除这些制约因素是发展高校体育文化的关键。

文化本身具有两面性，其本身具有好的一面，但也有一些文化本身并不符合现代社会的价值观。而要想实现高校体育文化发展的全新模式，就需要坚决抵制这些文化中的糟粕，防止它破坏高校体育文化的健康发展。

第二节　高校体育文化的传承与创新

21世纪以来，在高等教育改革过程中推进民族文化的传承与创新，不仅体现了实现中华民族伟大复兴的历史要求，更是党和国家在审时度势的基础上根据当代中国和国际形势做出的重要论述，对于传承创新中国传统文化有着纲领性、战略性意义。高校体育教学与高校体育文化、高校文化有着紧密关系，在大学中传承创新中国文化需要与高校文化建设和高校体育文化建设紧密结合起来。从文化的视角探讨我国高校体育教学改革能够加深对高校体育教学的认识，从而树立起高校体育教学改革发展应该以体育课程文化建设与发展为核心的基本思想。

一、文化传承创新与高校体育教学

（一）体育文化探源

体育文化是人类文化的重要组成部分。作为产生于人类早期的一种重要社会活动，体育运动的产生与人类早期的生产生活方式息息相关，与当时当地的政治、经济、文化、军事、教育等因素不断产生交集，从而推动了体育文化产生与发展。

一般来说，体育文化与其他文化一样，也有物质和精神之分。体育精神文化既包括体育发展中所特有的精神内涵，又包括历史发展中与体育相关的制度文化和行为文化。体育文化产生于体育实践，同时又能够为体育实践提供有效的指导和约束。在体育发展过程中产生并固定下来的体育运动的竞技性、娱乐性、教育性等正是体育精神文化的核心体现。

（二）高校文化与高校体育文化

高校文化是以大学师生为主体，以师生共同参与的课外高校文化活动为主要内容，以构建高校精神为主要特征的一种群体性文化。高校文化的发展与高校师生有着直接关系。同样以高校师生为主体的还有高校体育文化建设。高校文化是一所高校历史底蕴和文化内涵的生动体现，在培养高素质现代化人才的过程中发挥着潜移默化的作用，在很大程度上扮演着传播先进文化的角色。缺少丰富高校文化的高校不能被称为一所真正的高校，其培养的人才也必然缺乏丰富的人文内涵。

高校体育文化根源于高校体育事业中，高校体育教学、体育课外活动与体育竞赛共同构成了体育文化的实践基础。新时期培养德、智、体、美、劳全面发展的高素质人才需要高校体育扮演更加重要的角色。体育文化与高校文化的结合落脚在高校广大师生身上。

高校文化与高校体育文化的发展面临着同样的问题，特别是传承与创新中国文化的职责始终在二者发展中存在。体育文化的本质决定了其作用的发挥需要落实到体育精神中来，以竞争、对抗、协作、配合等为主要体现的体育运动形成了追求更高、更快、更强的体育精神，体育精神反过来影响高校师生的体育行为。高校体育文化不仅反映高校师生和一所高校的价值观念、体育精神，也规范着高校各行为主体的体育行为。

（三）高校体育教学现状

当前，以培养全面发展的高素质人才为目标的高等教育改革正在如火如荼地进行着，高校体育教学改革自教育部颁发《指导纲要》后掀起了第五次新浪潮，新一轮的高校体育教学改革着眼于学生的终身体育意识，始终以“健康第一”为基本出发点和落脚点，促进学生形成终身体育意识和终身体育锻炼习惯。

高校体育教学改革更加关注学生的心理健康水平与社会适应能力，然而，由于在长期高校体育教学中强调学生的“三基”教育，新的教学目标实现起来难度颇大。当前，我国的高校体育教学过程中存在着教学理念与教学实践、教学目标与教学硬件这两组比较突出的矛盾，这对我国的高校体育教学改革提出了巨大挑战。一方面，高校体育教学改革所要求贯彻的“健康第一”“终身体育”的教学理念在具体的执行过程中与传统的“三基”体育教学模式产生了矛盾。新的体育教学理念要求对高校体育教学进行全方位的改革，即从课程目标到课程时间，从课程内容到课程评价均需要进行以“健康第一”和“终身体育”为指导的彻底改革，但是由于我国当前高校体育教学过程中存在着教学时间短、教学内容单一、教学方法固定等问题，改革难以深入。在多数高校，体育教学集中在大学一、二年级，其中一年级体育教学重视基础，二年级开设体育选修课，但是课程内容仍以传统体育项目为主，教学时间得不到保证，教学质量必然受到影响。每周两课时的教学时间造成了教学内容仍然集中在学生的运动技能、身体基础等方面，教学评价过程中的标准也无法与教学改革理念相适应。另一方面，新一轮的教学改革缺乏体育教学硬件保障。高校体育教学改革需要开设更加符合学生需求的新兴体育项目，如跆拳道、健美操、网球、台球等，而这些都需要更加专业化的场地、器材作为保障，需要体育教师的专业素质作为保障，这些场地、器材、师资等方面的欠缺也在很大程度上限制了高校体育教学改革的深入。

二、文化传承创新背景下高校体育教学改革策略

将高校体育教学改革与高校文化建设、体育文化建设相结合，符合新时期体育运动发展的自身规律，符合社会主义精神文明建设的内在要求。文化的传承与创新是一个矛盾的两个方面，文化以传承为基础开展创新，以创新为动力促进传承，共同使传统文化在新时期焕发新活力。推动文化的传承与创新，不仅能够为高校体育教学改革提供不竭的精神动力和智力支撑，更能为高校体育教学改苴提供载体和途径。

第一，加强高校体育文化建设与体育教学改革的结合。加强高校文化建设和高校体育文化建设能够为高校体育教学改革提供精神动力。高校体育教学改革过程中也要加强人文关怀，贯彻落实以人为本的改革理念。加强高校体育文化建设需要不断完善高校体育物质文化建设、高校体育精神文化建设、高校体育制度文化建设和高校体育行为文化建设，多方面综合着手探索高校体育文化发展的新途径，推动高校体育文化建设迈上新台阶。高校在开展体育文化建设过程中要植根于本民族、本地区、本校的现实，从提升大学生身体素质、文化素质、民族精神的目标出发，开展高校体育文化建设和高校体育教学改革。

第二，以文化传承创新推动高校体育教育改革。不断推动文化的传承与创新能够为高校体育教学改革提供重要助力，这种促进作用主要体现在文化的传承创新能够解决体育教学改革在意识形态领域的指导问题。首先，文化传承创新完善体育教育改革理念。体育教学改革归根结底是“培养什么样的人才”和“怎样培养人才”的问题，而文化的传承与创新能够为这一问题提供更加符合时代发展需要的答案。在高校体育教学改革过程中应更加关注学生的全面发展和终身体育意识，更加重视学生的主体性和创造性，不断培养学生的良好体育行为和体育习惯，从而增强学生的体育精神和文化素养，实现体育教学改革促进学生素质全面发展和身心健康发展的目标。

其次，文化传承创新为体育课改提供理论支撑。“以人为本”“健康第一”的高校体育改革理念归根结底来源于中国文化。高校体育教学改革不断加强学生主体地位与教师主导地位的发挥，为学生提供更加舒适、愉悦的体育学习环境。

第三，高校体育教学改革促进文化传承创新。加强高校体育教学改革工作反过来可以推动文化的传承与创新，这种反作用力集中体现在高校体育教学改革发掘中华文化在体育领域的文化内涵与特性，促进人的全面发展以及整合高校文化与体育文化等方面。

首先，体育课程改革发掘了中华文化特性。高校体育教学改革在不断探索理论创新、实践创新的过程中树立起符合中国特色的改革目标、改革方法和改革模式，这一过程能够更加深刻地探索并体现中华文化的特性，特别是中国体育文化历久弥新的内涵与特性，从而推动中华文化的传承与创新。

其次，体育课程改革提高大学生文化素质。作为传承与创新中华文化的主力军，当代大学生需要在高校体育教学改革中不断提高其自身综合素质，特别是文化素质，从而增强其在文化传承创新过程中的能力与作用。高校体育教学改革推动体育文化的竞技性、娱乐性、健身性和民族性的统一，促进大学生体育文化素质的发展，从而为文化传承与创新提供坚实的人才基础。此外，将文化传承与创新和高校体育教学改革相结合还要有效地调整高校体育教学改革课程结构、课程目标，加强高校文化建设与体育文化建设的融合，促进民族文化与外来文化的沟通，使传统文化在当代社会迸发更大的活力。

第四章　高校体育文化的传播

高校体育文化是我国体育文化的重要组成部分，同时也是高校文化的重要内容之一。在新时期，高校体育文化要善于抓住机遇，不断实现自我壮大，从而获得更好的发展与更广泛的传播。因此，要加强这方面的研究，为促进高校体育文化的繁荣发展提供参考。本章主要就高校体育文化的发展与传播进行研究，主要内容包括高校体育文化的多元化传播及对高校体育文化传播的新思考。

第一节　高校体育文化的多元化传播

一、高校体育课的文化传播

（一）传播价值

1. 对高校体育文化起主导作用

高校体育文化建设的基础是教师与学生共同参与。教师与学生是学校一切体育活动的组织和参与主体，因此高校体育文化就一定要围绕他们来展开，否则这种文化就毫无意义。首先，现在的学生之所以参与某种体育活动，是因为他对这种体育运动是感兴趣的；其次，他还具有一定的参与该项运动的技能，这种技能不是天生的，而是后天经过练习获得的，这也就证明了体育文化传播的重要性和意义。而作为高校体育文化传播的重要途径，体育课是学生从小学到大学的必修课程，不管是出于愿意还是强制，每个学生都必须把其当成一种学习任务来完成。学生经过长期的累积，自然就能掌握某种体育锻炼技能，而这种运动技能恰恰就是今后他们参与课外体育活动的主要基础。学生参与到体育运动中来，不管其目的是通过体能测试，还是想掌握某项运动技能，其所参加的体育运动所教会他们的东西都会在一段时间内成为高校体育文化的重要内容。体育课程的文化传播的确会给高校体育文化的构成内容带来了不可忽视的重大影响，甚至主导了文化的内容。

2. 增进学生身体健康意识和心理健康水平

当前，随着素质教育理念及“健康第一”观念逐渐深入人心，体育课被赋予了丰富的内容，成为对学生身体、心理、社会适应能力以及卫生保健等全方位进行培养的有效措施。另外，通过体育课的学习，学生将在和谐、平等、友爱的运动环境中感受到集体的温暖和情感的愉悦；在经历挫折和克服困难的过程中，提高抗挫折能力和情绪调节能力，培养坚强的意志；在不断体验进步或成功的过程中，增强自尊心和自信心，并且在人格养成方面形成积极向上、乐观开朗的生活态度。这些都可以使他们终身受益。

3. 促进师生交往，有效传递文化

体育课程中的主体包括体育教师和学生。鉴于体育课程由这两大主体构成，因此，体育课程的传播过程基本也就能被视为一种教师与学生之间相互沟通的过程，而体育知识与技能就是他们沟通的主要问题，而体育课堂就是他们沟通的场合。体育课堂与其他学科教学不同的地方在于，体育教师不仅需要运用语言法作为主要教学方法，还要突出“身教”，以此达到能够更加直观地向学生展示技术动作的目的。

另外，作为一个拥有自主权的受众群体，学生本身也参与了高校体育文化的创造与传播，因此，在体育课中，环境对学生的文化传递是双向的。高校环境既创造了一种文化，学生作为环境中的一部分，也在受到感染后将文化价值向外传播。同时，师生以体育课为纽带，通过长期接触和交流，感情更加亲密，交往也更加和谐。

（二）传播途径

1. 显性传播

体育课程的显性传播方式较多，体育教师、教学场地与器材等都是其显性传播的主要方式。其中，学校的体育硬件最为典型。硬件设施的完备使体育课程不再受到场地限制，好的场地也更能让学生享受体育课带来的精神感受，同时体育教师在良好的场地和器材的保障下，也更能够提高自身的课堂组织力和掌控力。此外，随着体育教师专业知识的逐步完善，体育知识传播的质量也得到了提高。器材是学生体育学习的重要辅助工具之一，它是学生完成学习和练习的重要物质基础。适合的器材能较好地促进学生的学习并激发学生的练习兴趣，不当的体育器材会削弱学生的学习并抑制练习兴趣。在体育教学过程中，体育教师的角色较多，他们不仅仅是体育知识和技能的传授者，还是体育的“代言人”，是一个能够让学生爱上体育的关键角色。通过这一“窗口”，学生可以直接学到很多体育运动技能和知识。特别是当前的教学模式发生转变以后，教师不再被当成一种课程实施的“工具”，也不再是课程的“使用者”，而是更加符合满足学生体育需要、解决学生体育问题的角色，这对于体育课程的显性传播也非常关键。

2. 隐性传播

第一，通过学生个性传播。

目前，体育课程开始实行新课标。新课标中的内容越发注重学生在学习体育知识与技能方面的需要，不仅如此，新课标还增加了与生活密切联系的教学内容，这使学生的体育学习更加有意义了。如此可促进学生的主动学习和积极思考，有利于展现他们的个性及兴趣，这对巩固他们的主体地位也有很大的帮助。这说明在新课标下的体育课的文化传播方式已经不仅仅是教师个人的主观意愿体现，也不是由教学大纲来详细安排，学生的个性及兴趣方向在很大程度上已经决定了体育文化内容的传播。兴趣是最好的导师，只有让学生产生兴趣，才能促使他们乐于和享受参与到体育教学中来，这样的学习才不会感觉到枯燥和无趣。所以，尽管体育课程的内容看似由体育教学管理部门决定，但实际上，这些部门在进行相关决定时也会考虑如何激发学生的兴趣和培养学生的个性。

第二，通过优秀体育文化渲染。

以乒乓球为例，正是我国乒乓球运动在国际赛场上的优异表现，使其在我国拥有“国球”的地位，这为乒乓球拥有绝佳的知晓率带来了巨大帮助。因此，即便是在经济发展缓慢甚至困难的地区，仍旧可见一些简易的乒乓球台，人们对参与这项运动也是非常热衷。这主要说明了之所以某项运动能够获得广泛认可，还是在于它背后的文化已经深入人心。同理，一个学校也有它的传统体育项目，在校的学生同样会对其传统的体育项目感到自豪。而在这种深厚的传统体育项目的环境下，学生会很自然地对其产生浓厚的兴趣，因此他们就在潜移默化中受到这种影响，以参与某项运动为荣。如此一来，这样的过程便不再需要某些强制性的规定来约束，取而代之的是完全成为学生受到隐性体育文化渲染的行为，由此便会获得更好的文化传播效果，且这样的传播影响更为深远。

二、高校体育活动的文化传播

（一）传播价值

1. 丰富高校体育文化

现代学校体育教学活动的功能不再局限于提高学生的身体素质，多项功能的结合使高校体育活动更趋向于成为一种文化的基础。从文化要素的角度对高校体育文化进行划分，可将其分为意识文化、行为文化和物质文化三类文化。在学校中开展的多种多样的体育活动实际上就是在传播高校体育文化，这是学校体育的基本意义。在此过程中将上述三种文化融入活动中去，就可以对学生进行潜移默化的教育，这比强行灌输教育能取得更好的效果。

2. 树立终身体育意识

学生时代正是人身体素质的重要成长阶段，在这一阶段抓好体育教育工作，就可以为学生打好身体素质基础，以便使其在未来的社会工作中都能有好的身体与精神状态。这对我国现代化建设非常关键。

（二）传播途径

1. 日常体育活动

日常开展的体育活动具有随意性、普遍性和可选择性，因此，这种体育活动方式是学生参与最多的体育活动形式。尽管日常体育活动带有明显的可选择性与随意性，但总的活动宗旨还是要符合体育健身的基本规律，无论如何也不能脱离其“健康思想”的基础。高校依然要在巩固课堂教学内容的同时，通过组织丰富多彩的活动来丰富学生的生活，促进学生体格体能的完善和发展，培养学生的体育兴趣、坚强的意志和良好的社会情感，形成良好的人际关系。

2. 体育文化节

体育文化节是展现高校体育文化的一个重要窗口。体育文化节的活动灵活多样，不仅拥有体育竞赛的内容，而且形式也较为灵活，更加富有娱乐性特征的体育嘉年华活动。在校师生通过体育文化节不但享受到了节日的快乐，而且身心得到了良好的锻炼。没有体育特长的学生也能在体育文化节活动中找到适合自己的活动。

组织出色的体育文化节活动，主要通过以下三个步骤进行。

第一，体育文化节活动预热。预热活动能使全校师生了解活动内容和组织方式，激发学生的参与热情。

第二，尽量在活动中安排一些师生互动的活动，让教师也成为活动的参与者。除此之外，一些学生体育骨干要积极参与活动的组织策划，聆听学生的意见与建议，使活动更加符合学生的需求。

第三，在活动结束后举办颁奖仪式，评选优胜团体或个人，并进行表彰。在全体师生中开展“我在学校体育文化节中”的征文活动，及时交流感受。

三、高校体育文化的网络传播

（一）传播价值

1. 使传统传播模式发生了巨变

在信息时代，我国民众使用互联网的数量不断攀升，特别是对学生来说，互联网更是成为其生活中不可或缺的组成部分。一时间，学生获取体育信息的方式逐渐脱离了报刊、广播、电视，取而代之的是互联网。据中国互联网络信息中心的统计报告，绝大多数用户在网上最想获得的是新闻方面的信息，而体育信息占了相当大的比例。鉴于网络传播的优势，报纸、广播、电视等传统传播方式受到严重的冲击。因此，为了顺应时代的潮流和发展的需要，传统传媒也在建立网络传输平台，开拓网络辅助传统媒介的新模式，从而巩固自己的传播地位。

2. 满足人们对体育信息的需求

要想了解体育，首先要获得体育方面的相关信息。网络可以利用其容量大、互动性强的特点，多角度、多侧面、全方位地为受众服务，满足人们对体育信息的需求。互联网可以全方位、多角度、动静结合地对当地体育赛事进行立体式报道。网民可以通过互联网找到有关比赛项目的详细介绍，包括历史、规则等与之相关的体育信息。这点在高校学生群体中更是如此，他们对体育信息的需求量更大，获取及时信息的要求更高，他们的这些需求都能够通过互联网得到满足。

（二）传播途径

1. 建立体育论坛

体育论坛在现代网络中是非常常见且成熟的用户交流平台。体育运动多种多样，学生可以根据自己的爱好在不同“社区”参与问题讨论。在高校体育文化发展中，体育论坛也可以作为师生沟通平台为师生提供服务，甚至可以成为继续教学的平台，如教师可以在论坛里发布学生自我训练计划等。通过讨论，学生会把自己的想法呈现给体育教师和同学们，体育教师会对学生的观点做评述并提出合理的建议。这样能使师生之间加深了解，增进他们的感情。同时，在体育论坛中，教师应该重视学生提出的一些问题，并将此作为建设优秀高校体育文化的信息反馈，学校再以此对高校体育文化进行针对性的建设和完善。如此更能够使高校体育文化符合学生需求，从而促进高校体育文化的健康发展。

2. 建立专题性体育网页

体育教学课堂是高校体育文化的重要组成部分。除一些体育专科院校外，其余大部分学校体育教学的主要目的在于普及体育知识，指导学生掌握基本的体育运动方法和卫生急救常识，教学内容更加趋向大众化。当然，这种教学的程度对于那些对体育有一定深度知识的学生来说显得较为简单。为了弥补这方面的缺失，更好地丰富高校体育文化，学校可以在网上建立专题性体育网页。它可以凭借网络传播速度快、信息量大的特点为学生的体育学习提供服务。建立专题性网页最主要的是突出它的专题性。因此，必须对体育信息进行系统分类，便于不同学生查询，如制作体育新闻网页、体育学习网页、体育宣传专题网页等。

第二节　高校体育文化传播的新思考

一、文化强国战略背景下，我国高校体育文化传播的要素

（一）高校体育文化的共享性

人类文化发展历史是文化创造的历史，同时也是不同民族、国家文化共享的历史，文化共享的历史与人类发展的历史共短长，文化共享的目的和宗旨是促进文化的发展和繁荣。高校体育文化的共享性是在校学生、教师对体育文化的认同和理解，这是文化传播的基础，只有在这一前提下，高校文化才能传播。这种共享文化存在的形式各种各样，可以是文字、语言、颜色、动作等。在高校团体赛项目比赛前，运动员们会围在一起手掌向下叠加在一起，表示团结加油；比赛时运动员会不断用手掌或拳头在胸前击打表示自我加油。学生往往向往新事物，且能更好理解和接受文化的共享性，因而高校体育文化共享性是高校文化传播的基础。

（二）高校体育文化的传播关系

高校体育文化的传播关系是指高校体育文化传播中发生的联系，这是高校体育文化传播的前提。即使有了共享文化，如果没有这种传播关系，高校体育文化也不会发生传播，而且这种传播关系不可能发生在单个人身上。高校中有体育课、体育比赛、体育社团等，其所形成的一个个关系网交织在一起，只有许许多多教师和学生发生联系，组成各种关联的传播关系，才能发生高校体育文化的传播。这种传播关系体现在以下两个方面。

第一，外界与高校间的体育文化关系，其方向是双向的，即外界信息可以传向高校，高校也可以向外界传递信息。

第二，高校内部自身的传播关系，是信息在高校内部的自我传递过程。

（三）高校体育文化的传播媒介

高校体育文化的传播媒介指高校体育文化传播的中介、载体和渠道，可被视为高校体育文化传播的工具和手段。一般可以将高校体育文化传播媒介分为人和物两类。

人是高校体育文化的传播者和接受者，同时也是最为活跃的传播媒介。高校中的“人”主要是教师和学生，其主要传播形式是开展体育课、训练课、比赛交流、体育社团等活动。其传播可以是教师本人通过语言或身体动作等向学生传播，也可以是学生间的传播或学生向老师传播，这种传播是多方面的，可以是单对单、单对多或多或少等，传播的媒介是人。

另一种传播媒介是物，这种媒介较多，在高校的体育文化中主要有文字、音像和网络三种。文字是语言的物化，是最常见也是最普遍的传播媒介，也是高校体育文化积累和传承的重要手段。音像是学习体育技术和理论知识的视觉化的直接产物。现在网络媒介资源丰富，大量体育网站和地方网站的链接为我们检索体育类信息提供了高效的方法，同时也为高校体育文化的传播与交流提供了一个良好的平台。

（四）高校体育文化的传播方式

高校体育文化传播方式是传播者与接受者相互沟通的方法，是高校体育文化的桥梁。高校体育文化的传播方式很多，不同的过程表现也有所不同。通常有人际传播、群体传播、组织传播、大众传播四种传播方式。

1. 人际传播

人际传播指人与人之间的信息传播，通常是面对面的传播，这是最简单的传播方式。这种传播方式在武术、健身操、街舞、瑜伽等项目中广泛存在，采用“师傅”通过言传身教、手把手指导“徒弟”这种链式的传播形式。这种传播方式的特点是传播缓慢，在信息交流迅速的高校，这种传播方式已经明显不能满足师生对体育文化的需求了。

2. 群体传播

群体传播指信息在群体间进行交流的过程，这种传播的主要特点是传播人群广、传播速度快，高校体育比赛、体育文化节、体育社团活动等均是群体传播体育文化的表现。

3. 组织传播

组织传播指通过有组织、有计划传播信息的活动，如高校体育协会（篮球协会、排球协会、足球协会、网球协会、游泳协会等）。这种传播方式具有很强的目的性。

4. 大众传播

大众传播指借助各种现代先进的大众媒介进行传播，如杂志、报纸、广播、图书、广告、电视、电影、手机、网络等。这种传播方式具有单向流动、同时公开、传递快捷广泛等特点。

二、文化强国战略背景下，我国高校体育文化传播价值的思考

（一）自我增值价值

高校体育文化的传播必然存在文化增值的价值。学校是学习和传播知识的重要场所，外来的体育文化常常先在高校进行传播，经过高校包装，它才更具吸引力，其文化价值才进一步强化，这样才容易被民众接受。高校文化增值是经过传播者、接受者、传播媒介、群体参与四方面的因素作用而产生的。

师生是高校体育文化的主要传播者，师生文化水平较高、理解能力较强，如果高校体育文化得到师生的“包装”“加工”，其社会的增值价值马上就能立竿见影。文化的增值也存在于文化信息的接受者的整个反应过程中，当人们接受一种文化价值信息时，总是根据自己的经验重新理解和界定这种文化信息的价值和意义，传播学中的“使用与满足”“选择接受”理论都是以接受者为出发点来研究传播效果的。

高校体育文化经师生接受后，就会根据他们的经验和价值观衍生出多种意

义，从而达到文化的增值。传播媒介对高校体育文化的增值起到事半功倍的作用。媒体的不断发展，传统媒体的不断更新，赋予了信息更多的意义，这点在高校文化传播方面的作用非常明显。群体参与是高校体育文化增值的重要因素。高校体育文化是人们活动的产物，因此，高校体育文化的传播与增值更是离不开群体的参与，集体价值观正是在群体参与的基础上形成的。

（二）教育价值

高校体育文化的教育价值主要表现在它的潜移默化与暗示性和渗透性，这种暗示性不同于以教师教授、学生学的单向灌输为主的课堂教育，而是在具体的体育活动中，通过统一的规则、规范的行为、严密的组织和约定俗成的规定，使参加者和观赏者自觉或不自觉地接受体育文化的教育，从而培养良好的意志品质，提高人们感受美、鉴赏美、创造美的能力。

教育是高校体育文化的主要传播方法之一，高校体育文化对于学校体育教育目标的实现和学生生活方式、学习方式的改变以及他们习惯的养成都起着重要的作用。高校体育文化传播的价值已不再局限于课堂教育，而是不断通过各种体育活动、体育竞赛、体育文化产品、体育精神等活动潜移默化地使学生受到体育教育的熏陶和渗透，使其不自觉地接受社会主导的价值观念和人生观，摒弃不正确的思想和行为，养成良好的道德品质、生活习惯，从而提升其体育文化素质。

（三）体育文化保护与传承价值

体育文化的传播过程本身就是保护与传承体育文化的过程。学校是培养人才的主要场所，高校体育文化虽然是社会体育文化的缩影，但其能够在学校传播是得到政府等有关部门认可的。凡能在学校进行传播的体育文化都是代表当前社会和民族文化的精华。

（四）社会调控价值

高校体育文化的社会调控价值是指通过高校体育文化对社会进行调适和控制的价值，这主要体现在两个层面：一是调适；二是控制。现实社会中，各种文化传播影响着人们的价值观和人生观，这些价值观和人生观不一定都是阳光健康的，特别是高校学生大都刚离开父母独立生活，易受到社会各种文化传播的影响，同时在处理人际关系方面存在各种不协调，所以很多同学可能会产生悲伤的想法。高校体育文化能够通过各种各样的体育文化活动，拓展高校内人与人交往的空间，增加高校情感沟通的渠道，很好地改善这种现象。

社会要健康、稳定发展，必须实行自我控制。学校可以通过各种体育比赛、体育法规、体育精神、体育道德等体育文化活动的教育，使师生行为、活动稳定在一定的规范之内，保持高校的稳定，同时也可以借此机会培养师生遵纪守法的习惯，使学生在走向社会后能更好地控制自己的行为，从而促进社会文明的发展和进步。

第五章　高校体育文化实践之篮球运动

第一节　篮球运动

一、篮球运动的文化

（一）篮球文化

篮球文化是体育文化中最鲜明的文化之一。篮球文化是由人们在从事篮球运动的同时逐步创造和发展而来，其中包括了篮球的各种技战术理论和思想观念，以及各种篮球制度，还包括了同时发展而来的各种与篮球比赛相关的活动。篮球运动是高校体育运动中一门重要的教学运动，但是，当前大多数高校只是训练篮球技术技能和各种技战术动作及理论，而忽略了篮球文化的建设，忽略了对篮球运动齐心协力的集体主义精神和团队协作的能力和培养。因此，我们必须改变传统的观念，在传授传统篮球技术技能的同时，传授篮球文化的理念，让学生在拥有一个强健的体魄的同时，还能科学地将文化和实际结合起来，实现身体素质与文化素养的共同发展。

（二）高校篮球文化的内涵

篮球文化包含了公平的竞争意识。对老师而言，在篮球教学中，老师应该面向全体学生，并且公平地对待每一个学生，因为每个人都有天赋。因此，在篮球教学的时候，老师应该本着公平的原则对待每一个同学，不应该只看眼前的同学的表现，而应该挖掘和开发每一个同学的潜能，并通过科学的训练方法，全面发展学生的体育素质。

篮球文化教学，还能培养学生的团队精神。在教学的过程中，老师与学生是一个特殊的集体，这是一个相互学习的过程：学生在老师的帮助下获取知识，了解自己知识的漏洞，同时，老师也可以从学生的建议中改善教学的方法，完善教学内容，从而互相进步和提高。

与此同时，创新也是篮球文化的一部分。从我国现状来看，当今社会，创新性人才的培养是我国的当务之急，对大学体育教学的创新，即把新方法、新意识融入整个体育的教学之中，也是大学体育教育改革的重点。同时，篮球的教学也需要创新。因为篮球运动、篮球比赛充满着不确定性，这就是篮球运动的魅力。各种技战术方法的运用，使得比赛更加精彩，因此，创新各种思维有利于篮球运动和自身发展。此外，篮球文化的教授对缓解高校学生的心理问题格外重要，因为老师在教授学生篮球技巧的同时还可以通过篮球文化的传授来完善学生的人格和身心。大学生的人格培养和课堂教育密切相关，而我们的传统体育教学显然不能满足现代大学生教育的需要。因此，把传统的体育教育解放出来，把体育文化融入课堂势在必行。体育文化最重要的概念——“人文精神”已经在大多数教学课堂中消失了。因为现代的体育呼唤人文精神，所以我们需要学会关心、关爱别人。人性是体育精神的第一要义，我们强调人的尊严，就是弘扬广义的人道主义精神，可见体育文化包含的正是这种人道主义精神。

（三）高校篮球教学的反思

长期以来，大多数高校都忽略了对篮球文化的传授，而更多地注重身体素质的训练。在我国，我们通常理解的篮球运动是在比赛中拿到多少分数或者取得比赛的胜利。而在美国，他们的篮球概念是通过以球带人，在篮球运动中发展人的素质。可以看到，我国大多数篮球教学比较单一，只有增强篮球文化的建设，才能满足现代化建设的需要。

（四）高校篮球教学中篮球文化传承的意义

篮球文化是人们在从事篮球运动过程中所创造的物质财富和精神财富的总和。篮球文化包含精神文化、制度文化和物态文化。其中，精神文化为篮球文化的核心部分。

篮球文化是体育文化的重要部分，只有更好地传承篮球文化，才能使篮球文化的积极性和重要作用得到更好的认识，使学生能够更好地学习和进行体育训练，从而提高篮球文化的影响。掌握篮球基本的技巧是高校篮球教学的基本教学目标。

二、篮球运动介绍

篮球运动是一项集体性、综合性较强的运动，它更加注重团队的配合与协同作战的能力。篮球运动因其简易有趣、组织形式多样性、参与方便、不受年龄限制等特点吸引着人们。随着现代篮球竞技比赛的快速发展，尤其是奥运会篮球比赛、篮球世界锦标赛等高水平赛事的成功举办与推广，高速的攻防转换、激烈的身体对抗、眼花缭乱的传球等技战术手段深受世界各地人们的喜爱。现在，篮球运动已经成为世界上单项体育参与人数最多的运动项目之一，是集现代体育、科技、教育、社会于一体的竞技体育，也是一门多学科交叉的学科。

（一）篮球运动的起源

1891 年，在美国马萨诸塞州斯普林菲尔德基督教青年会国际训练学校（后为春田学院）任教的詹姆斯·奈史密斯博士从当地儿童喜欢用球投向桃子筐的游戏中得到启发，创编了篮球游戏。为了怀念这位篮球运动先驱，国际篮球联合会于 1950 年将世界男子篮球锦标赛的金杯命名为“奈史密斯杯”。

1904 年，在第 3 届奥林匹克运动会上第一次进行了篮球表演赛。1932 年，国际业余篮球联合会宣告成立。在 1936 年第 11 届奥运会上，男子篮球被列为奥运会的正式比赛项目。在 1976 年第 21 届奥运会上，女子篮球被列为奥运会的正式比赛项目。自 1992 年第 25 届奥运会开始，职业篮球运动员被允许参加奥运会的篮球比赛。美国“梦之队”的参赛使世界篮坛更为精彩纷呈。奥林匹克运动会篮球比赛、世界篮球锦标赛、美国 NBA 职业联赛，这三大赛事代表着世界篮球运动的最高水平。

（二）篮球运动在我国的发展

现代篮球运动是 1895 年由美国基督教青年会的传教士来会理传入我国天津的基督教青年会。1896 年，天津基督教青年会举行了我国第一次篮球游戏表演，从此拉开了篮球在我国传播的序幕。

受不同时期的政治、经济、文化、教育的影响，现代篮球在我国的传播可大致分为 3 个时期。

1. 传播普及期（1895—1948 年）

在这个时期，现代篮球运动开始在我国出现，并在一些大城市，如天津、北京、上海等地的基督教青年会和中小学开展起来。1910 年第 1 届全运会将篮球列为男子表演项目，1914 年第 2 届全运会将男子篮球被列为正式比赛项目。1936 年，我国加入国际篮球联合会，并参加了当年的奥运会篮球比赛。进入 20 世纪 30 年代，我国篮球运动基本上处于停滞状态，但在革命根据地，由于边区政府重视体育运动的开展，篮球在群众中深受重视。1945 年抗日战争胜利后，篮球开始逐渐地有所活跃。

2. 推广提升期（1949—1995 年）

1949 年新中国成立后，在党和政府的关怀下，我国篮球运动进入了空前普及、发展和提高的时期。1979 年国际业余篮球联合会恢复了中国篮球协会在该会的合法席位，这为我国篮球运动的发展提供了良好的机遇，我国篮球运动也因此进入了最佳的发展时期，在世界及洲际大赛中不断创造佳绩。其中，女篮在 1992 年第 25 届奥林匹克运动会和 1994 年第 12 届世界锦标赛获得亚军。男篮在 1994 年第 12 届世界锦标赛上第一次进入八强。

3. 改革创新期（1996 年至今）

1995 年，我国篮球在“坚持正确方向，抓住有利时机，继续深化改革，发展体育事业”精神的指导下，坚持“积极稳妥，健康有序”的方针，吸收国外强队的先进经验，扬长避短，形成了一套适合我国篮球运动发展的正确方针。1997 年，我国将传统的甲级联赛改名为 CBA 联赛，这不但为我国的篮球运动带来了新的生机和活力，而且培养了一批像姚明、王治郅、巴特尔、刘玉栋等优秀的篮球运动偶像，这对我国篮球的发展起到了巨大的推动作用。1998 年，CUBA 大学生篮球联赛正式成立，这对篮球运动在学生中的普及起到了积极的作用。

（三）篮球运动的特点

篮球运动的最大本体特点是它的运动方式是围绕高空的球筐和篮球而展开的集体攻守对抗，其活动都是围绕如何激励活动者将篮球更快、更准、更多地投进高空篮筐和破坏对手投进高空篮筐中而展开的。“高”是篮球的运动目标，“准”是篮球运动的目的，所以说在高速度、高强度的对抗条件下，争高求准是篮球运动的最大本体特征。具体可反映在以下特点中。

1. 集体性特点

篮球运动的比赛形式是两队成员以相互攻守对抗的形式进行的竞赛过程，只有发挥整体的智慧和技能并协同配合，反映和谐互助的团队精神和协作风格，才能获得最佳效果。

2. 对抗性特点

由于篮球运动中的攻守对抗竞争是在狭小的场地范围内快速、凶悍地以近身的形式进行的，所以获球与反获球、追击、抢夺、限制与反限制都十分重要。球员及教练员必须有聪颖的智慧、充沛的体能、顽强的意志与必胜的精神。因此，篮球运动是一项高强度的激烈对抗的项目。

3. 转换性特点

快速转换攻守对抗是现代篮球比赛的重要特点。因为篮球比赛的规则规定，以进攻得分多少来评判比赛的胜负，而进攻又有时间规定，攻后必守，守后必转攻，攻守不断转换，转换又在瞬间进行，所以比赛始终在快速而和谐的快节奏下进行，给人以悬念。这不仅增添了观赏者的观赏乐趣，还有利于参与者增智养心。

4. 时空性特点

篮球比赛在一定的时间内围绕空间的球和篮展开攻守对抗。因此，比赛过程中的时间观念、空间意识必须强烈，这要求球员和教练员以各种形式、方法和手段去争取时间，抢夺空间优势，从而使比赛更具有时空性，这也是篮球运动所独有的特点。

5. 增智性特点

与科学技术的进一步有机融合，以及自身整体的特殊活动形式产生的功效，使篮球运动已成为人们喜闻乐见的人文景观，它引发种种有趣的竞技史事和人物故事，提升智力，有利于教育成为在不同人群中进行社会性人本教育的直观课程，达到博知广识的目的。

6. 启示、教育特点

篮球运动已普及世界众多的国家与地区，它不仅是一项开展最广泛、最具群众性和特殊社会影响力的体育项目之一，还已经成为全球性的社会文化和现代人类社会活动的一种形式。由于篮球竞赛和各种篮球活动给人各种心理、生理和日常生活修养方面的启示，所以它充满着教育的特点。因此，它对提高社会成员的道德、精神、人格素质、集体主义精神，活跃社会生活，促进社会交往，增进国家与民族的自尊、自强都有教育价值。为此，世界各大洲每年都以不同形式组织各种重大的篮球竞赛活动，吸引数亿人们参与，从而充分显示着它特殊的社会教育活动价值。

7. 综合性特点

篮球运动属于综合性体育运动，它包含着跑、跳、投等身体体能活动。从其运动的科学体系结构而言，它呈现多元化趋势，涉及社会学、人文学、军事学、生物学、科技学、管理学、体育学、竞技学、教育学等，有利于培养广大篮球活动者特殊的运动意识、气质、修养、品德、体能、技能和能力，从而达到强身健体。

8. 职业性特点

自20世纪中期，欧美国家率先成立职业篮球俱乐部以后，现代篮球运动随着竞技水平的提高以及赛制和规则的完善、创新，在全球蓬勃发展，从而使运动员的智能、体能和技战术水平不断提高。至20世纪80年代，篮球职业化如雨后春笋般在美、欧、大洋、亚洲建立起来，特别是国际奥委会同意美国NBA职业队员参加国际大赛后，全球职业化篮球已成为一种时尚，优秀球队和球星效应使社会商业化价值观发生了新的变化，这是新世纪篮球运动发展的又一新特点。

9. 商业性特点

篮球运动商业化的重要特征是篮球运动组织体制、竞赛赛制和训练管理机制的商业化气息的增加，运动员自由人地位的确立、运动技能价值观的变更、俱乐部产权的明晰、独立社会法人代表的重新认识。这一系列的变革无疑一方面促进了世界篮球运动向更高的竞技水平发展；另一方面有力地推动了职业化篮球向商业化、产业化方向发展。这已成为21世纪世界篮球竞技运动的总的发展趋势，其社会价值和经济价值必将呈现新的景象。

三、篮球运动的意义

（一）提高生命活力

篮球运动的运动强度较大，能全面、有效、综合地促进身体素质和人体机能的全面发展，保持和提高人的生命活力，提高生活的质量。与其他运动项目相比，篮球运动的形式多样，具有更强的参与性、趣味性、应变性、娱乐性、竞技性等特点，能更好地满足不同人群的多种需求。同时，篮球运动的形式可因人而异，运动量也可随意调节，因此适宜于各类人群的广泛参与。各类不同的参与者都能在活动场上找到展示自我的方式，满足自己不同层次的需求。

（二）促进心理健康

现代社会生活的快节奏限制了人们的相互交流与了解，篮球场则给人们提供了一个交流的机会。篮球运动不仅能有效缓解工作压力，而且良好的竞争环境又能增强心理适应力和承受力，调整及维护参与者的心理健康水平。同时，作为集体项目的杰出代表，篮球运动在增加交流和友谊的同时，更能有效地培养团结协作的集体主义精神等良好的体育道德，帮助参与者正确理解和处理个人与集体、竞争与合作的关系等。篮球运动还能促进个性的发展和完善，通过练习和比赛的过程，参与者的个性、自信心、情绪控制、意志力、进取心、自我控制、约束等方面都有良好的发展。

（三）促进创新能力的培养

篮球运动是一项具有创造性的运动，它所包含的技战术既有原理，又有个人的不同表现风格，没有固定的、僵硬的模式，每个人、每个队都可以用自己的方式来诠释自己对篮球的理解。也正是它的复杂性和多变性，使得参与者必须根据当时的情况随机应变，及时、果断、快速地采取行之有效的应对措施。而所有这一切，都需要参与者用自己的智慧创造性地应对场上出现的各种问题，从而有效地提高创新能力。

（四）培养分析和解决问题的能力

篮球运动是由得分多少来判定胜负的运动，其得分方式是以将球投进篮筐为计算方式。球员在篮球场上要展开地面与空间的全方位立体式对抗。同时，球员在球场上的所有行动都要受到不同对手的限制，这就要求球员依据自身实力，结合对不同的对手进行分析、比较，从而扬长避短、克敌制胜。这能有效地促进参与者的心理（智力、意志力、个性等）、技能、观察、应变等综合能力的提高，锻炼和培养发现问题、分析问题和解决问题的能力。

（五）培养个人的团队意识

篮球运动是一项集体项目，每名在场上比赛的队员都必须要融入球队这个整体当中，所以它培养了球员的团队意识、思考的能力以及阅读球场的能力。

第二节　篮球运动的基本技能与战术方法

篮球运动技能是篮球运动的关键部分，学习和掌握篮球的各种运动技能并在篮球场上合理地运用各种技能是打好篮球的基础，能决定一场比赛的胜负，是体现一个球员能力高低的关键性之所在。本节主要介绍篮球的基本技能、训练方法及基本战术。

一、基本技能

（一）移动

进攻者运用急起、急停、转身、变速变向跑等动作，摆脱防守去完成进攻任务。防守者则运用跑、停、滑步、后撤步、交叉步等动作阻止进攻。这些争取比赛主动权的行动都离不开快速灵活的脚步动作。

（二）投篮

按照持球的方法不同，投篮可分为双手投篮和单手投篮；依据投篮前球置于身体部位的不同，可分为胸前、肩上、头上等不同的投篮动作；就运动员投篮时移动形式而言，又可分为原地、行进间和跳起投篮。

第一，原地双手胸前投篮。如图 5-1 所示，两脚左右或前后站立，两膝微屈，两脚脚跟稍微离开地面，上体稍向前倾，两手手指自然张开，握球两侧略后的部位，两拇指相对成“八”字形，掌心空出，持球于胸前，屈肘靠近身体。投篮时身体伸展，同时两臂向前上方伸出，拇指向前上方用力推送，手腕稍外翻，使球从拇指、食指、中指指尖投出，球向前飞行。

图 5-1　原地双手胸前投篮

第二，原地单手肩上投篮（以右手为例）。如图 5-2 所示，右手五指自然分开，手心空出，用指根以上部位持球，大拇指和小拇指控制球体，左手扶球的左侧，右手屈肘，肘关节自然弯曲，置球于右肩上方。投篮时，下肢蹬地发力，右臂向前上方伸直，手腕前屈，食、中指用力拨球，通过指端将球柔和地送出。球出手的同时，身体随投篮动作向前伸展。

图 5-2　原地单手肩上投篮

第三，行进间单手低手投篮（以右手为例）。如图 5-3 所示，在跑动中接球或运球突破上篮时，应先跨右脚接球或拿球，接着第二步跨左脚起跳，左脚跨的步子稍小一些（已能掌握基本动作者，其左脚跨出的步子大小，可根据对方防守的情况和进攻的需要选择），右腿屈膝上抬，身体上升到最高点时，右臂向上伸或向前上方伸，掌心向上，用手指和手腕的力量，将球上拨。

图 5-3　行进间单手低手投篮

第四，运球急停跳投（以右手为例）。如图 5-4 所示，在快速运球中，用一步或两步的方式接球停步，两膝微屈，身体重心下降，迅速蹬地起跳，同时两手迅速举球于右肩上。当身体接近最高点处于稳定的一刹那，迅速向上伸臂，用右手手腕和手指的力量将球投出。

图 5-4　运球急停跳投

（三）传、接球

1. 传球基本技术

第一，双手胸前传球。如图 5-5 所示，两手五指自然分开，拇指相对成“八”字形，用指根以上部位握球后下方的两侧，掌心空出，两臂自然弯曲于体侧，将球置于胸前。肩、臂、腕肌肉放松，两眼注视传球目标，身体成基本姿势。传球时，后脚蹬地，身体重心前移，同时两臂前伸，手腕由下向上翻转，同时拇指用力下压，食、中指用力弹拨，将球传出。双手胸前传球是一种最基本最常用的传球方法，具有准确性高、容易控制、便于变化的优点。

图 5-5　双手胸前传球

第二，单手肩上传球（以右手为例）。如图 5-6 所示，原地右手肩上传球时，两脚前后开立，左脚在前，侧对传球方向，右手肩上托球于头的右侧，掌心空出，转体挥臂、甩腕，并以手指拨球的力量将球传出。单手肩上传球是一种中远距离的传球方法。其特点是传球力量大、速度快、距离远，在长传快攻和突破起跳分球时经常采用。

图 5-6　单手肩上传球

第三，单手体侧传球（以右手为例）。如图 5-7 所示，两脚开立，两腿微屈，双手持球于胸前。传球时，在左脚向左跨步的同时将球移至右手，并引到身体右侧。出球前一刹那，持球手的拇指在上，掌心向前，手腕后屈。出球时，右臂向前做弧线摆动，当球摆过身体右前方时，迅速收前臂，用手腕、手指的力量将球传出。特点是隐蔽、动作快、幅度小。

图 5-7　单手体侧传球

2. 接球基本技术

接球时眼睛要注视来球，肩、臂都要放松，手臂应迎球伸出，手指自然分开。当手指触球时，屈肘，臂后引，缓冲来球的力量，两手握球，保持身体平衡，以便做下一个动作。

第一，接反弹球。掌心要向着来球反弹的方向，屈膝弯腰并向前下方伸手迎球，五指自然分开成上、下手接球动作。接球后，手腕迅速向上翻，持球于胸腹前保持身体平衡，成基本站立姿势。

第二，接球后急停。安全接球后急停已成为进攻技术的基础。要点是正确运用以转入下次进攻的衔接点，不要犯带球走违例的错误。

第三，摆脱接球。摆脱接球是抢先一步接球的动作。为了安全准确地接球，无球队员以切入、策应等配合创造接球机会。

（四）运球

运球不仅是个人摆脱防守进攻的有力手段，还是组织全队进攻，完成战术配合的重要桥梁。下面介绍几种主要运球技术。

第一，身前换手变换方向运球。如图 5-8 所示，右手运球向左侧作变向时，右手拍球的右侧上方，使球从右侧反弹向左侧，同时右脚向左侧前方跨步，侧右肩向前，并迅速用左手拍球的正后方继续运球前进。左手运球向右变向时，则与右手动作相反。特点是便于结合假动作，变化突然，易造成防守者错误判断。以娴熟的左、右假动作和反弹高运球突然降低至 30 ～ 50 厘米低运球来控制身体重心是诀窍。

图 5-8　身前换手变换方 向运球

第二，胯下运球。如图 5-9 所示，使球穿过两腿之间来改变运球方向的运球技术。近来有更多使用胯下运球技术的倾向。其理由是两腿可以保护球，且可以安全转换方向，防守者的手难以够着。

图 5-9　胯下运球

第三，后转身运球。如图 4-10 所示，身体左侧对防守者，左脚在前做中枢脚，右手左右运球或向后运球，同时做后转身，换左手拍球的后上方使其运至左侧，右脚落地贴近防守者的右侧（脚尖向前），然后运球继续前进。特点是转身时便于保护球，改变球的路线幅度大、攻击力强、灵活多变。

图 5-10　后转身运球

第四，运球急停急起。如图 5-11 所示，可用两步急停，两腿屈膝前后开立，跨出第一步时，身体稍后仰。同时，按拍球的上方，降低球的反弹高度，使球在原地反弹，同时降低身体的重心，用腿和异侧臂护球。急起时，拍球的后上方。身体重心移至前脚掌，同时后脚迅速蹬地，超越防守者，迅速向前推进。特点是动作突然、起动快、线路多变、攻击力强、易摆脱防守。

图 5-11　运球急停急起

（五）抢篮板球

抢篮板球分为抢进攻篮板球和防守篮板球两种。

第一，抢进攻篮板球。当同伴或自己投篮时，处在近篮的进攻队员首先应判断球的反弹方向，然后先向相反方向的侧前方跨步，利用身体虚晃的假动作，诱开身前的防守队员，绕跨挤到对手的前面或侧前方，抢占有利位置，借助跨步或助跑起跳，跳至最高点补篮或抢篮板球。

第二，抢防守篮板球。如图 5-12 所示，当对方投篮出手后，首先应注意对手的动向，并根据当时与进攻队员所处的位置和距离的远近，运用上步、撤步和转身抢占有利位置，把进攻队员挡在身后，与此同时还要判断球的落点以便准备起跳。

图 5-12　抢防守篮板球

（六）防守

1. 防守无球队员

防守队员应站在对手与球篮之间的内侧，保持与对手有适当的距离和角度，做到以人为主，人球兼顾，使对手和球处于自己的视野之内，随对手的动作积极跟进移动，调整防守位置，堵截其移动和接球的路线，手臂配合做出伸出、挥摆、上举等动作，干扰对手接球，争取抢断球。

第一，防纵切。如图 5-13 所示，A 传球给 B，a 及时偏向球侧错位防守。当 A 向篮下纵切要球时，a 应抢前防守，合理运用身体堵住对方的切入路线，同时伸臂封锁接球，迫使对手向远离球的方向移动。

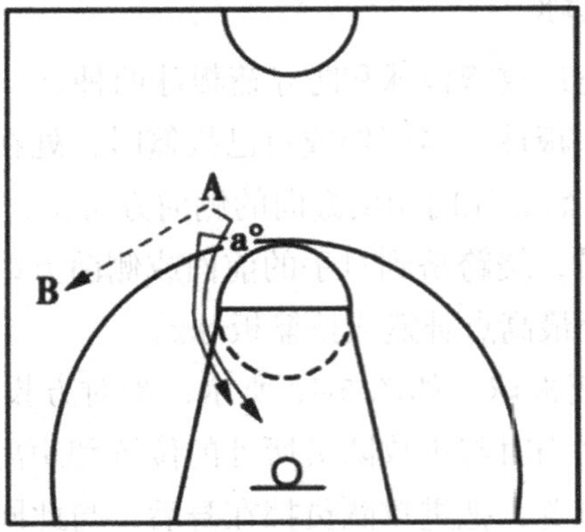

图 5-13　防纵切

第二，防横插。如图 5-14 所示，A 持球，C 欲横插过去要球，c 应上步挡住对手，并伸臂不让对手接球，用背贴着对手，随其移动到有球一侧。

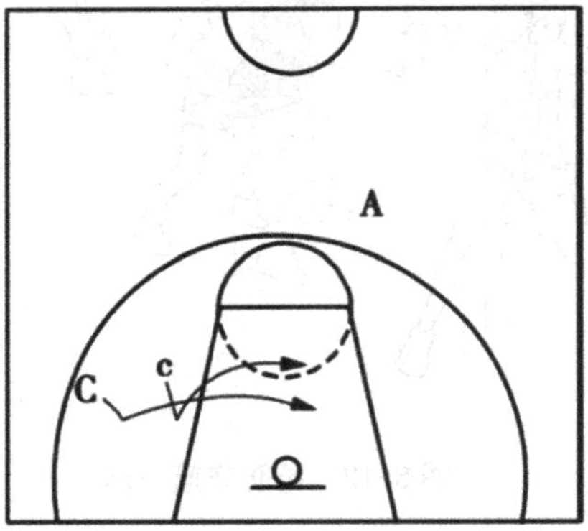

图 5-14　防横插

第三，防溜底。如图 5-15 所示，A 持球，C 溜底的时候，c 要面向球滑步移动，至纵轴线。

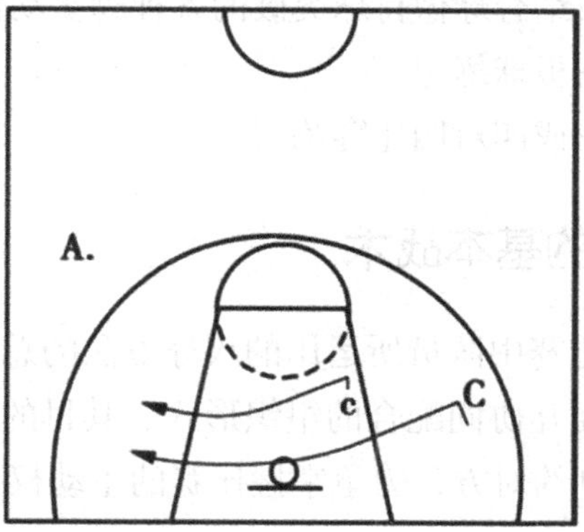

图 5-15 防溜底

2. 防守持球队员

当对手接球后，迅速调整防守位置和距离，占据对手与球篮之间的有利位置，还要与对手保持适当的距离（一臂左右）。一般来说，离球板远则远，近则近，并根据对手的特点（投篮或突破）而有所调整。持球队员在离球篮近时，防守球员应采用贴近的攻击步防守，离球远时则采用平步防守。无论采用哪一种防守，都要积极移动，阻截和干扰对方传球、投篮，同时伺机抢断球。

3. 整体防守

整体防守就是通过场上球员在个人防守的基础上相互间配合移动，并运用整体防守技术所形成的防守方式，包括全场紧逼盯人防守、半场紧逼盯人防守、联防（联防包括：2-1-2 联防、2-3 联防、3-2 联防、1-3-1 联防，以及 1 盯 4 联）。

二、训练方法

第一，成基本站立姿势（面向、背面、侧面），听或看到信号后立刻做起动跑的练习。

第二，依据听或看到的手势做向左、向右、向前、向后滑步。

第三，两人一组，对面站立，做各种传球练习，也可以对墙做各种反弹球练习。

第四，全场三人“8”字跑，四角弧线跑，各种传、接球练习。

第五，原地和行进间投篮的各种模仿性练习。

第六，全场各种运球投篮或传接球后投篮练习。

第七，原地高、低运球，左右手交替进行原地体前左右手变向运球。

第八，原地徒手或结合球做持球突破的各种脚步动作练习。

第九，一对一抢篮板球练习。

第十，半场三对三或四对四比赛练习。

三、篮球运动的基本战术

篮球战术是篮球比赛中队员所运用的攻守方法的总称，是队员个人技术的合理运用和队员之间相互协同配合的组织形式。其目的是为了更好地发挥本方队员的技术与特长，制约对方，力争掌握比赛的主动权，争取比赛的胜利。

（一）基础配合

1. 进攻基础配合

进攻基础配合，是指两三名进攻队员，为了创造投篮机会，合理运用技术而组成的合作方法。

第一，传切配合。传切配合有两种，分别为一传一切配合和空切配合。

第二，突分配合。有球队员持球突破后，主动地或应变地利用传球与同伴配合的方法。要求：突破动作要突然、快速，在突破过程中，要随时观察场上攻、守队员行动和位置的变化，既要做好投篮的准备，又要及时、准确地传球给同伴，其他进攻队员要掌握时机，及时跑到有利于进攻的位置上接球。

第三，掩护配合。掩护配合是掩护队员采用合理的行动，用自己的身体挡住同伴的防守者的移动路线，使同伴得以摆脱防守，或利用同伴的身体和位置使自己摆脱防守的一种配合方法。掩护配合的形式根据掩护的位置和方向不同，分为前掩护、后掩护、侧掩护 3 种。

2. 防守基础配合

防守基础配合，是指两三名防守队员，为破坏对方而进行的配合，或当同伴防守出现困难时，及时互相协作行动的方法。以下是几种常用的配合。

第一，关门配合。“关门”是两个防守队员靠拢协同防守突破的配合方法。如图 5-16 所示，当 D 从正面突破时，a，d 与 d，c 进行“关门”配合。

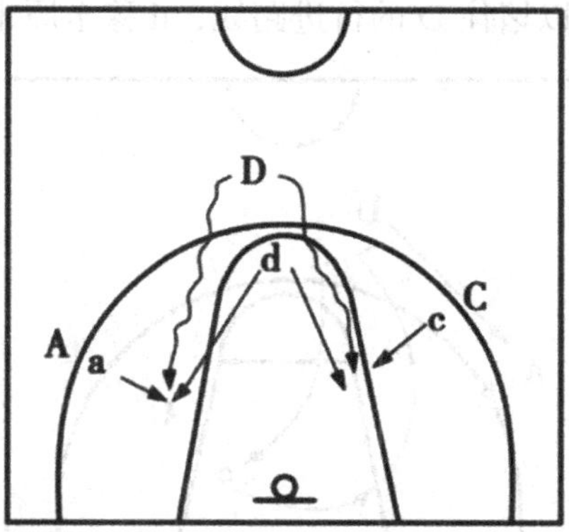

图 5-16　关门配合

关门配合的要求：防守队员应积极堵住进攻者的突破路线；临近突破一侧的防守队员要及时向同伴靠拢进行“关门”，不给突破者留有通过的空隙。关门配合也被用于区域联防。

第二，夹击配合。指两个防守队员为积极防守一个进攻队员而配合的方法。如图 5-17 所示，A 从底线突破，a 封堵底线，迫使 A 停球，d 同时向底线迅速跑去与 a 协同夹击 A，封堵其传球路线，迫使其违例或失误。

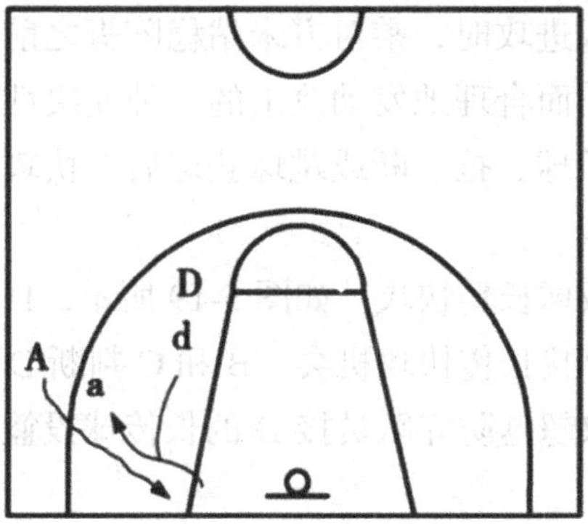

图 5-17　夹击配合

夹击配合要求正确地掌握夹击的时机和区域。行动要果断，出其不意。在形成夹击时要用身体和腿部限制进攻队员的活动，用手臂封堵传球或接球，但要防止不必要的犯规。

第三，补防配合。指防守队员在同伴漏防时，立即放弃自己的对手，去补防那个威胁最大的进攻者，而与漏人的防守队员及时换防的一种协同防守方法。如图 5-18 所示，D 传球给 A 并向篮筐移动时，如果 d 没有防住 D，则 c 应放弃自己的防守球员 C，以堵住 D 的行进路线，d 移至原来 c 的位置补防 C。

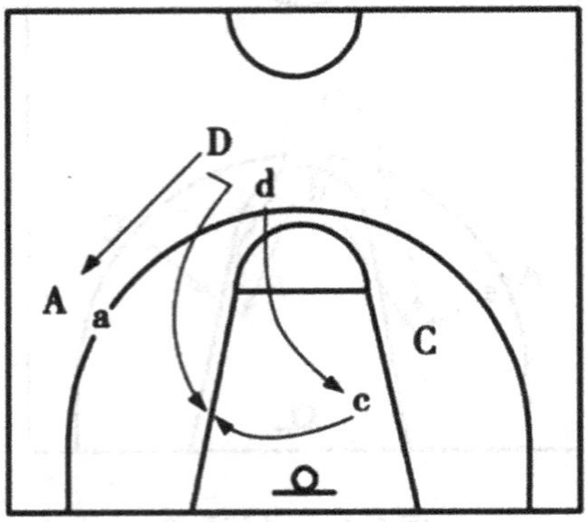

图 5-18　补防配合

补防配合的要求：及时有效进行补防，不得犹豫。同时，各名球员配合默契，不能混乱，所以要加强练习以形成习惯。

（二）快攻与防守快攻

1. 快攻

快攻是由防守转入进攻时，乘对方未站稳阵脚之前，抓住战机以最快的速度、最短的时间，果断而合理地发动攻击的一种速决性战术配合。发动快攻的时机是在抢获后场篮板球、抢、断或跳球获球后。快攻的形式有长传快攻、短传和运球快攻相结合等。

第一，抢后场篮板球长传快攻。如图 5-19 所示，D 抢到后场篮板球后，首先观察场上的情况，寻找长传快攻机会。B 和 C 判断 D 有可能抢到篮板球时，便立即起动快下，争取超越防守队员接 D 的长传球投篮。

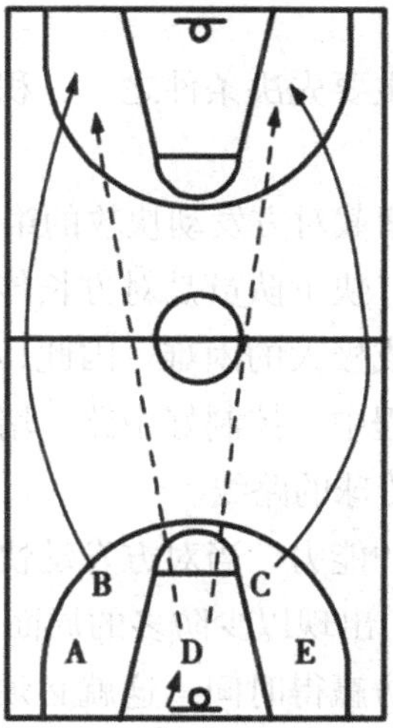

图 5-19　抢后场篮板球长传快攻

第二，断球长传快攻。如图 5-20 所示，c 断球后，看到 b 已快下，可立即传球或运球后传球给 b 投篮。

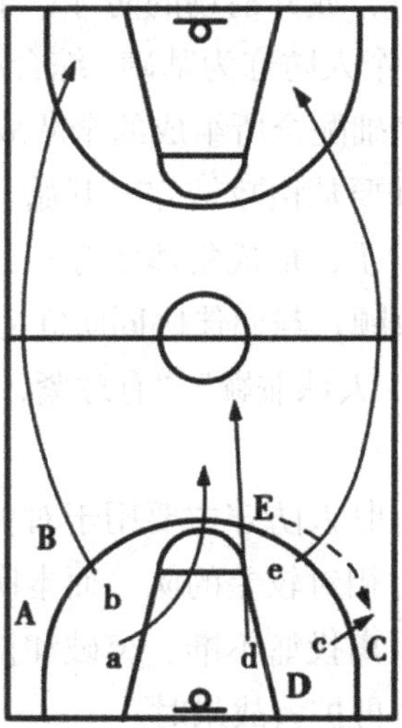

图 5-20　断球长传快攻

第三，短传与运球结合快攻。指队员在后场获球后，利用快速的短传球与运球推进相结合的方法迅速推进到前场进行攻击的一种配合。其特点是参加人数多、机动灵活、层次清楚、容易成功，但对队员配合的技巧要求较高。

2. 防守快攻

篮板球是发动快攻的主要先决条件之一，积极地与对方争抢前场篮板球是防止发动快攻的重要步骤。

第一，有组织地积极堵截对方发动快攻的第一传是防守快攻的关键。

第二，防守快下队员。快下队员是对方长传快攻的主要成员，如果快下队员接到球，将会给防守造成极大的困难。因此，当对方抢获篮板球时，外线队员要迅速退守，在退守过程中，控制好中路，堵截快下路线，紧逼沿边线快下的进攻队员，切断对方长传球的路线。

第三，提高以少防多的能力。当对方发动快攻并迅速地向前场推进时，防守队往往来不及全部退防，出现以少防多的局面。提高一防二、二防三的能力，重点是防篮下，为同伴回防赢得时间，这就必须提高个人防守能力，以及同伴之间相互补防的能力。

（三）攻防半场人盯人

1. 人盯人防守战术

该战术是在由攻转守时，放弃前场的防守，全队迅速退回后场，每人盯住自己对手的配合方法。它以个人防守为基础，综合运用挤过、穿过、交换、关门、夹击等几个人之间的防守基础配合所组成的全队战术。

防守要点：人盯人防守要从由攻转守时开始。此时，每个队员都要快速退向自己的后场，立即找到对手，形成集体防守；并根据对手、球、球篮选择有利位置，做到球、人、区兼顾，与同伴协同防守。

防守原则：“以球为主，人球兼顾”“有球紧，无球松”“近球紧，远球松”，积极移动，抢占有利位置。

运用时机：半场扩大人盯人防守主要用于对付外围远投较准、突破与篮下进攻能力和后卫控制球能力相对较差的队，而本队需要争抢时间时；半场缩小人盯人防守用于对付中远距离投篮不准、突破和篮下攻击能力较强的队，而本队得分已占优势，保持体力再扩大战果时。

2. 进攻人盯人防守战术

进攻人盯人防守是根据人盯人防守战术的特点，从每个队员的具体实际出发，综合运用传接球、投篮、运球、突破等个人技术动作和传切、掩护、策应等几个人之间的战术基础配合所组成的一种全队进攻战术。

进攻人盯人战术的要点：由守转攻后，要迅速到位，进行进攻。

第三节　篮球运动的主要竞赛与裁判规则

一、篮球运动的主要竞赛

（一）美国男子职业篮球组织（NBA）

美国国家篮球协会（简称 NBA）为北美的男子职业篮球组织，也是世界最顶尖的职业篮球组织，拥有 30 支球队，分属两个分区：东部联盟和西部联盟；而每个联盟又各由 3 个赛区组成；每个赛区有 5 支球队。30 支球队当中有 29 支位于美国，另外一支来自加拿大的多伦多。其赛事一般直接称为 NBA 或美国 NBA 篮球联赛、美国职业篮球联赛（简称“美职篮”）。NBA 正式赛季于每年 11 月的第一个星期的星期二开始，分为常规赛和季后赛两部分。常规赛为循环赛制，每支球队都要完成 82 场比赛；常规赛到次年的 4 月结束，每个联盟的前 8 名，包括各个赛区的冠军，将有资格进入接下来进行的季后赛。季后赛采用七战四胜赛制，共分 4 轮；季后赛的最后一轮也被称为总决赛，由两个联盟的冠军争夺 NBA 的最高荣誉——总冠军。NBA 前身是 1946 年成立的美国篮球协会（简称 ABA），1949 年改为现名。协会总部位于纽约第五大道 645 号的奥林匹克大厦，前任总裁大卫·乔尔·斯特恩功成身退后，现任总裁为亚当·萧华。NBA 同时也是北美四大职业体育联盟之一，但排在美式足球联盟和职棒大联盟之后位列第三位。

（二）奥运会篮球赛、世界篮球锦标赛

1936 年柏林奥运会上，男子篮球比赛第一次被列为奥运会比赛项目。女子篮球到 1976 年蒙特利尔奥运会才被正式纳入。奥运会篮球比赛只设男女两个团体项目，各有金、银、铜奖牌。

世界篮球锦标赛是国际篮球联合会举办的国际性篮球赛事，男子从 1950 年开始，女子从 1953 年开始，男、女比赛分别举行。历届比赛某些情况下间隔时间不同，一般是四年一届。从 1986 年起，男子和女子的比赛都在同一年进行，也都按照四年一届的时间举行。

（三）中国男子职业篮球联赛（CBA）

中国男子篮球职业联赛（简称 CBA），是由中国篮球协会所主办的跨年度主客场制篮球联赛，是中国最高等级的篮球联赛。其中诞生了姚明、王治郅、易建联、朱芳雨等球星。

CBA在1995—1996赛季由555香烟取得联赛的冠名权，希尔顿则取得1996—1997赛季到2000—2001赛季CBA的冠名权，之后摩托罗拉和联通新时空分别取得过联赛的冠名权。联赛在2005年正式更名为中国男子篮球职业联赛。2013年，在吸收四川队后队伍扩充为18支。2014—2015赛季CBA球队数量由18支增加到20支。

CBA自每年的10月或11月开始至次年的4月左右结束，长度和美国的NBA相仿。

（四）中国大学生篮球联赛（CUBA）

中国大学生篮球联赛（简称CUBA），是中国大学体育协会主办的高校间篮球联赛，其宗旨为“发展高校篮球，培养篮球人才”，模式参照美国的NCAA大学篮球联赛形式，中央电视台体育频道等每年都会现场直播部分重要场次的比赛。联赛1996年开始酝酿，1997年建立章程，1998年开始正式推行，设男子组和女子组，CUBA影响力仅次于中国男子篮球职业联赛CBA。

（五）业余篮球联赛

业余篮球联赛，顾名思义是全国各个省市篮球爱好者自发举行的小型篮球联赛，主要目的是增进各团体间的交流和强身健体。

二、篮球运动的裁判规则、场地和设备标准

（一）篮球运动的裁判规则

篮球比赛由两个队参加，每队上场5人，其中1人为队长，替补球员有7人。

将球投入对方球篮得2分；在3分区投入对方球篮得3分；罚球中1次得1分。

比赛由4节组成，每节12分钟。在第1节和第2节之间、第3节和第4节之间以及每一决胜期之前有2分钟的比赛休息时间；两个半时之间的休息时间为15分钟，以全场得分多者为胜。如果在第4节比赛时间终了时比分相等，需要一个或多个5分钟的决胜期来继续比赛，直至决出胜负。

比赛中每队的换人次数不限，但是，要登记的暂停在第一半时的任何时间每队可准予2次；在第二半时任何时间可准予3次；每一决胜期的任何时间每队可准予1次。

整个比赛过程由裁判员（三人制：包括主裁判员、第一副裁判员和第二副裁判员；二人制：包括主裁判员和副裁判员）、记录台人员（包括记录员、助

理记录员、计时员和 24 秒钟计时员）和技术代表管理。

篮球比赛中对规则的违反有违例和犯规两大类。

1. 违例

违例是违反规则。

第一，界外球。罚则是将球权判给对方队在靠近发生违例的地点掷球入界。

第二，带球走。当持活球的队员用同一脚向任何方向踏出一次或多次，其另一脚（称为中枢脚）不得离开与地面的接触点，如果中枢脚离开了这个接触点就构成带球走违例。

第三，非法运球。队员在运球后，用双手同时触及球或允许球在一手或双手中停留时，运球即完毕。运球结束后，除非失去控球权后重新控制球，否则不得再次运球，如果再次运球，则为非法运球违例。

第四，拳击球或脚踢球。比赛中队员不得故意用拳击球或用腿的任何部分去阻挡球，否则将判违例。如果球偶然地接触到腿的任何部分，或腿的任何部分无意碰到球，不算违例。

第五，球回后场。在比赛中，前场控制球的队，不得使球再回到后场，否则为球回后场违例。具体判定球回后场有 3 个条件：一是该队必须控制球；二是球进入前场后，在球又回到后场前该队队员（或裁判员）最后触及球；三是球回后场后，该队队员在后场最先触及球。这 3 个条件必须依次连续发生。

第六，干涉得分和干扰。投篮（罚球）的球在飞行下落并完全在篮圈水平面之上时，双方队员不可触及球。当投篮的球触及篮圈时，双方队员都不得触及球篮或篮板，不得从下方伸手穿过球篮并触及球，不得使篮板和篮圈摇动。如果进攻队员违犯这一规定，中篮无效，将球判给对方在罚球线延长部分的界外掷球入界；如果防守队员违犯这一规定，不论是否投中，均判投篮（罚球）队员得分。

第七，3 秒违例。当某队在前场控制活球并且比赛计时钟正在运行时，该队队员在对方的限制区内持续停留的时间不得超过 3 秒钟。

第八，5 秒违例。进攻球员必须在 5 秒钟之内掷出界外球；或在被严密防守时，必须在 5 秒钟之内传、投或运球；当裁判员将球递给罚球队员时，该队员必须在 5 秒钟内出手。

第九，8 秒违例。一个球队从后场控制活球开始，必须在 8 秒钟内使球进入前场（对方的半场）。

第十，24 秒违例。每当一名队员在场上获得控制活球时，该队必须在 24

秒钟内尝试投篮。

第十一，防守 3 秒违例。防守方任何球员不可在合理冲撞区内（即 3 秒区圆弧内）停留 3 秒以上，否则会判定为防守 3 秒违例（此规则现今只运用在 NBA 比赛中）。

2. 犯规

犯规是对规则的违犯，含有与对方队员的非法身体接触，和 / 或违反体育道德的举止。对违犯者登记犯规并随后按规则予以处罚。

第一，侵人犯规。是队员与对方队员的接触犯规。无论球是活球还是死球，队员均不应通过伸展其手、臂、肘、肩、髓、腿、膝或脚来拉、阻挡、推、撞、绊、阻止对方队员行进；不应将其身体弯曲成“反常的”姿势（超出其圆柱体）；不应放纵任何粗野或猛烈的动作。在以上任何情况下，裁判员都要给犯规队员登记 1 次侵人犯规。如果对未做投篮动作的队员犯规，由非犯规队在靠近犯规地点的界外掷球入界重新开始比赛。如果犯规队处于全队犯规处罚状态，则应判给未做投篮动作的队员 2 次罚球，代替掷球入界。如果对正在做投篮动作的队员犯规，如果投篮成功，应计得分并判给 1 次追加罚球；如投篮未中，则要根据投篮的地点，判给 2 次或 3 次罚球。

第二，技术犯规。是包含（但不限于）行为性质的队员的非接触犯规。如不顾裁判员警告；没有礼貌地触犯裁判员、技术代表、记录台人员或球队席人员；使用冒犯或煽动观众的语言或举止；戏弄对方队员或在对方队员的眼睛附近摇手妨碍其视觉；在球穿过球篮后，故意触及球以延误比赛；阻碍迅速地执行掷球入界以延误比赛；假摔以伪造一次犯规等。

队员技术犯规，应给其登记一次技术犯规，并作为全队犯规之一计数。教练员、替补队员和随队人员的技术犯规，对每一起违犯行为都要登记。教练员一次技术犯规，但不做全队犯规之一计数。如同一个球员在一场比赛中被判罚 2 次技术犯规，则被会判定离场，本场比赛不得再次上场（教练员如被判定 2 次技术犯规，则裁判会判罚教练员退场或上观众席，此教练员在本场内不得进入教练员区进行技术指导）。

对技术犯规的处罚，是判给对方 2 次罚球，以及随后在记录台对面的中线延长部分掷球入界或在中圈跳球开始第一节（如犯规发生在第一节比赛前）。

第三，违反体育道德的犯规。根据裁判员的判断，一名队员不是在规则规定的范围内合法地试图去直接抢球，那么其所发生的接触犯规就是违反体育道德的犯规。应给犯规队员登记 1 次违反体育道德的犯规。判给对方罚球，以及随后在记录台对面的中线延长部分掷球入界或在中圈跳球开始第一节（如犯规发生在第一节比赛前）。

罚球的次数按以下规定：对没有做投篮动作队员的犯规应判给 2 次罚球；对正在做投篮的队员发生的犯规，如中篮，应计得分并加判给 1 次罚球。如未中篮，应判给 2 次或 3 次罚球。

（二）篮球运动的场地和设备标准

1. 篮球场地的标准

国际篮球运动联合会规定正式比赛的篮球比赛场地是一块平坦、坚实且没有障碍物的表面。其长为 28 米，宽 15 米。球场的丈量是从界线的内沿量起。

2. 设备的标准

篮板是用厚 0.03 米的坚实木料或适宜的透明材料制成，宽为 1.80 米，竖高为 1.05 米。下沿距地面的高度为 2.90 米。球圈安装在篮板上，呈水平状，离地面 3.05 米。篮球的周长为 0.749 ~ 0.78 米，重量为 567 ~ 650 克。充气后，使球从 1.80 米的高处落到地面上，反弹起来的高度应在 1.20 ~ 1.40 米之间。

第六章　高校体育文化实践之足球运动

足球有“世界第一运动”的美誉，是全球体育界最具影响力的单项体育运动。标准的足球比赛由两队各派 10 名球员与 1 名守门员，共 22 人，在长方形的草地球场上对抗、进攻。比赛目的是尽量将足球射入对方的球门内，每射入一球就可以得到一分，当比赛完毕后，得分最多的一队胜出。如果在比赛规定时间内得分相同，则需看比赛章则而定，可以抽签、加时再赛或互射点球等形式分高下。足球比赛中，除了守门员可以在己方禁区内利用手部接触足球外，球场上每名球员只可以利用手以外的身体其他部分控制足球（开界外球例外）。

第一节　足球运动

一、足球运动的定义与特点

（一）足球运动的定义

足球是一项以脚支配球为主，两队攻与守相对抗，以射球入门多少判定胜负的球类运动。在世界性的各项体育比赛中，足球比赛的场面壮观，竞争激烈，颇具魅力。

（二）足球运动的特点

1. 整体性

足球比赛中，每队由 11 人上场参赛。场上 11 人的思想要统一，行动要一致，整体参战意识要强。只有形成整体的攻守，才能取得比赛的主动权及良好的比赛结果。

2. 对抗性

足球运动是一项竞争激烈的对抗性项目，比赛中双方为争夺控球权，达到将球攻进对方球门，而又不让球进入本方球门的目的，展开短兵相接的争斗，尤其是在两个罚球区附近的争夺更是异常凶猛，扣人心弦。一场高水平的比赛，双方因争夺和冲撞倒地次数可达200次，可见对抗之激烈。

3. 多变性

足球运动是一项技术上多姿多彩、战术上变幻莫测、胜负结局难以预测的非周期性运动项目，比赛中运用技战术时要受对手直接的干扰、限制和抵抗。技战术是依具体情况而灵活机动地加以运用和发挥的。

4. 艰辛性

足球比赛中，运动员要在近8 000平方米的场上奔跑90分钟，跑动距离少则6 000米，多则10 000米，甚至更长，还要伴随着完成上百个有球和无球的技术动作，若平局后需决定胜负的比赛则要加时30分钟，如仍无结果，还需要以踢点球决定胜负，因此运动员的能量消耗很大。一名运动员在一场激烈的比赛后体重可下降2～5千克。

5. 易行性

足球竞赛规则简练明了，器材设备要求也不高。一般性足球比赛的时间、参赛人数、场地和器材也不受严格限制，是全民健身中一项十分易于开展的群众性体育运动项目。

二、足球运动的文化

（一）足球运动的起源

现代足球运动诞生于英国。1863年10月26日，剑桥大学、牛津大学和凯尔波里特专科学校与伦敦周围地区的11个最主要的俱乐部和学校举行联席会议，创立了英格兰足球协会，这一天被称为现代足球的诞生日。两个月后，英格兰足球协会制订出了世界上第一个统一的足球规则。

1872年，足球运动史上的第一次正式比赛在英格兰和苏格兰之间进行，即泛英足球比赛。在此后30年，足球运动逐渐风靡英国和欧美各国。1900年，足球被正式批准为奥运会比赛项目。1930年，乌拉圭成功举办了第1届世界足球锦标赛。

1904年5月21日，国际足球联合会（FIFA）在法国巴黎成立，总部设在瑞士苏黎世，这标志着足球作为一项世界性的体育项目登上了国际体坛，足球运动在更加广泛的范围内开展起来，影响也越来越大。国际足联从最初的7个会员国，发展到现在的 190 多个，是世界上最大的国际单项体育组织。其举办的重大比赛包括：4 年一届的世界杯足球赛、奥运会足球赛、世界青年足球锦标赛和女子世界杯足球赛，此外还有许多洲际比赛。

（二）足球运动在我国的发展

古代足球起源于中国，“蹴鞠”是有史料记载的最早的足球活动。《战国策》和《史记》是最早记录蹴鞠的文献典籍。前者描述了 2300 多年前的春秋时期，齐国都城临淄流行蹴鞠活动；后者则记载，蹴鞠是当时训练士兵、考察兵将体格的方式。

1955 年 1 月，中国足球协会成立，并从 1956 年开始在全国举行甲、乙级足球联赛，并实行了等级运动员和裁判员制度。1958 年的全国足球训练工作会议首次提出了“勇、快、巧、准”的中国足球风格，明确了我国足球运动的发展方向。在 1959 年第 1 届中华人民共和国全国运动会上，足球被列为正式比赛项目。在 1960 年“中、朝、越、蒙”四国足球对抗赛中，中国队夺得冠军。至此，我国足球运动水平达到新中国成立以来的第一个高潮。

20 世纪 60—70 年代是世界足球运动突飞猛进的时期，特别是 1974 年第 10 届世界杯赛后，足球运动进入了全攻全守的发展阶段。

1981—1982 年，中国足球队在第 12 届世界杯预赛亚太区决赛中获得第 3 名。1984 年获得第 8 届亚洲杯足球赛亚军。

1987 年，中国足球队参加了第 24 届奥运会足球预选赛，并获小组出线权，实现了冲出亚洲的夙愿。

1992 年，经研究，中国足协决定从德国聘请著名教练施拉普纳执教中国队，同年，中国队参加了在日本广岛举办的第 10 届亚洲杯足球赛，获得了第 3 名。

当今足球运动发展迅速，亚洲各队的水平都在提高，1993 年世界杯预选赛亚洲赛区小组比赛中，中国队虽努力拼搏，但最终未获小组出线权。当今，我国的足球运动发展还处于世界中游水平，在亚洲的成绩也不稳定。因此，中国足球要想真正在亚洲强队中站稳，冲出亚洲，特别是赶超世界足球强国，尚需踏踏实实、勇于探索，并进行坚持不懈的努力。

2001 年 10 月 7 日，中国队在神奇教练博拉 · 米卢蒂诺维奇的带领下圆了 44 年的世界杯之梦，首次进军 2002 年世界杯淘汰阶段的比赛。

2015 年 2 月 27 日，中央全面深化改革领导小组第十次会议审议通过了《中国足球改革总体方案》。

方案提出“三步走”战略，分为近期、中期和远期目标：近期目标是要理顺足球管理体制，制订足球中长期发展规划，创新中国特色足球管理模式。中期目标是要实现青少年足球人口大幅增加，职业联赛组织和竞赛水平达到亚洲一流，国家男足跻身亚洲前列，女足重返世界一流强队行列。远期目标是要使中国成功申办世界杯足球赛，男足打进世界杯，进入奥运会。

（三）足球运动的意义

1. 有利于良好的心理品质及思想品德的形成

经常从事足球运动，不仅能对良好性格的形成产生巨大的影响，还可以培养人的意志力、自制力、责任感及勇敢顽强、机智果断、坚忍不拔、勇于克服困难、团结协作等思想品德。

2. 有利于增强体质、促进健康

足球运动是全面锻炼和健全体魄的良好手段，是全民健身活动中一项行之有效的体育运动项目。经常从事足球运动，可以提高人们的力量、速度、灵敏度、耐力、柔韧性等身体指数，并能使人的高级神经活动得到改善，尤其是能增强人体的心血管系统、呼吸系统等内脏器官的功能，从而促进人体的健康。据测定，一名优秀的足球运动员的肺活量比正常人要多 2 000 ～ 3 500 毫升，安静时的心率要比正常人低 15 ～ 22 次 / 分。

3. 有利于精神文明建设

今天，足球已成为我国许多城市中人们生活的一部分，人们从踢足球中得到了情绪体验，从看足球中得到了艺术享受，从谈论足球中得到了思想交流，足球运动丰富了人们的业余文化活动，提高了人们的生活质量。

4. 有利于振奋民族精神

在重大国际足球比赛中取胜，能激发人民团结拼搏、进取向上的精神和爱国主义热情。例如，喀麦隆足球进入世界杯前 8 名时，总统拜耶亲自授予守门员恩科诺和前锋米拉最高公民爵位——“勇敢勋爵”，对全体队员及教练员也授予“勇敢勋章”。他在讲话中称赞他们为整个非洲提供了一个经验，即“团结一致，为争取胜利而奋斗”。

5. 有利于人际交往与国际交往

随着全民健身运动的推进，各种各样的足球赛事更加频繁，其中相当一部分比赛可以发展社会交往，协调人际关系，形成一个单位或社会的凝聚力，有利于创造一个安定团结、民主和谐、健康文明、生动活泼的社会环境。在国际上，足球运动已成为各国之间政治、经济、文化交流的一种重要工具。它可以加强各国人民的相互了解，扩大文化交流，增进友好团结，促进世界和平，营造良好的国际环境，现代足球运动的作用和影响，已远远超出了足球运动本身的范围。

（四）足球文化

各国的足球文化都各有特点，南美足球浪漫，英国足球保守，德国足球严谨、坚韧不拔。

早在古希腊，当地人就有一种类似今天足球的游戏。以后，罗马人在此基础上又有所发展。随着罗马人征服欧洲，这种运动才得以在英伦三岛广为流传。那时已有罗马人为一方，不列颠居民为一方所进行的比赛。据说那时使用的球是战俘的头颅，以后改用牲畜的膀胱充气以做成球。这种球有一定的弹性，可拍，可踢，时常是许多人一拥而上朝某个目标踢去。当时，比赛的动作粗野，时有参加者受重伤，故被禁止。但是，随着时间的推移，足球运动却越来越普遍，英伦各地有各种各样的规则。尽管已成为事实，但几代英国国王仍然禁止踢球。到了伊丽莎白女王的后期，足球比赛已能登堂入室。节日期间常有壮观的比赛为人们助兴。1602 年，在康沃里举办过一次大规模比赛，双方球门相距三四英里，各教区之间相互比赛，席卷了整个地区。以后的 200 年间，英伦三岛进行了各种不同形式的比赛，规则也不尽相同。那时还没有人打算把规则统一起来，也没有把各地方的队组织起来。那时的比赛相当粗野、激烈，有的队员故意踢对方的小腿而不是踢球，简直和斗殴毫无区别。

1823 年 11 月 21 日，一件改变整个世界足球面貌的具有历史意义的事件发生了。这天，一群学生在操场上踢球。一个叫威廉·韦步埃利斯的 15 岁男孩在比赛进行中抱着球跑，这个简单而平常的动作竟然把足球世界分为两部分：只允许用手持球走的成为橄榄球，只允许用脚踢、头顶的成为足球。这以后，一些热心于足球运动的人在伦敦一家旅馆里召开会议，起草足球协会的章程，其中有一条明确规定，即禁止手持球走。而允许手持球走的橄榄球联合会直到 1871 年才成立。

1863 年 10 月 26 日，英国足球协会在英国伦敦召开了现代足球史上十分重要的会议。但草拟出来的比赛章程的有些条文却与今天的规则相距甚远。比如，当球从球门柱之间进入或在上面的空间越过，不论高度如何，只要不是被手扔、击、运进去的，都算赢一球。那时球员的位置与阵形也不同于今天：每队一名守门员、一名后卫、一名前卫和八名前锋。制订规则不久，阵形有所改变：一名守门员、两名后卫、三名前卫和五名前锋。掷界外球，最初只用一只手，但有些球员能巧妙地把球从四五十码以外掷入球门，因此规则又做了变动，必须双手掷界外球。最早的球门也不同于今天的球门，1883 年时球门的横梁还是拉一根绳子，由于绳子细些，一些球从上面过去还是从下面过去，一时很难判断，所以直到 1890 年，才设置了球网。至于球场的规模，它也不同于今天。1890 年，球场的面积是 200 米 ×100 米或 100 米 ×50 米，还有 200 米 ×50 米的。现在的场地规定是：最大可允许 130 米，最小也需要 100 米，宽为 50 ~ 100 米。那时的比赛，是由每队各出一名副裁判和主裁判担任“执法官”。直到 1891 年，才出现持中立态度的现在意义上的一名裁判和两名巡边员。早期的球队均是业余球员构成的，而现代足球有了职业球员，以踢球为职业的运动员。

第二节　足球运动的基本技能与战术方法

足球技术在比赛中有着特殊的地位，它是完成战术配合、决定战术效果的前提和保证。著名的联邦德国足球教练绍恩曾说过：“足球运动最重要的决定性部分是技术。”随着现代足球比赛攻守速度的不断加快，对抗争夺的日趋激烈，足球技术也日益提高。

一、足球运动的基本技能

（一）踢球

踢球指运动员有目的地用脚把球击向预定目标的技术。踢球是足球技术中最重要的技术，主要用于传球和射门。

踢球的方法很多，主要有脚内侧踢球、脚背正面踢球、脚背内侧踢球、脚背外侧踢球、脚尖踢球和脚跟踢球。这些动作结构完全一致，均由助跑、支撑脚站位、踢球腿摆动、脚触球、踢球后的随前动作 5 个环节组成。

1. 脚内侧踢球（又称脚弓踢球）

第一，脚内侧踢定位球。踢球时，直线助跑，支撑前的最后一步稍大些，支撑脚站在球的侧面约 15 厘米处，脚尖正对出球方向，支撑腿膝关节微屈。在支撑脚着地时，踢球腿大腿带动小腿由后向前摆动；在前摆的过程中，大腿外展，当膝关节摆动至接近球的正上方时，小腿做爆发式摆动，在触球前将脚跟送出使得脚内侧部位所形成的平面与出球方向垂直，踢球脚脚尖微微翘起，脚底与地面平行，踝关节功能性地紧张使脚型固定，触（击）球后身体跟随向前移动。

第二，脚内侧踢空中球。踢球时，根据来球速度和运行轨迹及时移动到位，踢球腿的大腿抬起并外展，小腿绕额状轴后摆，而后小腿由后向前摆动，当摆至额状面时与球接触，击球的中部。

2. 脚背正面踢球（又称正脚背踢球）

第一，脚背正面踢定位球。踢球时，直线助跑，最后一步稍大些，支撑脚积极着地支撑，在球的侧面 10 ~ 12 厘米处，脚尖正对出球方向，膝关节微屈，踢球腿随跑动向后摆动，小腿弯曲，其在支撑的同时踢球腿以髋关节为轴，大腿带动小腿由后向前摆动。当膝关节摆至接近球的正上方时，小腿做爆发式的摆动，脚趾屈，以脚背正面部位击球的后中部。击球后身体及踢球腿随球前移。

第二，脚背正面踢反弹球。根据来球的速度、运行轨迹、落点，支撑脚踏在球落点的侧面。在球落地时，踢球腿爆发式前摆，在球刚弹离地面时，用脚背正面击球的中部，并控制小腿的上摆（送髋、膝关节向前平移），出球则不会过高。

第三，凌空踢倒钩球。根据来球的速度、运行轨迹，选好击球点，及时移动到位，以踢球腿为起跳腿蹬地起跳，同时另一腿上摆，身体后仰腾空，眼睛注视来球，蹬地腿在离地后迅速上摆的同时，另一腿则向下摆动，以脚背正面击球的后部。踢球后，两臂微屈，手掌向下，手指指向头部相反方向着地，屈肘，然后背、腰、臀部依此滚动式着地。

3. 脚背内侧踢球（又称内脚背踢球）

第一，脚背内侧踢定位球。踢球时，斜线助跑，助跑方向与出球方向约成 45°，最后一步稍大，以支撑脚底积极着地，脚尖指向出球方向，距球内侧后方 20 ~ 25 厘米，膝关节微屈。在支撑同时，踢球腿已完成后摆，并开始以髋关节为轴，大腿带动小腿由后向前摆动。当大腿摆至与支撑腿接近同一平面时，小腿做爆发式摆动，此时脚尖外转、脚背绷直，以脚背内侧部位触击球。击球后踢球腿及身体继续随球向前。

第二，脚背内侧转身踢球。助跑结束前倒数第二步应向球的侧前方跨出（即与出球方向在支撑脚一侧的侧前方），最后一步略跳动并伴随转身支撑，脚尖对准出球方向，膝关节微屈，身体向支撑脚一侧倾斜，其余各环节与踢定位球同。

第三，脚背内侧踢反弹。根据来球的落点及时移动到位，在球离地（反弹）的瞬间踢球，其他的动作要求与踢定位球相同。这种踢球方法多用于踢侧方或侧前方来的由空中下落的球。

4. 脚背外侧踢球（又称外脚背踢球）

由于踢这种球时脚踝灵活性较大，摆腿方向变化较多，且助跑时又是正常的跑动姿势，故其出球隐蔽性较强。足球比赛中各种距离的弧线球及非弧线球均可使用。

第一，脚背外侧踢定位球。助跑、支撑脚站位及踢球腿摆动均与脚背正面踢球技术的 3 个环节相同，脚触球是用脚背外侧部位。此时要求膝关节和脚尖内转，脚背绷紧，触（击）球后身体随踢球腿的摆动前移。

第二，脚背外侧踢地滚球。可用于踢正前方、侧前方及侧后方来的地滚球。踢球的动作、规格要求与踢定位球相同，但支撑脚站位时应考虑球的滚动速度，以保证在脚触球的瞬间支撑脚与球的相对位置符合规格要求。

第三，脚背外侧踢反弹球。与脚背正面踢反弹球的方法相同，只是接触球时用脚背外侧部位触（击）球。

5. 脚尖踢球（又称脚尖捅球）

由于脚尖踢球时出球异常迅速，故雨天、场地泥泞时多使用这种踢法，还可以借助踢球腿的最大长度，踢那些距离身体较远的球。具体方法是用支撑脚跳跃上步，踢球腿屈膝前跨，髋关节尽量前送，两臂上摆协助身体向前，小腿前伸，在踢球脚落地前用脚尖捅球的后中部。

6. 脚跟踢球

这是用脚跟（跟骨的后面）接触球的一种踢球方法。球在支撑脚外侧时，踢球脚在支撑脚前面交叉摆到支撑脚外侧用脚跟击球。球在支撑脚内侧时，踢球脚后摆用脚跟踢球。虽然人体结构的特点决定了这种踢球方法（大腿微伸小腿屈）产生的力量小，但其出球方向向后，故有隐蔽性和突然性。

（二）接球

接球是指运动员有目的地用身体的合理部位把运行中的球停下来，控制在所需要的范围内，以便更好地衔接下一个技术动作。接球的方法有多种，常用的有脚内侧、脚背正面、脚底、大腿、胸部、头部等部位的接球。

1. 脚内侧接球

由于脚触球面积大，动作简单，较易掌握，比赛中经常使用这种技术接各种地滚球、反弹球、空中球。

第一，接地滚球。接球时，身体正对来球，判断来球的速度和方向，选好支撑脚位置，膝关节微屈。接球脚根据来球的状态相应提起，膝、踝关节旋外，脚趾稍翘，用脚内侧对准来球，触球刹那，接球部位做相应的引撤或变向接球动作，将球控在所需要的位置上。

第二，接反弹球。接球时，接球腿小腿应与地面形成一定的夹角，向下做下压动作时，膝要领先，小腿留在后面。

第三，接空中球。接球时，接球腿要屈膝抬起，可根据需要采用引撤或切挡动作，接球落地后应随即将球在地面控制住。

2. 脚背正面接球

此方法多用于接有较大抛物线的来球。接球时，根据球的落点，及时移动到位，脚背正面上迎下落的球，当球与脚面接触的一瞬间，接球脚与球下落的速度同步下撤，此时接球腿膝关节、踝关节、脚趾均保持适度的紧张，脚尖微翘将球接到需要的地方。

3. 脚底接球

由于脚底接球技术便于掌握，易于将球接到位置，故常被用来接各种地滚球和反弹球。

第一，脚底接地滚球。身体正对来球方向，移动前迎，支撑脚站在球的侧面（或前或后均可），脚尖正对来球方向，膝关节微屈。同时接球腿提起，膝关节微屈，脚背略屈，使脚底与地面约小于45°（且脚跟离开地面），一般以前脚掌接触球的上部为宜。在触球瞬间接球脚可轻微趾屈（前脚掌下点）将球停住，也可根据需要在接球同时将球推向前方或拉向身后。

第二，脚底接反弹球。根据来球落点，及时前移迎球，支撑脚站在落点侧后方，脚尖正对来球方向，球落地瞬间，用前脚掌去触球的中上部，微伸膝，用脚掌将球接在体前。若需接球到身后则应在触球瞬间继续屈膝，将球回拉，并伴随支撑脚以前脚掌为轴旋转90°以上。

4. 大腿接球

大腿接球一般可以用来接抛物线较大的高空球和略高于膝的低平球。

第一，接抛物线较大的下落球。接球时，面对来球方向，根据球的落点迅速移动到位，接球腿大腿抬起，当球与大腿接触的瞬间大腿下撤将球接到需要的位置上。

第二，接低平球。面对来球方向，根据来球高度，接球腿大腿微屈，送髋前迎来球，当球与大腿接触瞬间收撤大腿，使球落在所需要的位置上。

5. 胸部接球

胸部接球由于接球部位较高，加之胸部面积大、肌肉较丰满等特点，动作易于掌握，故成为接高球的一种好方法。胸部接球包括挺胸式、收胸式两种方法。

第一，挺胸式接球。接球时，身体正对来球，两腿自然开立，膝微屈，两臂在体侧自然屈抬，上体稍后仰与来球形成一定的角度。触球刹那，胸部主动挺送，使球触胸后向前上方弹起落于体前。一般用于接有一定弧度的高球。

第二，收胸式接球。面对来球，两脚左右或前后开立，两臂自然张开，挺胸迎球，触球瞬间收胸、收腹、臀部后移将球接在体前。若需将球接在体侧时，则触球瞬间转体将球接在转体后相应的一侧。多用于接齐胸高的平直球。

6. 头部接球

高于胸部的来球可用头部接球。根据球的运行路线，面对来球，用前额正面接触球的中下部。下颌微抬，两臂自然张开，提踵伸膝。触球瞬间全脚掌着地，屈膝、塌腰、缩颈，全身保持上述姿势下撤将球接在附近。

（三）运球

运球是运动员在跑动中用脚连续推拨球，使球处于自己控制范围内的动作。常用的运球技术有脚内侧、脚背正面、脚背外侧、脚背内侧运球。

1. 脚内侧运球

运球前进时，支撑脚位于球的侧前方，肩部指向运球方向，支撑腿膝关节微屈，重心放在支撑腿上，另一条腿提起屈膝，用脚内侧推球前进，然后运球脚着地。由于肩部指向运球方向，身体侧转，所以虽然移动速度较慢，但身体前倾有利于将对方与球隔开，因此这种技术多用在运球中做配合传球，或有对方阻拦需用身体做掩护时。

2. 脚背正面运球

运球时，身体持正常跑动姿势，上体稍前倾，步幅不宜过大，运球腿提起，膝关节稍屈，髋关节前送，提踵，脚尖下指，在着地前用脚背正面部位触球后中部将球推送前进。

由于脚背正面运球时身体持正常跑动姿势，故可以发挥出较快的速度，因此这种技术多用在运球前方一定距离内无对手阻拦时。

3. 脚背外侧运球

运球时，身体持正常跑动姿势，上体稍前倾，步幅不宜过大，运球腿提起，膝关节稍屈，髋关节前送，提踵，脚尖绕矢状轴向内旋转，使脚背外侧对运球方向，在运球脚落地前用脚背外侧推拨球的后中部。

脚背外侧运球时，身体姿势与正常跑动时相同，因此可以发挥出较快的速度，故与脚背正面运球有相同的用途。另外，利用脚踝关节的动作可以很快改变脚背外侧面所正对的方向，故在运球脚一侧改变方向时也多采用这种运球方法。这种方法能用身体将对手与球隔开，故掩护时也常使用。

4. 脚背内侧运球

运球时，身体稍侧转并协调放松，步幅小，上体前倾，运球腿提起外展，膝微屈外转，提踵，脚尖外转，使脚背内侧正对运球方向，在运球脚落地前用脚背内侧推拨球，使球随身体前进。

脚背内侧运球由于身体稍侧转，不能采用正常跑动姿势，因此不适用于高速运球。但由于接触部位和支撑位置的特点易于完成向支撑脚一侧的转动，故多用于向支撑脚一侧的变向运球。

（四）头顶球

头顶球技术是传球、射门、抢断的有效手段，特别是争高空球时头顶球技术更为重要。顶球技术的特点是争取时间，不需要等球落地就可以在空中直接处理来球。因此，它可以争取时间上的优势和主动。

顶球一般分为正额顶球和额侧顶球两种。具体方法有原地、助跑跳起（单脚和双脚）和鱼跃式顶球等。

1. 正额原地顶球

面对来球，两脚前后开立，膝微屈，重心放在两脚上。顶球前，上体先后仰，重心移到后脚上，两臂自然摆动，维持身体平衡，两眼注视来球。顶球时，两腿用力蹬地，迅速伸直，上体由后向前快速摆动，借助腰、腹和颈部力量，用前额正面将球顶出。顶球过程中，身体重心从后脚移到前脚，然后再单脚跳起顶球。

2. 助跑单脚跳起顶球

起跳前要有 3 ~ 5 步的助跑，最后一步踏跳时要用力，步幅要稍大些，踏跳脚以脚跟先着地再迅速移到脚掌，同时另一腿屈膝上提，两臂向上摆动。身体腾起后上体随之后仰。顶球时，上体由后向前摆动，借助腰、腹和颈部力量将球顶出，然后两脚自然落地。

3. 鱼跃头顶球

对于离身体较远的低空球来不及移动到位处理，必须抢点击球时（如抢救险球、射门等），可使用鱼跃头顶球技术。当判断好来球的路线和选择好顶球点后，以单脚或双脚用力向前蹬地，身体接近水平状态向前跃出，同时两臂微屈前伸，手掌向下，眼睛注视来球，利用身体向前跃出的冲力，以额头正面顶球。顶球后，两手先着地，手指向前，接着以胸部、腹部和大腿依次着地。

（五）抢断

抢断技术是一种积极有效的防守手段。抢断是防守技术的综合体现，是用争夺、堵截、破坏等方式延缓或阻拦对方进攻的一种技术。一旦把球争夺过来，就意味着组织进攻的开始。

1. 正面抢断

在对方带球队员迎面而来时，便可采用这种抢断方式。

两脚前后稍开立，两膝稍屈，身体重心下降，并均匀落在两脚上，面向对手。当对方带球或触球即将着地或刚刚着地时，立即抢球。抢球脚的脚弓正对球，并跨出一步，膝关节弯曲，上体前倾，身体重心移至抢球脚上。如对方已有准备，在双方脚同时触球时，脚触球后要顺势向上提拉，使球从对方脚背滚过，身体迅速跟上，把球控制住。双方上体接触时，抢球人可用合理部位冲撞对方，使之失去平衡，从而将球控制在自己脚下。

2. 侧面抢断

当防守队员与带球进攻的队员并肩跑动，或二人争夺迎面来球时，双方都可采用这种抢断方式。

当与对方平行跑动争球时，身体重心要降低，两臂贴紧身体。在对方靠近自己的脚离地时，可用肩和上臂做合理的冲撞动作，使对方身体失去平衡，从而把球抢过来。

3. 后面抢断（铲球）

这是抢断技术中较困难的一种，一般是在用其他方法抢不到球时才采用铲球方式。

铲球有两种方法：一种是脚掌铲球；另一种是脚尖或脚背铲球。

当防守人追至离运球人右后方 1 米左右时，可用右脚掌或左脚尖（脚背）进行铲球。在运球人的左侧时，则用左脚掌或是右脚尖（脚背）进行铲球。如用右（左）脚掌铲球，可在运球人刚刚将球拨出时，先蹬左（右）腿，跨右（左）腿，膝关节弯曲，以脚外侧从地面滑出，用脚掌将球踢出。然后小腿、臀部、上体依次着地，身体随铲球动作向前滚动。

（六）假动作

假动作是指运动员在比赛中，为了隐蔽自己真实动作意图，利用各种动作的假象，来调动迷惑对方，使对方对其动作产生错误的判断或失去身体重心，造成对自己有利的形势，从而取得时间、空间位置的优势，达到自己真实动作的意图。

1. 踢球假动作技术

当运动员已控制球或正准备控制球，并准备与同伴配合及接球，且对手前来堵抢，挡住其路线时，先可向一方做假动作，当对手以假当真去封堵假动作路线时，突然改变踢球脚法将球传或接向另一方向。

2. 头顶球与胸接球假动作技术

当队员面对胸部以上的高空来球，并准备接球时，如果对手迎面逼近准备抢截，此时接球的队员做出用胸或头做接或顶的假动作，以诱使对手立定，以假当真，在其封堵接、传路线时，突然改变动作，用头或胸将球顶出或接住。

3. 运球假动作技术

运球假动作技术在比赛中是最常见的，它不仅可以用来突破正面对手，还可以用来摆脱来自侧面和后面的对手。

当对手迎面跑来抢截球时，可用左（右）脚的脚背内侧扣拨球动作结合身体的虚晃动作，诱使对手的重心发生偏移，然后用左（右）脚的脚背外侧向同侧方向拨运球越过对手。

对手从侧面来抢截球时，先做快速向前运球动作，诱使对手紧追，这时突然减速伴做停球假动作，当对手上当时，再突然起动加速推球向前甩掉对手。

当对手从身后来抢截球时，运球者用左（右）脚掌从球的上方擦过，做大交叉步，身体也随动作前移，诱使对手向运球者的移动方向堵截，然后以运球脚后前脚掌为轴，突然向右（左）后方转身，再用右（左）脚背内侧将球扣回，把对手甩掉。

二、足球运动的基本战术

足球战术是指在比赛攻守过程中，为了战胜对手，根据主客观实际所采取的个人行动和集体行动的总称。战术在比赛中的作用是将集体力量组织起来，发挥每一个球员的特长，根据对手和自己的情况，采用一定的阵型和配合方法，使球员在技术、身体素质、战术意识方面发挥较高水平，取得优异成绩。

根据攻防的基本特点，足球战术可分为比赛阵形、进攻战术、防守战术 3 部分。

（一）比赛阵形

为了适应攻守战术的需要，全队队员在场上的位置排列和职责分工被称为比赛阵形。比赛阵形是本队攻守力量搭配和分工的形式。

根据队员的职责和排列的层次分为后卫线、前卫线和前锋线。阵形的人数排列原则是从后卫向前锋数的，守门员不计算。

目前，世界上普遍采用的阵形有“4—3—3”“4T—2”“4—1—2—3”“3—5—2”等。除“4T—2”阵形以防守为主，反击为辅外，其他阵形均以进攻为主。尤以“3—5—2”阵形更为突出。

选择阵形要以本队队员的特长、技能、技术水平与赛队的特点为依据。此外，阵形绝不是僵化的规定，每个队员都应在明确基本位置和主要职责前提下，进行创造性的活动。

（二）局部配合进攻战术

1.“二过一”战术配合

二过一战术配合是指两名进攻队员在局部地区通过两次或两次以上的连续传球配合，越过一名防守队员的战术行动。“二过一”是集体配合的基础，可以在任何场区、任何位置上运用这种方法来摆脱对方的抢断或突破防线。“二过一”是进攻的两名队员之间相距 10 米左右，进行一传一切的配合。要求传球平稳及时，一般多用“脚内侧”“脚外侧”等脚法，以传低平球为主。球传的位置，尽可能是接球人脚下或前面两三步远的地方。

2.“三过二”战术配合

“三过二”是在比赛场地中的局部地区，通过 3 名进攻队员的连续配合突破两名防守队员的防守。由于这种配合有两名同队队员可以同时接应传球，因此使传球路线更多，且进攻面也更大。

（三）整体进攻战术

整体进攻战术是指在比赛中一方获得球后，通过队员之间的传递配合达到射门的目的而采用的配合方法。与局部进攻战术相比较，整体进攻战术具有进攻面更加扩大、进攻和反击速度更加快速等特点。

1. 边路进攻

边路进攻一般是围绕边锋进行的配合方法，因此边锋的速度要快，个人突破能力要强，传中技术要突出。其方法是由守转攻时，获球队员将球传给边锋或其他边路上的队员，从边路发起进攻，经过局部配合突破后，一般采用下底和回扣传中方式，将球传到中央，由其他队员包抄射门。

2. 中路进攻

中路进攻时，必须要求边锋拉开，借以牵制对方的后卫，诱使对方中间区域出现较大的空隙，为中路进攻创造有利条件。前场和中场队员要机动灵活地跑位，以有效调动来拉开对方的防线。进攻的推进应有层次和梯队，传球要准确，技术动作应在跑动中准确简练地完成。

3. 快速反击

比赛中当攻方进攻时，后卫线往往压至中场附近，防守人数也由于插上进攻和助攻而相对减少，此时如防守方能抓住对方防区空隙较大和回防速度较慢的机会，乘攻方失球之机发动快速反击，往往能取得良好的效果。但其难度较大，既要冒险，又要有准确、快速的传切配合技能。

（四）局部配合防守战术

1. 补位

补位是足球比赛中在局部地区队员集体进行配合的一种方法。在防守过程中，一名防守队员被对手突破时，另一名队员应立即上前进行封堵。

2. 围抢

围抢是足球比赛中在某局部位置上，防守一方利用人数上的相对优势（通常是两三名队员）同时围堵对方的持球队员，以求在短暂时间内达到抢断球或破坏对方进攻（防守）的目的。

3. 造越位战术

造越位战术是利用规则而设计的一种防守战术，是一种以巧制胜的省力打法，因而成为一种重要的防守手段。由于该战术配合难度较大，搞不好会适得其反，让对手钻空子，因此，往往为水平较高的球队所采纳，但也不宜过多运用。

（五）整体防守战术

整体防守战术主要有盯人防守、区域防守和综合防守 3 种。

1. 盯人防守

盯人防守是指被盯防的对手不管跑到哪个位置防守人都要紧紧盯防。盯人防守分为全场盯人和半场盯人。这种防守方法是对口盯人，分工明确，但体力消耗大，一旦被突破，很难补位，会使整个防线出现很大的漏洞。因此，在比赛中，单纯采用人盯人的防守方法是不利的。

2. 区域防守

由攻转守时，根据场上位置的分布，每个防守队员负责防守一定的区域，当对方队员跑到本区域时，就负责盯防，离开这个区域，就不再跟踪盯防。这种战术较为省力。但是，对方可以任意交叉换位，容易造成局部以少防多的被动局面。因此，目前在比赛中已很少采用这种防守方法。

3. 综合防守

综合防守是指盯人防守与区域防守相结合的防守方法。综合防守是目前在比赛中普遍采用的一种防守方法，它集中了盯人防守和区域防守的优点，从而在防守中能根据场上情况进行逼抢、盯人、保护与补位，以达到防守的目的。

第三节　足球运动的主要竞赛与裁判规则

一、足球运动的主要竞赛

足球的主要竞赛总体可分为俱乐部比赛和国家队比赛两大类。

（一）俱乐部比赛

各国自己的联赛、杯赛和各洲的洲际杯比赛。

1. 欧洲

欧洲是世界足球水平最高的地区，云集了最优秀的球星，以英超、西甲、德甲、意甲、法甲五大联赛为主，还有英格兰足总杯、西甲国王杯、德甲足协杯等杯赛。欧洲比赛有欧洲冠军杯（联赛冠军和前几名）和欧洲联盟杯（联赛前列球队），还有托托杯（争夺联盟杯席位）。

2. 亚洲

韩国K联赛，日本J联、中国超级联赛比较有名，西亚的卡塔尔、沙特联赛也很有名，亚洲的洲际杯赛叫亚洲冠军联赛（由以前的亚洲俱乐部联赛和亚洲联盟杯合并而来）。

3. 美洲

巴西全国联赛、阿根廷春季和秋季联赛和美国的足球大联盟比较有名，美洲的洲际杯叫南美解放者杯。

4. 非洲

非洲没有完善的联赛机制，优秀球员都在外国踢球。

5. 世界俱乐部杯赛

世界俱乐部杯赛，于每年的12月份举行，各大洲的冠军参赛，由欧洲冠军、美洲冠军、亚洲冠军、非洲冠军、大洋洲冠军和北美冠军争夺。

（二）国家队比赛

最重要和出名的为四年一届的世界杯，各大洲还有美洲杯、亚洲杯、非洲杯、中北美及加勒比海地区金杯、南亚老虎杯、西亚海湾杯。此外，联合会杯由各大洲冠军参加，号称小世界杯。其余的还有各个年龄段的足球世锦赛，如Ul6、U20。奥运会的足球比赛则是由23岁以下的球员参加。

二、足球运动的裁判规则

（一）比赛时间

90分钟+伤停补时。正式的国际足球比赛分为上、下两个半场，每半场45分钟，中间休息不得超过15分钟。足球比赛有时根据场上情况在比赛时间上需要补时，有时是一两分钟，最长时可达五六分钟，时间长短由裁判员决定。造成补时的原因主要有：一是处理场上受伤者；二是拖延时间；三是其他任何原因。

（二）队员人数与换人

每队上场队员不得多于11名，其中必须有一名守门员。如果场上一队的队员少于7人，则比赛不能开始。奥运会足球比赛中，每场比赛最多可以使用3名替补队员；场外和场上队员未经裁判员许可不能擅自进出场地。比赛时，守门员和其他队员的位置不能随意交换，如需要交换，须经过裁判员同意。

（三）裁判员

一场正式的足球比赛由一名裁判员，两名助理裁判员，一名第4官员担任裁判工作。

裁判员的职责：场上最终判决权，决定比赛时间是否延长、比赛是否推迟和中止。

助理裁判员的职责：示意越位及球出界，协助裁判员的场上判罚，但没有最终判决权。

（四）任意球

足球比赛的任意球分两种：第一种是直接任意球，主要是针对恶意踢人、打人、绊倒对方的行为，用手拉扯、推搡对方、手触球也属于这一类，此外，辱骂裁判员、辱骂他人也要判罚直接任意球。这种任意球可直接射门得分。如果这些行为发生在罚球区，就要判罚球点球。第二种是间接任意球，危险动作、阻挡、定位球的连踢就属于这一类。这种任意球不能直接射门得分，只有当球进门前，触及另外一名队员才可得分，罚球区内这种犯规不能判罚点球。

无论直接任意球还是间接任意球，防守方都要退出 9.15 米线以外。如果不按要求退出 9.15 米，裁判员可出示黄牌。

（五）球点球

在罚球区内直接任意球的犯规要判罚球点球。罚点球时，双方队员不能进入罚球区。如防守方进入罚球区，进球有效，不进则重罚；如进攻方进入罚球区，进球应重踢，如不进则为防守方球门球。在罚球点球时，守门员可以在球门线上左右移动，但不可以向前移动。

（六）红、黄牌

足球裁判员在判罚时，根据犯规性质不同可出示两种不同颜色的牌。对于足球比赛中出现的一些严重犯规，裁判员要出示红、黄牌。如果是恶意的犯规或暴力行为要出示红牌。故意手球、辱骂他人或同一场比赛同一人得到两张黄牌时，犯规者也要被出示红牌。

比赛中，有违反体育道德行为，用语言和行为表示不满的要被出示黄牌。连续犯规、故意延误比赛、擅自进出场地的队员也要被出示黄牌。

（七）越位

足球比赛构成越位要满足以下条件：在同伴传球时，脚触球的瞬间，在对方半场内如果同伴的位置与最后第二名对方队员的位置相比更靠近对方球门线，这时该队员处于越位位置。需要说明的是，与对方最后第二名队员处于平行时不判越位。裁判员可对处于越位位置的队员、越位犯规判罚，情况有：干扰比赛、干扰对方队员、利用越位位置获得利益。

（八）暂停比赛

正式足球比赛一般场上不能暂停，只有在极特殊的情况下，如队员受伤或发生意外纠纷才鸣哨暂停。恢复比赛是在比赛停止时球所在的地点坠球，重新开始比赛。现在足球比赛道德水准普遍很高，通常一方如看到场上有受伤队员，都会将球踢出界。恢复比赛时，对方也会将球踢回。

（九）进球

当球的整体从球门柱间及横梁下越过球门线，而此前未违反竞赛规则，即进球得分。

（十）计胜方法

足球比赛分组循环赛期间的积分为胜一场积 3 分，平 1 场积 1 分，负 1 场积 0 分，最终以积分多少决定小组名次。如积分相等，则根据赛前规程确定的不同名次判定标准来排定名次。

（十一）比赛开始

比赛开始前，应用投币方式选定开球或场地，先挑的一方应有开球或场地的选择权。比赛应在裁判员发出信号后，由开球队的一名队员将球踢入（即踢动放走在比赛场地中央的球）对方半场开始。在球被踢出前，每个队员都应在本方半场内，开球队的对方队员还应当保持距球不少于 9.15 米的距离；球被踢出后，须滚动一圈时，才被认为比赛开始。开球队员在球经其他队员触或踢及前不得再次触球。在进一球后，应由负方一名队员以同样方式重新开球继续比赛。下半场开始时，两队应互换场地，并由上半场开球队的对方开球。

（十二）角球

当球的整体不论在空中还是地面从球门外越出球门底线，而最后踢或触球者为守方队员时，由攻方队员将球的整体放走。在离球出界处较近的角球区内踢角球。

踢角球时，不得移动角旗杆。角球可直接射门。踢角球队员的对方队员在球未进入比赛时，即球未滚动一圈时，不得进入距球 9.15 米以内。踢角球队员在球被其他队员踢或触及前，不得再次触球。

（十三）界外球

比赛进行中，当球的整体从地面或空中越过边线时即球出界。此后，应由出界前最后触球队员的对方队员在球出界处（边线外）1 米范围内，将球掷向场内任何方向。掷球时，两脚可以平行站立或前后站立，任何一只脚的部分可以踏在边线上或边线外。但是只要有一只脚越过边线踏在场内，或者踏在线上的脚提起脚跟，致使脚尖踏在场内则均属犯规行为。掷球前，可以附加助跑。掷球时，允许脚在地上滑动，但任何一只脚不得全部离地。

（十四）球门球

球门球是足球比赛中重新开始比赛的一种方法，如攻方球员将球踢到守方底线，应判球门球。球门球应由守方球员在球门区，直接向球场中踢出。足球必须踢出罚球区，直接向球场踢出，如没有踢出大禁区，将重踢。对方球员在球门球踢出之前，必须站离大禁区，否则也将重踢。球门球可以直接射门得分，直接接得球门球球员不算越位。

第七章 高校体育文化实践之排球运动

排球运动是一项有一百多年发展史的体育项目。本章对排球运动的理论常规知识以及从事排球运动各方面的益处进行讲解，帮助大家正确了解和从事排球运动。

在球类运动的比赛中，有人说排球是最具公平性、集体性和观赏性的对抗。公平性则由双方队员隔网相对、无身体接触的比赛形式决定，这使每个队员都有机会，双方队员也必须按规定顺序，分别在 6 个不同的位置上，机会均等地展示自己的才华；集体性在于两队各占半场，每半场队员都必须按自己所处的位置，尽自己的职责，表现出鲜明的角色分工和角色的协调配合；观赏性是因为排球比赛始终围绕一个中心，就是千方百计不使球落于地面，由于允许用身体任何部位阻挡球的落地，常使观众对球在落地瞬间被救起的惊险场面赞叹不已，并不由自主地为之喝彩与呐喊。

第一节 排球运动

一、排球运动概述

排球运动始于 1895 年，创始人是美国人威廉·摩根。第一部规则发表在 1896 年 7 月出版的美国《体育》杂志上。最初排球比赛没有人数规定，赛前由双方临时商定，只要双方人数相等即可。在美国，排球很快受到教会、学校和社会的广泛重视，同时也被列为军事体育项目。1896 年美国开始举行排球比赛，1947 年国际排球联合会成立，1949 年第 1 届世界男子排球锦标赛举行，1964 年排球运动被列为第 18 届奥运会正式比赛项目。20 世纪 50 年代初，东欧各国主要依靠高点强攻和个人进攻战术的变化取胜，并一直处于世界领先地位。20 世纪 60 年代，日本女排在国际排坛崛起，创造了垫球、滚翻救球、勾手飘球等技术。1965 年，排球规则进行了重大修改，允许伸手过网拦网。

世界级排球比赛主要包括世界锦标赛、世界杯赛、奥运会排球赛、世界沙滩排球锦标巡回赛、残疾人奥运会排球赛等。

排球运动于1905年传入我国时，其仅在广东等地开展。1914年第2届全国运动会时，排球被正式列为比赛项目。其后，经历了16人制、12人制、9人制和6人制的演变过程。中华人民共和国成立后，我国排球运动也有了较快的发展，形成了一套以快球为中心的快攻掩护战术。此后，男排在掌握“盖帽”拦网技术的基础上，创造了“平拉开”扣球新技术，发展了我国排球快攻打法的特点。20世纪70年代中期，我国首创了“时间差”打法。男排创造的前飞、背飞、拉三、拉四等技术，丰富了快中有变的自我掩护打法，在世界比赛中取得了良好的效果。1979年，中国男、女排取得亚洲冠军的光荣称号，实现了冲出亚洲的愿望。1981—1986年，中国女排连获五次世界冠军，在国际排坛上留下了辉煌的纪录。

二、排球运动的意义

大学生通过对排球基本理论知识和基本技术的学习，了解排球运动的文化，懂得排球运动的特点与锻炼价值，掌握简单的技术原理，逐步提高基本技术的动作质量和综合运用所学各项基本技术的能力，能够在比赛中运用最基本的排球战术，了解最基本的排球竞赛规则，懂得如何欣赏排球比赛。运用排球技战术的练习，可以锻炼身体，培养学生的判断能力、分析能力、应变能力，以及团结协作、顽强拼搏的集体主义精神。排球运动的意义主要体现在4个方面。

（一）增进健康，强健体魄

排球运动具有竞技与娱乐并存的特点，不同年龄、不同性别、不同技术水平的人都能参与。经常参加排球运动，不仅能改善人体中枢神经系统和内脏器官的功能状况，还能提高人的力量、速度、弹跳、灵敏、耐力等专项身体素质和运动能力，提高健康水平，强健体魄。

（二）培养与锻炼良好的心理素质

经常参加排球运动的训练或比赛，会使运动员学到很多控制自己情绪和调节自身心理的手段和方法。例如，连续失误时，如何使自己尽快冷静下来而且不灰心；比分落后时的沉着和不气馁；关键比分时进攻不手软的自信心等。这些都是对自己形成良好心理品质的培养和锻炼。

（三）培养勤奋、助人、拼搏的优秀品质

排球比赛中，有球不能落地而且击球最多 3 次必须过网的特有规定，这使参加排球比赛的人总要随时准备弥补同伴因判断错误或其他原因而没接到位的球，或为了发挥本方的进攻力量而不惜奔跑扑救，给下一个击球人创造方便条件。因此，经常参加排球运动，可以培养人的优良体育道德作风和团结协作的集体主义精神。

（四）培养人的信息意识，提高配合及应变能力

排球运动在某种意义上是一项依靠判断的运动，尤其在现代的排球比赛中，准确的判断已成为制胜因素之一。判断的基础是眼观六路、耳听八方，通过观察对方和同伴的动作、击球的声音、场上的布局等，预测将要发生的情况而迅速做出决策。排球比赛也是一项靠集体配合取胜的球类竞赛，个人特长的发挥往往是在同伴发挥特长的前提下做到的。因此，运动员在场上要相互协调，并不断观察同伴的意图，才能默契地合作。

体育运动的意义非常重大，其中又以排球在我国历史悠久，而且不同年龄、不同性别、不同技术水平的人都能参与其中而使意义得到凸显。因此，排球运动较其他体育运动更易于在我国普及。

三、排球运动的特征

排球运动诞生至今已走过了一百余年，它从最初为中老年人和白领人士设计的一种较小运动量的消遣娱乐游戏，发展到现在成为凝聚力量、高度、速度的激烈的对抗性竞赛。

各式各样的排球活动形式和比赛在不同年龄、不同性别的人们中开展，它们展示出了排球运动强大的生命力。

（一）广泛的群众性

排球场地设备简单，比赛规则容易掌握，既可在球场上比赛和训练，也可以在一般空地上活动，运动量可大可小，适合于不同年龄、不同性别、不同体质、不同训练程度的人。

（二）技术的全面性

排球规则规定，每个队员都要进行位置轮转，既要到前排扣球与拦网，又要轮到后排防守与接应。这就要求每个队员必须全面地掌握各项技术，能在各

个位置上比赛。

（三）高度的技巧性

规则规定，比赛中球不能落地，不得持球、连击。击球时间的短暂，击球空间的多变，决定了排球的高度技巧性。

（四）激烈的对抗性

在排球比赛中，双方的攻防转换始终是在激烈的对抗中进行的。在高水平比赛中，对抗的焦点集中于网上的扣拦上。在一场比赛中，夺取一分往往需要经过六七个回合的交锋。水平越高的比赛，对抗争夺也越激烈。

（五）技术的两重性

排球是多种技术都可能得分，也可能失分的项目，这种情况在决胜局比赛中更加突出，每项技术都具有攻防的两重性。因此，这就要求技术既要有攻击性，又要有准确性。

（六）严密的集体性

排球比赛是集体比赛项目，除发球外，都是在集体配合中进行的。没有严密的集体配合，再好的个人技术也难以发挥，发挥战术的作用更无法发挥。水平越高的队，集体配合就越严密。

四、排球运动的分类

（一）沙滩排球

沙滩排球起源于美国，在 20 世纪 20 年代，加利福尼亚海滩首先出现了这一游戏。1947 年首届二人制男子沙滩排球正式比赛在加州海滩浴场举行。这项运动受到不少沿海国家，如澳大利亚、阿根廷、巴西、西班牙、意大利等国的爱好者的喜爱。

沙滩排球重大赛事有世界沙滩排球锦标赛、巡回赛，以及大满贯赛、公开赛、挑战赛等。

我国除沿海地区开展外，一些内陆省份也制成沙地球场进行训练、比赛，水平也逐渐提高。

（二）软式排球

这项 20 世纪 80 年代发源于日本的排球活动形式，其因所使用的特制球重量轻、质地软、气压小、反弹力低而使得球速变慢、难度减小，从而增加了这项活动的趣味性，适合青少年、中老年人和女士参与。我国教育部已将其列入中小学运动项目，使其在我国的高校中开展起来。我国还组织了全国大学生软式排球比赛，它受到了大学生，尤其是女同学的欢迎。

（三）9 人制排球

排球运动传入亚洲时，首先采用 16 人制。1927 年始改为 9 人制，由于没有位置轮转，且规则比较宽松，技术要求不高，很受一般爱好者的欢迎，是一项很好的休闲娱乐活动。9 人制排球至今仍在东南亚和我国南方盛行。

（四）4 人制排球

这是我国在 20 世纪 80 年代开展的一项基层比赛，后来曾一度成为全国青年比赛中的一种赛制。比赛中二传队员不轮转，始终在网前，其余 3 人全攻全守（要求在后场区进攻）。

（五）残疾人排球

随着残疾人体育运动的发展，为适应残疾人参与排球运动而产生了残疾人排球。目前国际比赛中常采用的是立式排球和坐式排球。

（六）小排球

小排球在 20 世纪 60 年代起源于德国的儿童排球活动，场地面积和球网高度都小于、低于正式场地和球网，适合中小学生开展。

（七）其他排球活动

气排球、墙排球、草地排球、雪地排球、水中排球等。

第二节　排球运动的基本技能与战术方法

一、排球运动的基本技能

发球、垫球、传球、扣球、拦网是排球的 5 项基本击球动作，这种直接接触球的动作技术称为有球技术。而各种准备姿势、移动、助跑、起跳、倒地等没有直接触及球的配合动作，称为无球技术。

（一）准备姿势

如图 7-1 所示，按照身体重心的高低，准备姿势可分为半蹲准备姿势、低蹲准备姿势和稍蹲准备姿势 3 种。

1. 半蹲准备姿势

两脚开立略比肩宽，两膝弯曲，脚跟自然提起，上体前倾，重心靠前，膝部的垂直线应在脚尖前面，两臂放松，自然弯曲置于腹前，两眼平视，注意来球，两脚始终保持微动。

2. 低蹲准备姿势

身体重心比半蹲准备姿势更低更靠前，两脚左右、前后的距离更宽一些，膝部弯曲的程度大于半蹲准备姿势。肩部垂直线过膝，膝部垂直线超过脚尖。两手臂置于胸腹之间。

3. 稍蹲准备姿势

两脚左右开立与肩同宽，一脚在前，两膝微屈，身体重心位于两脚之间，并稍靠近前脚，后脚跟稍提起，上体稍前倾，两臂放松，自然弯曲置于腹前。两眼注视来球并兼顾场上各种情况，两脚保持微动状态。

图 7-1 发球准备姿势

（二）移动

移动由起动、移动步法和制动 3 个环节构成。

1. 起动

起动是移动发力的开始，它的快慢是移动的关键，起动的速度取决于正确的准备姿势、反应能力和腰腿部的速度与力量。

2. 移动步法

起动后应根据临场技战术的需要，灵活地采用各种移动步法进行移动。

第一，并步与滑步。并步如向前移动，则后腿蹬地，前脚向来球方向跨出一步，后腿迅速跟上做好击球准备。连续并步就是滑步。

第二，跨步与跨跳步。跨步如向前移动，则后腿用力蹬地，前脚向来球方向跨出一大步，膝部弯曲，上体前倾，身体重心移至前腿上。跨步过程中有跳跃腾空即为跨跳步。

第三，交叉步。以向右交叉步为例，上体稍向右转，左脚从右脚前面向右交叉迈出一步，然后右脚再向右跨出一大步，同时身体转向来球方向，保持击球前的姿势。

第四，跑步。跑步时两臂要配合摆动，如球在侧方或后方时应边转身边跑。

第五，综合步。以上各种步法的综合运用。

3. 制动

在快速移动之后，为了保持稳定的击球姿势和克服身体惯性的冲力，必须运用制动技术。

第一，一步制动法。一步制动时，最后跨出一大步，同时降低重心，膝和脚尖适当内转，全脚掌横向蹬地，抵住身体重心继续移动的趋势，并用腰腹力量控制上体，使身体重心的投影落在两脚所构成的支撑面内。

第二，两步制动法。两步制动时，以倒数第二步做第一次制动，接着跨出最后一步做第二次制动，同时身体后仰，重心下降，双脚用力蹬地，使身体处于有利于做下个动作的姿势。

（三）发球

发球是 1 号位队员在发球区内自己抛球后，用一只手将球直接击入对方场区的一种击球方法。发球是排球技术中唯一不受他人制约的技术。

1. 正面上手发球

如图 7-2 所示，队员面对球网，两脚前后自然开立，左脚在前，用手托球于身前，用抬臂和手掌的平托上送，将球平稳地垂直抛于右肩前上方，高度适中。在左手抛球的同时，右臂抬起，屈肘后引，肘与肩平，上体稍向右转。击球时，利用蹬地、转体和收腹带动手臂挥动，在右肩前上方伸直手臂到最高点，以全手掌击球的中下部。击球时，手指自然张开吻合球，手腕要迅速主动地做推压动作，使击出的球呈上旋飞行。为了加强发球的力量和攻击性，还可采用一步、两步或多步的助跑发球方法。

图 7-2　正面上手发球

2. 正面上手发飘球

正面上手发飘球是采用正面上手的形式，发出球不旋转、不规则地飘晃飞行的一种发球方法。由于面对球网，便于观察对方接发球情况。

如图 7-3 所示，准备姿势同正面上手发球，但抛球比正面上手发球稍低、稍靠前。击球前，手臂自后向前做直线挥动。击球时，五指并拢，手腕稍后仰，用掌根平面击球的中下部。击球瞬间手指、手腕紧张，手型固定，不加推压动作，手臂并有突停动作。

图 7-3　正面上手发飘球

3. 正面下手发球

正面下手发球是正面对网，手臂由后下方向前摆动，在腹前将球击入对方场区的发球方法。

如图7-4所示，面对球网，两脚前后开立，左脚在前，两膝微屈。上身稍前倾，重心偏后脚。左手持球于腹前，将球轻轻抛起在体前右侧，离手高约20厘米，在抛球的同时右臂伸直以肩为轴向后摆动，借右腿蹬地力量，身体重心随着右手向前摆动击球而移至前脚上。在腹前以全手掌、掌根或虎口击球后下方。

图7-4　正面下手发球

（四）垫球

垫球在比赛中主要用于接发球、接扣球、接拦回球以及防守和处理各种困难球。

1. 正面双手垫球

正面双手垫球是双手在腹前垫击来球的一种垫球方法，是各种垫球技术的基础，也是最基本的垫球方法，适合于接各种发球、扣球和拦回球，在困难时也可以用来组织进攻。如图7-5所示，正面双手垫球的基本手型有抱拳、叠掌式和互靠式。

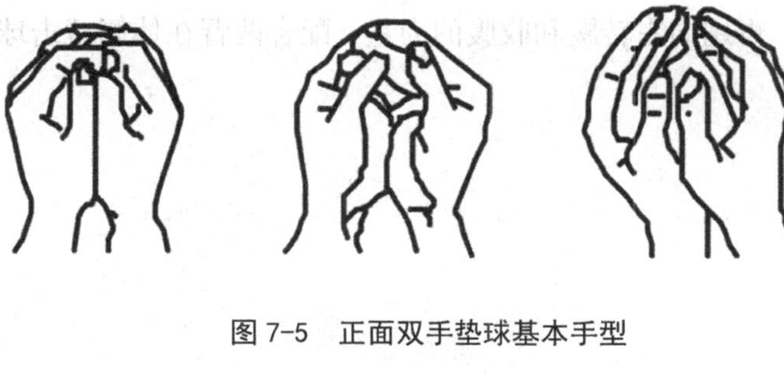

图7-5　正面双手垫球基本手型

正面双手垫球在垫轻球、垫中等力量来球和垫重球时，其动作方法是有一定区别的。

第一，垫轻球。如图 7-6 所示，采用半蹲准备姿势，当球飞来时，双手成垫球手型，手腕下压，两臂外翻形成一个平面，当球飞到腹前一臂距离时，两臂夹紧前伸，插到球下，向前上方蹬地抬臂，迎击来球，利用腕关节以上 10 厘米左右处的桡骨内侧平面击球的后下部，身体重心随击球动作前移。击球点保持在腹前一臂距离。

图 7-6　垫轻球

第二，垫中等力量来球。动作方法与垫轻球相同，由于来球有一定力量，因此击球动作要小，速度要慢，手臂适当放松。

第三，垫重球。根据来球的高低和角度，采用半蹲或低蹲准备姿势，击球时采用含胸、收腹的动作，帮助手臂随球屈肘后撤，适当放松，以缓冲来球力量。在撤臂缓冲的同时，用微小的小臂和手腕动作控制垫球的方向和角度。

2. 体侧垫球

简称侧垫，是在身体侧面垫球的一种垫球方法。其特点是控制面宽，但较难把握垫击的方向、弧度和落点。

如图 7-7 所示，左侧垫球时，以右脚前脚掌内侧蹬地，左脚向左跨出一步，身体重心随即移至左脚，并保持左膝弯曲，两臂夹紧向侧伸出，左臂高于右臂，右肩向下倾斜，再用向右转腰和收腹的力量，配合两臂在体侧截击球的后下部。

图 7-7 左侧垫球

3. 跨步垫球

队员向前或向侧跨出一步的垫球方法称为跨步垫球。当来球的速度较快，弧线低，距身体 1 米左右时，可采用跨步垫球的方法。如图 7-8 所示，跨步垫球时，当判断来球的落点后，迅速向来球方向跨出一大步，屈膝深蹲，臀部下降，两臂夹紧伸直插入球下，用两前臂的内侧平面击球的后下部，对准垫出方向，将球平稳垫起。

图 7-8 跨步垫球

（五）传球

传球是排球运动的一项重要技术，是组织进攻战术的基础。传球主要运用在第二传，用于衔接防守和进攻。

按照传球的方向，基本上可把传球动作分为正面传球和背传球，这两种传球技术是在原地完成的。跳起在空中完成传球动作的，称为跳传。

1. 正面传球

面对出球方向的传球动作，称为正面传球。正面传球是最基本的传球方法，是其他一切传球技术的基础。

如图 7-9 所示，采用稍蹲准备姿势，当来球接近额头时，开始蹬地、伸膝、伸臂，两手微张向前上方迎球。击球点在额头前上方约一球距离处。当手触球时，两手自然张开成半球形，手腕稍后仰，两拇指相对成“一”字或“八”字形，两手间有一定距离，用拇指内侧、食指全部、中指的二和三指节触球的后下部，无名指和小指在球两侧辅助控制传球方向，同时两肘适当分开，两前臂之间约成 90° 夹角。传球时主要靠蹬地伸臂和手指、手腕力量，以及球的反弹力将球传出。

图 7-9　正面传球

2. 背对传球

背对传球目标的传球动作称为背传。如图 7-10 所示，身体背面要对正传球目标，上体保持正直或稍后仰，身体重心在两脚之间，双手自然抬起，放松置于脸前。迎球时，抬上臂、挺胸、上体后仰，击球点保持在额上方，比正传稍高、稍前。触球时，手腕后仰并适当放松，掌心向上，击球的下部，手形与正面传球相同。背传用力要靠蹬地、展腹、抬臂、伸肘，利用手指和手腕的弹力，把球向后上方传出。

图 7-10　背对传球

3. 跳传

跳传是当一传弧线较高而又接近球网时所采用的跳起传球技术。目前在比赛中运用比较广泛，一般用于二传。跳传可起到加快进攻速度和迷惑对方的作用，并且可使进攻战术多样化，扩大进攻的范围，减少二传环节中的失误。

如图 7-11 所示，起跳时，首先选好起跳点和掌握好起跳时间。起跳后，两臂屈肘抬起，两手放置脸前，击球点保持在额上方，在身体跳至最高点时，用伸臂动作及手指、手腕的弹力将球传出。由于人在空中，无法用上伸腿蹬地的力量去传球，因此，要加大伸臂的幅度和加快伸臂的速度。

图 7-11　跳起传球

（六）扣球

扣球是攻击性最强最有效的进攻手段，在比赛中占有非常重要的地位。

1. 正面扣球

正面扣球是扣球技术中一种重要的方法，是比赛中运用得最多的一项进攻性技术，适合于近网和远网扣球。

第一，准备姿势。扣球助跑前采用稍蹲姿势，两臂自然下垂，站在离网3米左右处，身体转向来球方向，观察来球，做好向各个方向助跑起跳的准备。

第二，助跑。助跑开始时，左脚先向前迈出一步，紧接着右脚再快速跨出一大步，左脚及时并上，踏在右脚之前，两脚尖稍向右转。两臂绕体侧向上引摆。

第三，起跳。在助跑跨出最后一步（即第二步），左脚并上踏地制动的同时，两臂自后积极向前摆动，随着双腿蹬地向上起跳，两臂配合起跳有力地向上摆动。

第四，空中击球。起跳后，挺胸展腹，上体稍向右转，右臂向后上方抬起，身体成反弓形。挥臂时，以迅速转体、收腹动作发力，依次带动肩、肘、腕各部位关节向前上方成鞭甩动作挥动。击球时，五指微张，以掌心为主，全掌包满球，在手臂伸直的最高点的前上方击球的后中部，同时主动用力屈腕屈指，并向前推压，使扣出的球呈上旋。

第五，落地。落地时，以两脚前脚掌先着地再迅速过渡到全脚掌着地，同时顺势屈膝、收腹，以缓冲下落的力量，立即做好下一个动作的准备。

2. 调整扣球

调整扣球是指在接发球或后排防守垫球不到位时，二传队员从后场区将球传到网前所进行的扣球。调整扣球技术动作与正面扣球相同，但由于二传球来自后场区，有近网球，也有远网球，还有拉开球和集中球，与球网有一定的角度并且弧线不固定，扣球队员难以判断，扣这种球难度较大，因此，扣球队员要准确判断来球的方向、弧线、速度和落点，调整好人和球的关系，选择好起跳点，掌握好起跳时间。根据人和球网的距离，合理地采用不同的扣球方法，控制好扣球的力量、速度、方向、路线和落点。

3. 扣快球

扣快球是扣球队员在二传队员传球前或传球的同时起跳，并迅速将二传队员传出的球，击入对方场区的扣球。快球在时间上争取主动，起着攻其不备、突然袭击的作用，可使对方拦网和防守产生判断错误。这种扣球的特点是速度快、力量大、时间短、落点近、突然性强、牵制能力大。快球技术动作方法较多，有近体快球、半快球、短平快球、平拉开快球、背快球、背平快球、调整快球等。

4. 自我掩护扣球

第一，时间差扣球。扣球队员利用起跳时间的差异迷惑对方拦网的扣球称为时间差扣球。这种扣球可在近体快、背快、短平快等扣球中。扣球时，按快球的助跑、摆臂节奏佯作起跳，以诱使对方起跳拦网。待对方拦网队员下落后，扣球队员立即原地起跳扣半高球。

第二，位置差扣球。扣球队员按原来扣球的时间助跑，在助跑后佯作踏蹬动作逼真，下蹲与摆臂动作明显地起跳扣球，但助跑后不起跳，待对方队员拦网起跳时，突然变向侧跨出一步，动作幅度、挥臂幅度要小，速度要快，用双足或单足"错"开拦网人的位置起跳扣球，即为"位置差"扣球，或称错位扣球。

第三，空间差扣球。扣球队员利用助跑的冲力和专门的踏蹬技术，使身体向前上方跃出，把正面取位盯人拦网的对手甩开，使扣、拦在空中出现差误，即为"空间差"扣球，也称为冲飞扣球。常用的"空间差"扣球有：佯扣短平快球突然向前冲跳到二传手向前扣半高球的"前飞"；佯扣快球而冲跳向二传人背后小弧度球的"背飞"；佯扣前快球而侧身向左起跳追击扣球的"拉三"；佯扣短平快球而侧身向左起跳追击扣球的"拉四"。

（七）拦网

1. 单人拦网

单人拦网是集体拦网的基础。如图 7-12 所示，其动作结构分为准备姿势、移动、起跳、空中动作和落地 5 个互相衔接的部分。

图 7-12　单人拦网

第一，准备姿势。队员面对球网，两脚左右开立，约与肩同宽，距网 30 ~ 40 厘米。两膝微屈，两臂屈肘置于胸前。

第二，移动。常用步法有一步、并步、交叉步、跑步等。无论采用哪种移动步法，都要做好制动动作，以保证向上起跳，避免触网和冲撞同队队员。

第三，起跳。原地起跳时，两腿屈膝，重心降低，随即用力蹬地，两臂以肩发力，于体侧近身处，作画弧或前后摆动，帮助身体迅速跳起。移动后的起跳，其起跳动作与原地起跳一样，但要注意制动并使移动与起跳动作紧密衔接。

第四，空中动作。起跳时，两手从额前沿球网向上方伸出，两臂伸直并保持平行，两肩上提。拦网时，两臂应伸过网去接近球。两手自然张开，屈指屈腕成半球状。当手触球时，两手要突然收紧，手腕下压盖在球的前上方。

第五，落地。拦球后，要做含胸动作，以保持身体平衡。手臂要先后摆或上提，从网上收回至本方上空，再屈肘向下收臂，以保持身体平衡。与此同时，屈膝缓冲，双脚落地，随即转身面向后场，准备接应来球或为下一个动作做准备。

2. 双人拦网

双人拦网以单人拦网为基础，由前排两个队员互相靠近，并同时起跳组成的拦网称为双人拦网。双人拦网是集体拦网的一种，是比赛中最常用的一种拦网形式，主要在对方大力扣球时采用。

双人拦网时，应以一人为主拦队员，另一人为配合队员。但主拦队员不是固定的，一般情况下距对方扣球点近的队员应为主拦队员。主拦队员必须抢先移动到对正扣球点的位置，做好起跳准备，配合队员则迅速移动靠近主拦队员准备同时起跳。两队员之间的距离一定要合适，距离太远，跳起后将出现“空门”；距离太近，起跳时互相干扰，致使双方都跳不高。双人拦网起跳时，两人的手臂应该在体前画小弧向上摆伸，都要尽量垂直向上起跳，要防止互相碰撞或干扰。手臂在空中既不能重叠，造成拦击面缩小，又不能间隔太宽，造成中间漏球。扣球靠近边线时，靠边线近的拦网队员外侧的手应适当内转，以防打手出界。

3. 三人拦网

三人拦网也是集体拦网的一种形式。它是在对方扣球进攻力强，路线变化多时所采用的方法，但很少在轻扣和吊球时采用。三人拦网的动作方法与双人拦网相同，关键在于移动迅速，取位恰当，配合密切。无论对方从哪个位置进行扣球，一般都以 3 号位队员为主拦队员，2 号、4 号位队员为配合队员。由于三人拦网对配合的要求高，加之减弱了防守、保护的力量，故要在很有必要的情况下才采用。

拦网队员要在短短的瞬间从防守转为进攻，从被动转为主动，而完成这些都要在空中进行，难度较大，这就要求拦网应积极主动，判断准、起动快、跳得高、下手狠。

二、排球运动的基本战术

排球战术指运动员在比赛中根据排球运动的规律、双方的具体情况和临场的变化，合理地运用技术以及采取有组织、有目的和有预见性的一种配合行动。战术包括个人战术和集体战术。

技术和战术之间存在着相互联系、相互依存、相互制约的关系。技术是战术的基础，组织与运用某种战术，必须具备与该战术相适应的技术条件。技术只有通过战术才能得到充分的发挥和良好的运用。技术与战术是不断发展的。一般来说，技术的发展往往走在战术的前面。改进原有技术或出现某种新技术，就可能会形成新的战术。先进战术的运用又反过来积极推动技术的提高和发展。

集体战术是比赛中通过几个队员或全队间有组织、有目的的配合，突破对方的防守或克制对方的进攻；个人战术是指比赛中主要靠个人技术动作的巧妙变化和灵活运用，达到进攻和防守的目的。只有在集体战术配合的基础上，个人战术的积极作用才能得到充分发挥；也只有充分发挥个人战术的积极作用，集体战术才能丰富多彩，效能才可提高。

排球比赛始终贯穿着进攻与防守的对立斗争，两者互相依存，互相制约，互相渗透，转换迅速。进攻可以夺取主动，力争得分；防守可以力避失分，目的在于进攻，是辅助进攻或准备转入进攻的一种手段。根据排球运动的攻防特点和比赛规律，排球的攻防战术体系可以分为发球战术、接发球进攻战术和防守反攻战术 3 种基本类型。

（一）发球战术

发球因不受对方和同伴的制约，发球者可以根据对方场上的站位情况和自己发球的技术特点灵活运用发球战术而受到重视。发球战术包括找对方弱点或空档、破坏对方战术、利用自然条件等，目的在于直接得分或破坏对方一传。

找对方的弱点或空档发球战术，主要根据对方对不同性能球的适应程度、接发球的站立方法和轮次特点等，采用加强攻击、控制落点、灵活变化等发球方法，造成对方判断错误，使其接发球失误或一传不到位。破坏对方战术性发球是把球发给换位队员、插上队员或善于扣两次球的队员等，使对方组织不起进攻。利用自然条件发球战术主要适合于室外比赛，指发球者利用阳光、风向等特点以增加对方接发球的难度。

（二）接发球进攻战术

接发球进攻战术可简称为“一攻”战术。一攻的好坏，直接关系到能否夺得发球权，所以要力避失分和使一传到位，取得主动权。“一攻”战术主要有“中一二”和“边一二”，“后排插上”，“两次球及其转移”（简称“两次转移”）3种形式。每一种战术形式可以采用多种多样的战术变化，而各种战术变化又可以运用适合于自己的某种战术形式。战术形式是固定的，但战术变化却是灵活的。

1.“中一二”和“边一二”

所谓“中一二”和“边一二”战术，即前排中间一名队员（3号位）或者是前排旁边一名队员（2号位或4号位）作二传，由他/她把球传给前排另两名队员扣球的一种进攻形式。简单地说，即作为二传手的人的位置是在前排的中间，或是在前排的一边。在中间的称为“中一二”，在旁边的称为“边一二”。

“中一二”和“边一二”的进攻形式是进攻战术中最基本、最简单的形式，其特点是分工明确，容易组织，但一般只能保持两点进攻，战术意识容易被对方识破，战术变化、攻击性和突然性较小。有些队在反攻中为求得战术的稳定性，常主动或被迫采用此战术。为了增加这种战术的攻击效能，可灵活运用跑动换位、快球掩护、拉开、集中、围绕、交叉，并配合远网进攻与两次转移等战术变化。

2.“后排插上”

“后排插上”战术形式，即作为二传手的人的位置不是在前排，而是为了进攻的需要，在对方发球后即迅速从后排插到前排，把球传给前排的三名队员的进攻形式。这是现代排球战术的主要形式，为一般强队所普遍采用。这一战术的优点是保持前排三人进攻，能充分利用球网的全长，有利于突破对方防线，同时，采用这种形式可使战术变化增多，进攻突然性增大。在发、垫相对平衡，一传到位率不断提高的情况下，其进攻率也会大大增长。因此，这种战术形式在“一攻”战术的3种形式中发展得最快。“后排插上”可以灵活运用“近体快球”“短平快球”为掩护，结合运用交叉、重叠、夹塞、两边拉开、时间差、位置差、空间差、双快一跑动和立体进攻等各种战术变化。

3.“两次球”

“两次球”指第一传稳妥准确地将球传到了网前的适当位置，第二次击球即可进攻的一种形式。第二次击球前，如果发现对方拦网，可在空中改做二传，将球转移给其他队员进攻，这种形式称为“转移进攻”。“两次球”和“转移”的特点是：能保持前排3人进攻，在3次击球中，有两次进攻机会，并且具有较大的突然性。两次球可以加快进攻的速度，打乱对方的节奏，使对方措手不及。同时，当运用转移扣球时，会使进攻具有较大的隐蔽性，增加了对方的拦网难度。采用这种战术形式，要求场上6名队员都要具有较好的接发球能力和进攻能力，特别是对一传要求很高。前排队员还要有很强的观察判断能力和熟练的跳传技巧，以便在腾空的一刹那，能根据情况很快做出决定——是扣球还是转移。这种战术较难组成，但一旦组成，扣死率很高。在对方发球攻击性较小、扣球威力不大时，可以较多地运用这种战术。

（三）防守反攻战术

防守反攻战术包括防守与反攻两个密切联系的部分。防守是反攻的基础，反攻是防守的继续与目的。防守反攻对比赛的得分与胜负起着极其重要的作用。防守反攻的前提是拦网。比赛双方技术水平越高，网上争夺越激烈。

1. 防守战术

运用防守战术时要根据对方的进攻特点和怎样有利于自己组织反攻来部署力量。现代防守战术的部署都是与拦网力量的安排相联系的。因此，防守战术可根据拦网的情况分为单人拦网、双人拦网、三人拦网、无人拦网防守等几种形式。

第一，单人拦网。单人拦网的防守战术形式，是在对方技术水平较低，扣球威力不大，变化不多时所采用的一种防守形式。这种防守形式，后排防守的人数多，便于组织进攻。在遇到强队时，由于对方进攻变化多，速度快，防守时来不及组成集体拦网，有时也只得采用人盯人拦网。

第二，双人拦网。双人拦网的防守战术形式，一般在对方进攻力量强、战术变化较多的情况下采用。这种两人拦网、四人防守的形式是现代排球比赛中主要的防守战术。根据它的保护形式又可分为两种。

一是“边跟进及其灵活变位”，即当对方进攻时，本方前排两人拦网，另一名不拦网者后撤，同后排3名队员组成半弧形防守阵式，也称为马蹄形防守。如遇对方吊球，由后排同列队员（1号位或5号位）跟进，同时6号位队员要根据情况灵活补位。这种战术形式的优点是有利于防止对方的重扣，便于组织反攻；弱点是场中间空隙较大，对方吊球时较难保护。

二是“心跟进及其灵活进退”。采用这种形式，前排队员在布局上同“边跟进”的形式一样，6号位队员先站在离网4米左右的位置上，如遇到对方吊球，则向前跟进；如对方向后排进攻，则迅速后退，协同1号位和5号位队员进行防守。20世纪60年代“边跟进”形式被广泛采用后，“心跟进”形式就用得少了。由于“边跟进”防守有中间空隙较大的弱点，随着拦网的加强，“心跟进”防守形式有被采用的趋向。一个高水平的队，一般都要熟练掌握这两种形式，根据场上的变化灵活运用。

第三，三人拦网。对方主要扣球手进攻实力很强，不善吊球的情况下可采用三人拦网，三人后排接球的防守阵形。这种阵形加强了网上力量，但后防的空隙也相对增大。三人拦网时，后排防守的6号位队员可以跟进到进攻线附近保护，也可以退至端线附近防守。

2. 反攻战术

当对方扣球过网后，防守一方在防守的一刹那就转入了进攻。这是由于后排队员在防守来球时，必须根据本队所采用的进攻战术，有目的地将球起到预定目标，并根据保护扣球的部署，立即跟进保护前排队员进攻。前排参加拦网的队员，在完成拦网动作之后，必须立即转身或后撤，准备接应或反攻扣球。前排未参加拦网的队员，在后撤防守之后，转入接应或反攻扣球。

第三节　排球运动的主要竞赛与裁判规则

一、排球运动的主要竞赛

如果是室内排球，最主要的是奥运会排球赛、世锦赛、世界杯排球赛。1964年排球运动第一次被列为奥运会的比赛项目。有资格参加的队是各大洲的冠军队、主办国的代表队、上一届世界杯的前3名、由国际排联直接管辖的预选赛产生的3支球队，共12支。世界锦标赛是由国际排球联合会主办的国际排球比赛，是最早、规模最大的世界性比赛，每4年举行一届。世界杯排球赛的前身是“三大洲”排球赛，后被国际排联更名为“世界杯”排球赛。

如果是沙滩排球，有世界沙滩排球巡回赛、奥运会沙滩排球比赛。

其余都是各国之间打的邀请赛（四国邀请赛之类）、友谊赛和各国的甲级、乙级联赛。

二、排球比赛的裁判规则

（一）主要规则

排球是一项集体比赛项目，每队由 12 名队员组成，两队各派 6 名队员在由球网分开的场地上进行比赛。比赛的目的是各队遵照规则，将球击过球网，使其落在对方场区的地面上，而防止球落在本方场区的地面上。每队可击球 3 次（拦网触球除外），将球击回对方场区。比赛由发球开始，发球队员击球使其从网上飞至对方场区，比赛由此连续进行，直至球落地、出界或某一队不能合法地将球击回对方场区。

排球比赛采用五局三胜制，胜三局的队胜一场。比赛中，某队胜 1 球，即得 1 分（每球得分制）。接发球队胜 1 球时得 1 分，同时获得发球权，队员按顺时针方向轮转一个位置。每局比赛（决胜局第五局除外）先得 25 分并同时领先对手 2 分的队胜一局。当比分为 24 ∶ 24 时，比赛继续进行至某队领先 2 分（如 26 ∶ 24，27 ∶ 25）为止。决胜局先得 15 分并同时领先对手 2 分的队获胜。当比分为 14 ∶ 14 时，比赛继续进行至某队领先 2 分（如 16 ∶ 14，17 ∶ 15）为止。

（二）犯规

1. 发球犯规

发球犯规包括发球击球时的犯规和发球击球后的犯规。

第一，发球击球时的犯规：发球次序错误；发球队员在击球时或击球起跳时，踏及场区（包括端线）或发球区以外地面；发球队员在第一裁判员鸣哨允许发球后 8 秒钟内未将球击出；球未被抛起或持球手未清楚撤离就击球；双手击球或单手将球抛出、推出；将球抛起准备发球却未击球。

第二，发球击球后的犯规：球触及发球队其他队员或球的整体没有从过网区内通过球网的垂直平面；界外球；球越过发球掩护的个人或集体（在发球时，某一队员或两名以上队员密集站位或挥臂跳跃、移动遮挡接发球队员，且发出去的球从他 / 她或他们 / 她们上空飞过，则构成个人或集体发球掩护犯规）。

2. 位置错误犯规

排球规则规定，当发球队员击球时，如果场上队员不在其正确位置上，则构成位置错误犯规。下列情况之一者均为位置错误犯规：发球队员击球时，场上其他队员未完全站在本场区内；发球队员击球时，场上队员未按“每一名前排队员至少有一只脚的一部分比同列后排队员的双脚距中线更近”的规定站位；发球队员击球时，场上队员未按“每一名左边（右边）队员至少有一只脚的一部分比同排中间队员的双脚距左（右）边线更近”的规定站位。

3. 击球时的犯规

第一，连击犯规。排球比赛时，运动员身体任何部分均可触球，但一名队员（拦网队员除外）连续击球两次或球连续触及其身体的不同部位两次即连击犯规。但在第一次击球时，允许队员在同一击球动作中，使球连续触及其身体的不同部位。

第二，持球犯规。排球运动员在比赛中，身体任何部分均可触球，但球必须被击出，不得接住或抛出，否则即为持球犯规。

第三，四次击球犯规。一个队连续触球四次（拦网除外）为四次击球犯规。队员不论是主动击球还是被动触及，均算该队员击球一次。

第四，借助击球犯规。队员在比赛场地内借助同伴或任何物体的支持进行击球，皆为借助击球犯规。

第五，队员在球网附近的犯规。队员在球网附近的犯规包括过网击球犯规、过中线犯规、触网犯规和网下穿越进入对方空间妨碍对方比赛犯规等。

第六，拦网犯规。拦网犯规包括过网拦网犯规、后排队员拦网犯规、拦发球犯规和从标志杆外伸入对方空间拦网犯规几种情况。在对方进攻性击球前或击球时，在对方空间拦网触球为过网拦网犯规。判断过网拦网的依据是进攻队员与拦网队员触球时间的先后。后排队员或后排自由防守队员完成拦网或参加了完成拦网的集体，为后排队员拦网犯规。拦对方发过来的球为拦发球犯规。从标志杆外伸入对方空间拦网并触球为拦网犯规。后排队员进攻性击球犯规。后排队员在前场区内或踏及进攻线（或其延长线），将整体高于球网上沿的球，击过球网垂直面或触及对方拦网队员，则为后排队员进攻性击球犯规。

（三）暂停和换人

在比赛中，每队最多可以请求 2 次暂停和 6 次换人。暂停时间限制为 30 秒钟。每局另外有 2 次时间各为 60 秒钟的技术暂停，每当领先队达到 8 分和 16 分时自动执行。决胜局（第 5 局），没有技术暂停，每队在该局中可请求 2 次 30 秒钟的普通暂停。

（四）自由防守队员的有关规定

排球比赛的各队可以在最后确认的 12 名队员中选择 1 名作为自由防守队

员（libera）。自由防守队员身着区别于其他队员颜色的服装。比赛前，自由防守队员必须登记在记分表上，并在旁边注明“L”字样，其号码必须登记在第一局上场阵容位置表上。自由防守队员仅作为特殊的后排队员参加比赛，在任何位置上（包括比赛场区和无障碍区）都不得将高于球网的球直接击入对方场区完成进攻性击球。自由防守队员不得发球、拦网或试图拦网。自由防守队员在前场区进行上手传球且所传球的整体高于球网上沿时，其同伴不得在高于球网处完成对该球的进攻性击球。

第八章　高校体育文化实践之羽毛球运动

羽毛球运动既具有娱乐性又具有观赏性，参与者在对球进行对击的过程中，通过不停地奔跑和身体的变化，努力把球击到对方的场地。羽毛球运动不仅可以全面增强人的体质，还会因其竞争性、对抗性等诸多因素，使运动员的意志品质在该项运动中得到锻炼，从而起到培养意志、增强心智的作用。

羽毛球是全民健身项目之一。成年人利用工作空余时间进行羽毛球运动，不但能加快身体的新陈代谢，保持匀称体形，还能缓解生活压力，提高工作效率。羽毛球运动也可作为一项家庭娱乐活动，它不仅能锻炼身体，还能使家庭成员感情和谐，关系融洽。老年人和体弱者从事羽毛球运动时应放慢运动节奏，进行一些活动量小的击球运动，从而达到舒展筋骨的目的。经常参加羽毛球运动能促进血液循环，保持脑部、眼睛、上下肢体的协调性和敏捷性，有利于身心愉快，延年益寿。

第一节　羽毛球运动

一、羽毛球运动起源

羽毛球运动的起源众说纷纭，主要有三种说法。

（一）起源于日本

相传羽毛球最早出现于14—15世纪时的日本，球拍是木制的，球用樱桃核插上羽毛制成。这种球由于球托是樱桃核，太重，而且球飞行速度太快，使得球的羽毛极易损坏，加之球的造价太高，所以在兴起了一阵子就慢慢消失了。

（二）出现在印度

大约18世纪，印度的普那出现了一种与早年日本的羽毛球极为相似的游戏，球用直径约6厘米的圆形硬纸板、中间插羽毛球制成（类似我国的毽子），板是木质的，玩法是两人相对站着，手执木板来回击球。

（三）诞生在英国

现代羽毛球运动诞生于英国，大约在 1800 年，由网球派生而来。

我们可以注意到现今的羽毛球场地和网球场地仍非常相似。1870 年，出现了用羽毛、软木做的球和穿弦的球拍。1873 年，英国公爵鲍弗特在格拉斯哥郡伯明顿镇的庄园里进行了一次羽毛球游戏表演。从此，羽毛球运动便逐渐开展起来，“伯明顿”即成了羽毛球的名字，英文的写法是 Badminton。那时的活动场地是葫芦形，两头宽中间窄，窄处挂网，直至 1901 年才改为长方形。

起初，羽毛球运动并没有一致的形式，羽毛球游戏刚兴起时，没有人数、分数和场地的限制，练习者只需要互相对击。现代羽毛球从伯明顿庄园开始，从此有了一定的分数、场地、人数限制。直到 1875 年，第一本写有羽毛球规则的书在英国问世。当时的规则很简单，只规定了场地呈长方形，中间挂网的高度，双方对击的要求，并没有单打、双打的区别。随着人们观赏水平的提高，技术、战术的发展，规则也随之变化，出现了单、双打场地区别及发球区的规定，又出现了发球得分及发球得分后的换区等规则。为了使比赛激烈、精彩，又规定了双方打满 13 平、14 平（女子单打打成 9 平、10 平）时要进行加分比赛。国际羽联正在制订新的规则，特别是对决胜局的比赛时间加以限制，力求使羽毛球比赛更加紧张激烈、精彩纷呈。

1893 年，世界上最早的羽毛球协会——英国羽毛球协会成立，并于 1899 年举办了全英羽毛球锦标赛。

1934 年，由加拿大、丹麦、英国、法国、爱尔兰、荷兰、新西兰、苏格兰和威尔士等国发起了世界羽毛球联合会，总部设在伦敦。从此，羽毛球国际比赛日渐增多。

1934—1947 年，丹麦、美国、英国、加拿大等欧美选手称雄于国际羽坛。

在 1948—1949 年举行的首届世界男子羽毛球团体锦标赛——“汤姆斯杯”赛中，马来西亚队荣获冠军，从此开辟了亚洲人称雄国际羽坛的时代。在 1948—1979 年间的 11 届“汤姆斯杯”赛中，印度尼西亚队夺得 7 次冠军，马来西亚队夺得 4 次冠军。20 世纪 60 年代前期，中国队后来居上，1963 年、1964 年两度打败世界冠军印尼队，1965 年又全胜北欧诸强，被誉为“无冕之王”（因当时我国未加入国际羽联，不能参加世界性锦标赛）。

世界女子羽毛球团体锦标赛——“尤伯杯”赛于 1956 年开始举行，前 3 届冠军均被美国人夺得。从 20 世纪 60 年代后期起，优势转移到了亚洲，日本和印尼队包揽了历届比赛的冠亚军。

20世纪70年代以来，男子羽毛球技术处于领先地位的是印尼队和中国队。1982年中国队首次参加“汤姆斯杯”赛就荣获冠军。此后，中国队的技术受到了世界羽坛的普遍赞扬。20世纪70年代后期，日本、韩国、巴基斯坦、泰国、马来西亚等国家和地区的羽毛球技术也有了长足的进步，在国际比赛中取得了较好的成绩。欧洲的丹麦、英国、瑞典等国在发挥原有特点的基础上，广泛吸取了亚洲人的技术和经验，技术水平稳步提高，至今仍不失为羽坛劲旅。女子方面，可以说是中国、印尼、日本三强鼎立。1982年中国队首次参加全英锦标赛，即获得了女子单打冠亚军和双打冠军。到了20世纪80年代后期，马来西亚队、韩国队有了长足的进步，多次获得国际羽毛球大赛的男子团体冠军、双打冠军。女子方面，中国、印尼继续保持领先，韩国女队迎头赶上，成为中国队、印尼队的主要对手。

1978年2月，世界羽毛球联合会于中国香港成立。1981年5月，世界羽毛球联合会和世界羽毛球联合会正式合并。

目前，国际羽联已拥有一百多个会员国。国际羽联管辖的世界性比赛有：“汤姆斯杯”赛（世界男子团体锦标赛），从1948年开始，每3年举办一次（1984年起改为每两年举行一次）；“尤伯杯”赛（世界女子团体锦标赛），从1956年开始，每3年举办一次（1984年起改为每两年举行一次）；世界锦标赛（单项比赛），从1977年开始，每年举办一次；全英锦标赛（非正式传统单向比赛），从1899年开始，每年举办一次。

羽毛球运动设备也从原始的低级阶段向高级阶段发展。羽毛球从开始时的硬纸板和绒线团到木托用皮包起来，再发展到用14 ~ 16根高级羽毛插在软木托口；羽毛球拍从木板发展成椭圆形穿弦木拍。后来，规则规定球拍重95 ~ 120克，拍框长25 ~ 25.5厘米，宽20 ~ 20.5厘米，拍柄长39.5 ~ 40厘米，其制作材料也发展成木框钢管拍、铝合金拍、碳素纤维拍。选择球拍时，应以较轻、牢固而有弹性，握在手里舒适为原则。

二、我国羽毛球运动的发展概况

现代羽毛球运动于1910年传入我国，最早在上海，随后在广州、天津、北京、成都等城市的基督教青年会和学校中开展。新中国成立后，党和政府十分关心人民群众的健康，体育运动得到了蓬勃的发展，羽毛球运动也逐渐为群众所喜爱，并作为我国重点开展的项目之一。1953年，天津首次举办了全国比赛，当时只有 5 个队 19 名选手参加。

1954 年，一批报效祖国的赤子回国，并带回了先进的羽毛球技术，同时组建了国家集训队。我国在东南沿海几个主要大城市也成立了以归国华侨青年为骨干的羽毛球队，在“破除迷信，解放思想，走自己的路”的思想的指导下，我国羽毛球运动员总结了国内外羽毛球运动的经验教训，结合自己的运动实践进行了探索，不断改进训练方法。其中，福建省运动队主要在技术的手法上、广东队主要在步法上进行了改革和突破。同时借鉴我国乒乓球运动的成功经验，并通过对多年训练和比赛实践经验的总结，提出了“以我为主、以快为主、以攻为主”的积极打法。后来，又经过不断的总结和完善，逐步形成了中国羽毛球运动所特有的“快、狠、准、活”技术风格。我国运动员怀着一颗勇攀世界羽坛技术高峰、为国争光的雄心，吸取了国外的一些先进的运动训练方法，勤学苦练，自觉地贯彻了“从难、从严、从实战出发，进行大运动量训练”的“三从一大”训练方针，运动技术水平得到了进一步的提高。

但由于政治上的原因，当时我国未加入国际羽联，故未参加世界性锦标赛。但是在国际相互的交往中，多次与当时的世界强队进行过较量，且都取得了优异的成绩。被许多外电报誉为“无冕之王”“冠军之冠军”等。

直到 1981 年 5 月，国际羽联重新恢复我国在国际羽联的合法席位，实现了我国运动员多年逐鹿世界羽坛，争夺世界桂冠，为国争光的夙愿。

1981 年 7 月，在第 1 届世界运动会上（美国洛杉矶），我国运动员陈昌杰、孙志安、姚喜明、刘霞和张爱玲夺取了男女单、双打的 4 项冠军。1982 年，我国第一次参加了全英羽毛球比赛，张爱玲夺得女子单打冠军，林瑛 / 吴迪西夺得女双冠军，栾劲获得男子单打亚军。同年，中国队第一次参加“汤姆斯杯”赛，在第一天 1 ∶ 3 非常不利的情况下，奋力拼搏，最终以 5 ∶ 4 击败羽坛劲旅印尼队，夺得冠军。1984 年，在马来西亚的吉隆坡，我国羽毛球女队又夺得了第 10 届“尤伯杯”的冠军。

紧随其后，我国又涌现出了杨阳、赵剑华、熊国宝、李永波、田秉义、林瑛、吴迪西、李玲蔚、韩爱萍等一批世界羽坛顶尖高手，从而进一步奠定了我国羽毛球技术水平处于世界羽坛领先地位的基础，他们在一系列世界大赛中为祖国夺得了众多的金牌，创造了中国羽毛球历史上的辉煌时期。进入 20 世纪 90 年代，随着杨阳、赵剑华、李玲蔚等一批优秀运动员的相继退役，我国暂时出现了一段青黄不接的时期，而印尼经过了多年的励精图治，涌现了一批以阿迪、王莲香为代表的新秀。欧洲也重新崛起，韩国、马来西亚也时有新人涌现，世界羽坛进入了群雄抗衡的时代。

在巴塞罗那奥运会上，我国羽毛球项目竟与金牌无缘。直到 1995 年才逐渐步出低谷，首次夺得“苏迪曼杯”。1996 年，在亚特兰大奥运会上，葛菲 / 顾俊勇夺女双冠军，实现了我国羽毛球项目在奥运会上零的突破。1997 年，我国运动员再次夺得“苏迪曼杯”，同时在世界锦标赛上获得了女单、女双和混双 3 块金牌，步入再铸辉煌的历程。

进入 21 世纪，国际羽坛仍旧保持群雄逐鹿、中国优先的局面，中国涌现出了林丹、鲍春来、谢杏芳、王琳、王仪涵、王适娴、张宁、谌龙等名将，世界其他国家也出现了陶菲克、李龙大、盖德、内维尔等名将。

三、羽毛球运动的特点及作用

羽毛球运动作为一项体育运动和娱乐活动受到了广泛的欢迎和发展，这是因为它具有以下特点。

（一）它是一种全身运动项目

无论是进行有规则的羽毛球比赛还是作为一般性的健身活动，参加者都要在场地上不停地进行脚步移动、跳跃、转体、挥拍，合理地运用各种击球技术和步法将球在场上往返对击，从而增大了上肢、下肢和腰部肌肉的力量，加快了锻炼者全身血液循环，增强了心血管系统和呼吸系统的功能。据统计，大强度羽毛球运动者的心率可达到每分钟 160 ~ 180 次，中强度心率可达每分钟 140 ~ 150 次，低强度运动心率也可达每分钟 100 ~ 130 次。长期进行羽毛球锻炼，可使心跳强而有力，肺活量加大，耐力提高。此外，羽毛球运动要求练习者在短时间内对瞬息万变的球路作出判断，果断地进行反击，因此，它能提高人体神经系统的灵敏性和协调性。

（二）简便性

1. 不受场地的限制

羽毛球活动对设备的基本要求比较简单，只需两个球拍、一个球和一条绳索即可。正规比赛场地面积仅 65 ~ 80 平方米，长 13.40 米，宽 6 米（双打）或 5.18 米（单打）。平时进行羽毛球活动只要有平整的空地就可以，在风不大的情况下，也可以在户外进行活动。因此，它不仅可以在正规的室内运动场进行，也可以在公园、生活小区等处广泛地开展。

当它作为户外运动时，还可使锻炼者吸入新鲜空气，受到阳光照射，改善人体的血液循环和新陈代谢，同时感受大自然的美丽，在运动中怡心健体。

2. 集体、个人皆宜

羽毛球运动既可单兵作战（两人对练），又可集体会战（双打联系或三人对三人对练）。单人对练时，练习者可以随心所欲地打出任何弧线、任何远度、任何力量、任何速度、任何落点的球来；集体会战则可以使练习者养成协调配合的习惯，培养集体主义精神。

（三）游戏性较强

身强力壮的年轻人可以将球打得又刁又重，拼尽全力扑救任何来球，尽情散发自己的青春气息；年老体弱的练习者可以把球轻轻地击来打去，根据自己的要求来变换击球节奏，从而达到锻炼身体、延年益寿的功效。不同年龄、不同性别以及不同体质的人都能在羽毛球运动中找到乐趣。

（四）可调节运动量

羽毛球运动适合于男女老幼，运动量可根据个人年龄、体质、运动水平和场地环境的特点而定。青少年可作为促进生长发育、提高身体机能的有效手段进行锻炼，运动量以中强度为宜，活动时间以 40 ~ 50 分钟为宜。适量的羽毛球运动能促进青少年增长身高，能培养青少年自信、勇敢、果断等优良的心理素质。老年人和体弱者可将其作为保健的方法进行锻炼，以较小的运动量为宜，活动时间以 20 ~ 30 分钟为宜，达到出出汗、弯弯腰、舒展关节的目的，从而增强心血管和神经系统的功能，预防和治疗老年心血管和神经系统方面的疾病。儿童可作为活动性游戏方法来进行锻炼，让他们在阳光下奔跑跳跃，并要求他们能击到球，培养他们不畏困难、不怕吃苦、不甘落后的品质。

四、世界重大羽毛球赛事

（一）汤姆斯杯赛

在 1939 年的一次国际羽联理事会上，时任国际羽联主席的乔治·汤姆斯指出，组织全球羽毛球比赛的时机已经成熟。于是，这次会议决定将举行世界男子羽毛球团体比赛，汤姆斯提出向这一世界性比赛捐赠一只奖杯，因此，该奖杯被命名为“汤姆斯杯”。

汤姆斯杯高 28 厘米，包括把手的宽距为 16 厘米，由底座、杯形和盖 3 部分构成，在盖的最上端有一个运动员的模型。此杯的前部雕刻有这样的词句：“乔治·汤姆斯·巴尔特于 1939 年赠送世界羽毛球联合会组织的国际羽毛球冠军挑战杯。”据说此杯在伦敦用白金铸成，当时价值 5 万英镑。

汤姆斯的全名为乔治·汤姆斯·巴尔特，曾是英国著名的羽毛球运动员，多次获得英国羽毛球冠军。他曾连续4次获得全英羽毛球锦标赛男子单打冠军，9次男子双打冠军，6次混合双打冠军。1934年7月国际羽联成立时，他被推选为第一任主席。

首届汤姆斯杯比赛由于第二次世界大战而被推迟至1948年才举行，当时有10个国家和地区参加了比赛，汤姆斯杯为流动杯，每次比赛的冠军队将“汤杯”带回本国，保留至下届“汤杯”比赛开始。因此，汤姆斯杯比赛又称为“国际羽毛球挑战杯赛”。

从1984年起，此赛事改为每两年举行一届。比赛分为预赛、半决赛和决赛3个阶段，从决赛年前的11月1日到决赛年的6月30日进行。6支在相应区域进行半决赛而出线的队伍加上直接进入决赛的东道国和上届冠军共8个对进入决赛阶段的比赛。如果东道国也是上届冠军的获得者的话，那么在半决赛中要出7个队进入决赛。8支决赛队伍分成两个组比赛，以赢得分数多为胜利。如果分数一样，赢得场数多的排在前面。小组赛要比完5场。如果场数、局数仍然一样，就采取抽签的办法决定名次。所有参加比赛的队伍需在赛前14天选出4 ~ 10名运动员，按照当时的世界排名，列出第一单打、第二单打、第三单打、第一双打、第二双打及替补的运动员名单。每名运动员最多只能参加一场单打和一场双打比赛。绝对不允许世界排名靠前的选手担任后位单打或双打比赛任务。在1996年，此项赛事参加国和地区已达56个。在已举行的30届比赛中，印度尼西亚13次捧杯，中国10次获金，马来西亚5次得冠。

（二）尤伯杯赛

尤伯全名为贝蒂·尤伯，是20世纪30年代英国著名的女子羽毛球选手。从1930年至1949年，她曾多次夺得全英羽毛球锦标赛的女子单打、女子双打和混合双打比赛的冠军。尤伯退役后仍对羽毛球运动情有独钟。为推动羽毛球运动的发展，她在1956年的国际羽联理事会上，正式向国际羽联捐赠由麦皮依和维伯制作的纪念杯，即现在的“尤伯杯”，并亲自主持了第1届尤伯杯比赛的抽签仪式。

尤伯杯高18厘米，有与地球仪一样的底座，在球体顶部有一羽毛球样模型，此模型的上端站着一名握着球拍的女运动员。底座的周围雕刻着这样的词句：“尤伯夫人于1956年赠送世界羽毛球联合会组织的国际女子羽毛球冠军挑战杯。”

“尤伯杯赛”又称为“世界女子羽毛球团体锦标赛”。尤伯杯赛制同汤姆斯杯赛一样。在 1982 年以前是每 3 年举行一次，比赛采用七场四胜制。自 1984 年开始，改为每两年举行一次，采用五场三胜制。

在 1981 年国际羽联和世界羽联合并为现在的国际羽联时，组委会决定尤伯杯赛与汤姆斯杯赛在同时同地举行，并相应改为每两年举行一届。1956 年第 1 届比赛时只有 11 个国家和地区参加，到 1996 年已达到了 47 个国家和地区。在已举行的 27 届比赛中，中国获得 14 次冠军，日本 6 次，美国 3 次，印度尼西亚 3 次，韩国 1 次。

1984 年，中国女子羽毛球队首次参加尤伯杯赛就以其高超的技艺、快速多变的打法，以 5 ：0 的相同比分，分别击败印尼、日本、丹麦、韩国和英格兰等强手，一举夺得第 10 届尤伯杯赛冠军，第一次登上了世界女子羽毛球团体冠军的宝座。之后，从 1986 年至 1994 年的 9 年间，中国女子羽毛球队又连续夺得 11，12，13，14 届的冠军，创造了尤伯杯历史上“五连冠”的优异成绩。1998 年至 2008 年，中国女队又连续 6 届蝉联冠军。进入 21 世纪，中国女队又获得 24、25、26 届比赛的冠军。

（三）苏迪曼杯

羽毛球是印度尼西亚的“国球”，苏迪曼杯是该国羽毛球协会代表本国人民向世界羽毛球联合会捐赠的一座奖杯。该杯的杯身由纯银铸成，外表镀有纯金，杯高 80 厘米，宽 50 厘米，重 12 千克，其造价为 15 000 美元，它是一座极富民族特色，象征着印尼人民对羽毛球运动无限热爱的奖杯。

苏迪曼是印度尼西亚羽协前主席。他 1922 年 4 月 29 日生于印尼北苏门答腊省的一个小镇。他从小学到中学都在地区少年儿童羽毛球比赛中名列前茅；到高中时期，他在全国已经小有名气；在读大学时（商科大学），就成为非正式的全国冠军。在 20 世纪 40 年代，印尼还没有举行过全国比赛，而他已打败了能遇到的所有选手。他不但单打好，还同他的一个哥哥合作多次拿过双打冠军。1958 年作为主力队员，苏迪曼先生代表印尼首次参加了在新加坡举行的第 4 届汤姆斯杯比赛。在比赛中，他充分发挥了自己的羽毛球运动天才，为印度尼西亚队首次夺得世界羽毛球男子团体冠军立下了汗马功劳。值得一提的是，为参加这次比赛，由于当时的印尼政府和羽协资金短缺，甚至连路费都拿不出来，在此困难之际，苏迪曼先生毅然卖掉了自己心爱的小轿车，将卖车的钱作为参加汤姆斯杯赛的费用全部无偿地捐献给印尼队。1951 年，在苏迪曼先生的积极倡导下，印尼羽毛球协会正式诞生，苏迪曼先生本人被选为该协会首任主席。由于苏迪曼先生的忘我和卓有成效的工作，他连续 22 年当选印尼羽协主席。

苏迪曼先生 1973 年被选为世界羽毛球联合会理事，1975 年出任世界羽毛球联合会副主席，直至 1986 年去世。苏迪曼先生去世之后，印尼羽协为了纪念他的功绩，特向国际羽联捐赠了这座金杯。

1986 年，国际羽联召开的理事会第一次提出了举行混合团体赛的建议。1988 年，国际羽连接受并指定了混合团体赛与单项锦标赛同时举行的事宜，并决定将苏迪曼杯作为混合团体赛的冠军奖杯。1989 年，在印度尼西亚同时举行了第 1 届苏迪曼杯赛和第 6 届世界羽毛球单项锦标赛，同时规定此项比赛每两年举行一届，逢双数年是汤、尤杯赛，单数年为苏迪曼杯赛。

苏迪曼杯比赛安排在与世界锦标赛同一时间和地点举行（先进行双边比赛，紧接着进行世界锦标赛）。苏迪曼杯比赛采用五场三胜制，由男子单打、女子单打、男子双打、女子双打和混合双打 5 个项目组成。自 1989 年首届苏迪曼杯比赛在印尼举行以来，至今共举行了 16 届。其中，中国队夺取 11 次冠军，韩国 4 次，印尼 1 次。

（四）世界杯羽毛球赛

世界羽毛球锦标赛是世界羽毛球联合会在继汤、尤杯赛后，为了适应世界羽毛球运动日益发展的需要而设立的一种以个人单项为竞赛项目的羽毛球锦标赛。

1934 年，国际羽毛球联合会在英国成立，它是第一个世界性的羽毛球组织。1978 年，世界羽毛球联合会成立。在两个组织联合之前，它们各自已经举行了两届彼此认为是世界性的羽毛球单项比赛。1981 年，两个国际性羽毛球组织宣布联合，名称仍为世界羽毛球联合会。在联合会上协商决定，每两年举行一次世界羽毛球单项比赛，即世界羽毛球单项锦标赛，并延续两个国际羽毛球组织以前的届数。1983 年在丹麦首都哥本哈根正式举行了第 3 届世界羽毛球单项锦标赛。此项赛事只进行 5 个单项的比赛，即男女单打、男女双打和混合双打。所有项目的冠军都将获得金牌，亚军得银牌，半决赛的负者得铜牌。

1988 年国际羽联决定世界羽毛球单项锦标赛与新设立的苏迪曼杯赛同时同地举行。根据当时的世界排名，国际羽联邀请每个项目中的前 16 名（对）运动员直接参加比赛。国际羽联的每个会员国和地区可以在每个项目中报名的运动员不得超过 4 名。

（五）全英羽毛球锦标赛

其由英格兰羽毛球协会于 1899 年创办，它是世界历史上最悠久的羽毛球赛事。最初由英国和英联邦国家选手参加，现在已成为全球性的羽坛大会战。

（六）世界羽毛球大奖赛总决赛

国际羽联每年组织羽毛球世界大奖系列赛，由赞助商提供比赛经费和优胜者的奖金。根据奖金的数量，比赛分为一星级至六星级六个不同的等级。全英锦标赛和中国公开赛等都属系列赛中的一站。国际羽联依据参赛选手的成绩，设立积分制，定期公布世界大奖赛积分排名，既作为每次比赛的种子依据，又在每年年末或下一年初，取排名最前的男子单打前16名、女子单打前12名各分成4个组进行单循环赛，小组第一名进入半决赛；双打项目各取前8对选手，各分成两个小组进行单循环赛，各小组的第一、二对进入半决赛。

（七）国际系列大奖赛

国际系列大奖赛是国际羽联参照世界网球大奖赛办法组织的国际性羽毛球比赛，始于1983年。比赛分成若干赛区，由许多比赛组成系列，根据运动员在各次比赛中的成绩积分，进行排名，前16名进行总决赛。

（八）国际奥林匹克运动会羽毛球比赛

奥运会是世界上最瞩目的一项大赛。国际奥委会与世界羽毛球联合会是两个不同的组织。他们互相配合、相互认可。国际羽联在1970年就着手准备进入奥运会的工作，但直至1985年6月5日，国际奥委会第90次会议才决定将羽毛球列为奥运会的正式比赛项目。在1988年汉城奥运会上，羽毛球被列为表演赛并取得成功。1992年的巴塞罗那奥运会最终将羽毛球定为正式比赛项目。奥运会羽毛球赛不仅是当今世界羽毛球运动最高水平的赛事，而且更具象征意义。在1972年在慕尼黑举行的第20届奥运会上，羽毛球也曾被作为表演项目举行。

在1992年巴塞罗那举行的第25届奥运会上，羽毛球项目设有男子单打、女子单打、男子双打和女子双打4个项目。这4个项目的优势主要在亚洲，而欧洲国家的选手更适合打混合比赛，因此，国际羽联与国际奥委会决定在1996年亚特兰大奥运会上增设羽毛球混合双打比赛项目，使得奥运会的羽毛球比赛项目更为丰富。由于羽毛球项目拥有5枚金牌，从而加入了奥运会奖牌大户之列，成为各国高度重视和激烈争夺的焦点项目之一。

国际奥委会对奥运会羽毛球项目参赛选手的名额严格限制，比赛根据世界排名，选出前33名单打运动员、19对双打选手和17对混双选手直接参加奥运会。但每个项目中至少必须包括有5大洲的各1名运动员和1对选手。这些运动员必须是世界排名最靠前的运动员。如果在世界排名中仍没有某洲的选手，则以在积分期间的最近一次洲比赛中的冠军选手出席。东道国应有不少于两名运动员参加比赛。每个国家和地区在 1 个项目中最多只能有两个席位。多出的席位让给排名后位的选手。

（九）羽毛球系列大奖赛

自 1983 年开始，每年进行。开始只设男女单打，由国际羽联排出的世界男子前 12 名、女子前 8 名参加，1986 年开始又增加了男女双打。系列大奖赛设有较高奖金，在世界各地巡回进行，第一年只举办了 7 站比赛，后来增加至 16 站比赛。

20 世纪 60 年代以来，亚洲的羽毛球运动一直居世界先进水平。中国、印度尼西亚、马来西亚、日本、韩国等国在国际羽毛球大赛中一直名列前茅，欧洲国家只在双打项目上偶有所得。

（十）世界青年羽毛球锦标赛

世界青年羽毛球锦标赛是世界羽毛球联合会创办的正式赛事，从 1992 年开始，每两年举办一届。这一赛事每一届都汇集了当时世界羽坛最优秀的青年选手，他们当中的佼佼者大都成了世界级的顶尖高手。

（十一）我国羽毛球主要赛事

1953 年 5 月 2 日，我国在天津举行了全国篮球、排球、网球、羽毛球 4 项运动会，羽毛球作为表演项目，这是新中国成立后的第一次羽毛球比赛。随着羽毛球运动在我国的开展，羽毛球的竞赛也逐渐趋于完善，目前我国主要的常规羽毛球比赛有以下几项。

1. 全国羽毛球锦标赛

每年举行一次，比赛设男子团体、女子团体、男子单打、女子单打、男子双打、女子双打和男女混合双打 7 个项目。

2. 全国青年羽毛球锦标赛

每年举行一次，比赛设男子团体、女子团体、男子单打、女子单打、男子双打和女子双打，均分为甲乙两个年龄组进行，男女混合双打不分年龄组。甲组年龄是 19 ~ 20 岁，乙组年龄女子是 16 ~ 18 岁、男子是 17 ~ 18 岁。

3. 全国少年羽毛球锦标赛

每年举行一次，只进行男女的单打和双打项目。女子分 12 岁、13 岁、14 岁和 15 岁 4 个年龄组进行比赛，男子分 13 岁、14 岁、15 岁和 16 岁 4 个年龄组进行比赛。

4. 全国羽毛球双打比赛

每年举行一次，比赛设混合双打、男子双打和女子双打 3 个项目。

5. 全国运动会、全国城市运动会等全国性综合运动会羽毛球比赛

综合运动会的羽毛球比赛也极受重视，1959 年第一届全国运动会就将羽毛球列为全国运动会的正式比赛项目，设有团体赛和 5 个单项比赛。除以上各种专业性比赛外，随着羽毛球运动的开展，其他多种形式的羽毛球比赛也相继出现。如我国顶尖高手间的“天王挑战赛”，业余爱好者的全民健身羽毛球比赛，各系统行业的羽毛球比赛，全国老年人羽毛球分年龄赛，以及残疾人羽毛球比赛等。

第二节　羽毛球运动的基本技能与战术方法

一、基本技能

羽毛球运动的基本技术易学，不同性别、年龄和不同身体条件的人都可以参加这项活动，并且所需场地不大，设备简单，携带方便，容易被广大群众所接受。为了更好地学习和掌握羽毛球的技术，必须了解并掌握各个基本技术动作。

（一）握拍

羽毛球的握拍一般分为正手握拍法和反手握拍法。

1. 正手握拍法

右手虎口对准拍柄窄面内侧斜棱，小指、无名指、中指自然并拢，食指和中指稍分开，大拇指的内侧和食指贴在拍柄的两个宽面上将球拍柄握住。握拍时掌心不要贴紧拍柄，要使掌心与拍柄留有一定的空隙。

2. 反手握拍法

在正手握拍的基础上，将大拇指伸直，用其第一指节内侧顶贴在拍柄内侧的宽面上，食指收回，与拇指同高（或略高），用大拇指和食指将球拍稍向外转，中指、无名指、小指紧握拍柄，拍柄端近靠小指根部。握拍手心与拍柄之间留有空隙，以便能充分利用手腕力量和大拇指的内侧压力击球。

（二）发球

羽毛球运动的发球技术，按其动作分为正手发球和反手发球两种。按球在空中飞行的弧线可分为发高远球、平高球、平快球和网前短球 4 种（见图 8-1，其中 1 为网前球，2 为平快球，3 为平高球，4 为高远球）。

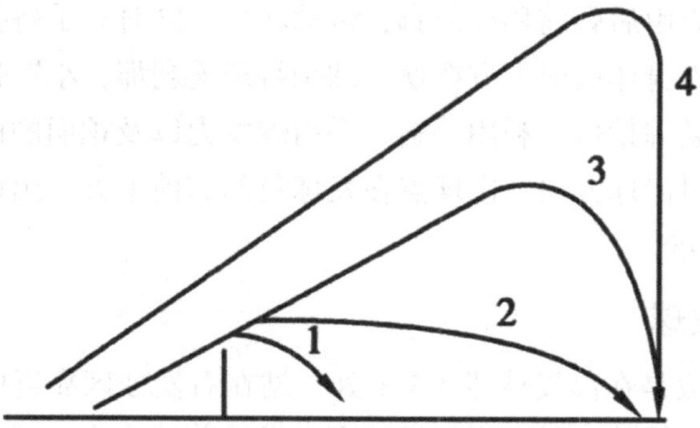

图 8-1　发球技术

1. 发网前球

发网前球是把球发至对方发球区内的前发球线附近。球的飞行速度较慢，飞行弧度较低，使球“贴网”而过。它是双打比赛最常用的发球方法，在单打比赛，用于对付接网前球较差的对手，有时也可以作为过渡性的发球，或发球抢攻战术的手段。

正手发网前球时，挥拍幅度较小，击球瞬间不需紧握拍柄，而是利用手腕和手指的力量从右向左横切推送，将球轻轻发出，使球贴网而过。

反手发网前球时，手腕内屈，击球瞬间利用小臂带动手腕、手指力向前横切推送，将球击出。发球时，挥拍较慢，力量较轻，球的落点近网，当球“贴”网而过后即往下坠落在对方发球区内前发球线附近。

2. 发平快球

发平快球又称发平球，是把球发得又平又快，使球快速落在对方场内端线附近。平快球突袭性强，往往能使对手措手不及而造成被动或失误。准备姿势同发高远球，站位稍靠后些。击球瞬间紧握球拍柄，利用小臂挥动带动手腕、手指快速向前击球，球的飞行路线与地面形成的仰角小于 30°。

3. 发平高球

发平高球的动作大致与发高远球相同，只是在出球的一刹那，前臂加速带动手腕向前上方挥动，拍面要向前上方倾斜，以向前用力为主。注意发出球的弧线以对方伸拍击不着球为宜，并应落到对方场区底线内。

4. 发高远球

所谓高远球，主要是把球发得又高又远，使球飞行到对方底线上空时，几乎垂直下落。

发球时，重心由后脚前移至前脚，带动转腰，同时右手持拍沿着向下而上的弧线自然地沿着身体向前上方挥摆。球拍触球前刹那，小臂带动手腕向前上方闪动发力，手紧握拍柄，利用手腕、手指爆发力以及拍面的前半部击球。击球瞬间，拍面正对出球方向，击球点在发球员的右前下方。出球飞行弧度与地面仰角一般大于 45° 。

（三）接发球

单打站位一般是在离发球线 1.5 米处，站在右发球区靠近中线的位置；在左发球区则站在中间的位置。双打发球多以发网前球为主，因此双打的接发球站位要在靠近前发球线的地方。

1. 接平高 / 高远球

可以用平高球、吊球或扣杀球进行回击（见图 8-2，其中 1 为平高球，2 为吊球；3 为杀球）。一般来说，接高远球是一次进攻的机会，回击得好就能掌握主动权。因此，初学羽毛球者必须努力提高后场进攻的能力。

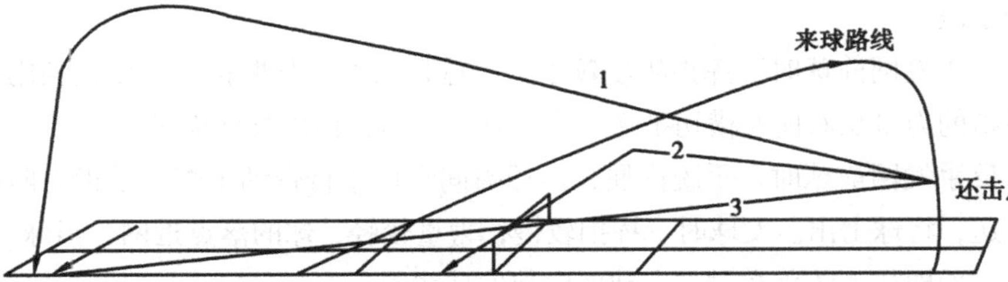

图 8-2　接平高 / 高远球

2. 接网前球

可以用平高球、高远球、放网前球或平球进行回击（见图 8-3，其中 1 虚线为发网前球，2 为平球，3 为平高 / 高远球，4 为网前球）。如果对方发球的质量不高，或球离网顶较高过网，则可采用扑球进攻。若对方企图发球抢攻，而自己防守能力较差，则以放网前球或平推球为宜，落点要远离对方站位，控制住球，不让对方进攻。

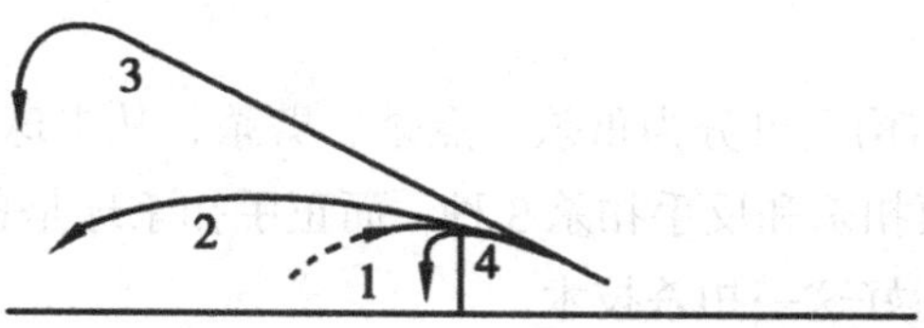

图 8-3　接网前球

（四）后场击球

后场击球主要由高远球、平高球、扣杀球和吊球等几项技术及相应的后退步法组成。其特点是击球点高、力量大、速度快、威力大。

1. 高远球

高远球飞行弧度高、速度慢，主要是迫使对方离开中心部位去击球；或者是当自己位置错乱时，击这种球来争取回位时间，比赛中在被动情况下常采用这种球进行过渡。击高远球可分为正手、反手、头顶三种击球动作，而正手高远球是两后种动作的基础，必须加以详细讲解。

（1）正手击高远球

击球时，用后场退步法迅速向来球方向移动，调整好身体与来球间的位置，使球恰好在右肩稍前方上空。当球落到一定的高度时，右手肘上抬，手臂后倒引拍，以肩为轴做回环动作，同时身体右转，前臂充分向后下方摆动并外旋，手腕充分伸展。击球时，前臂迅速内旋带动手腕加速向前方挥动，手指屈指发力，将球击出。

（2）反手击高远球

准备击球前，右脚在前（先不着地，与击球动作完成的瞬间同时着地），身体背向球网，持拍臂向上抬举，身体稍向左转，含胸收腹，左腿微屈，同时手臂回环内旋引拍，握拍手尽量放松，手腕稍向外展。当球下落至右肩前上方一定高度时，以上臂、前臂迅速外旋带动手腕加速，由左下方经胸前向右前上挥动。击球时手腕由伸展至屈收，快速发力，用反拍面将球击出。

2. 平高球

击平高球与击高远球一样，也可分为正手、头顶和反手三种击球技术，是一种进攻性的击球技术。其技术动作与击高远球基本相同，所不同的是引拍、击球动作较高远球小而快，击球的瞬间运用前臂内旋带动手腕，向前快速发力击球。

3. 扣杀球

扣杀球从动作结构上可分为重杀、点杀、劈杀；从击球点距身体的位置可分为正手扣杀、头顶扣杀和反手扣杀3种。而正手扣杀球是各种扣杀球的基础，初学者必须首先掌握好这一扣杀技术。

正手扣杀球的准备姿势、击球动作与正手击高球大致相同，不同的是在击球瞬间需用全力，充分利用右腿的蹬力、腰腹力、手臂腕力及重心的转移，快速将球向前下方击出。球拍触球时拍面前倾，向前下方用力，手握紧球拍，击球点在右肩稍前上方。

在实战中，扣杀球必须同其他各项进攻技术有机地结合起来，如盲目地进行单一的大力扣杀，往往不能争取主动，反而常常使自己陷入被动。

4. 吊球

吊球技术按球的飞行弧线和击球动作的不同分为劈吊、轻吊和拦截吊。其准备姿势与击高球、扣杀球相似，只是击球时用力不同。击球瞬间前臂突然减速，快速“闪”动手腕击球托的偏右侧（头顶吊球及反手吊球击球托的偏左侧）。打对角吊球时，当对方来球较高，手腕向下切削的角度要大些，力量稍大些；当对方来球较平时，手腕向前推的动作要大些，向下切削的力量要小一些。吊直线球时，拍面正对前方，向前下压。

不论劈吊还是轻吊，都要注意手腕灵活闪动，即注意爆发力的运用，同时还要注意掌握好击球点和控制好击球力量，将球吊准。拦截吊球和假动作配合运用更具有一定的威力。拦截对方击来的半场球或弧线较低的平高球能出其不意地达到进攻的效果。

（五）前场击球

前场击球包括网前的放、搓、扑、挑、推、勾球等。因球飞行距离较短，落地快，常使对手措手不及而直接得分。即使不能直接得分，也能迫使对方被动回球，为下一拍创造机会。现介绍几种常用的前场击球技术。

1. 放网前球

（1）正手放网前球

如图8-4所示，准确判断来球路线和落点，快速上网，最后一步右脚在前左脚在后成弓箭步，上体前倾重心在右脚，侧身对网。右手正手握拍向前下方伸臂，小臂外旋展腕，左臂自然后伸，起平衡作用，拍面几乎朝上迎击来球。击球瞬间，手腕稍内屈轻轻闪动，食指和大拇指控制拍面角度和用力大小，球拍向前上方轻轻一托，把球轻击送过球网。

图 8-4　正手放网前球

（2）反手放网前球

快速向前左侧上网，右脚前跨成弓箭步，侧背对网，上体前倾重心在右脚。右手反手握拍向前下方伸臂，小臂内施展腕，左臂自然后伸，起平衡作用，拍面几乎朝上迎击来球。击球瞬间，伸腕轻闪动，食指和拇指控制拍面角度和用力大小，球拍向前上方轻轻一托，把球轻击送过球网。

2. 搓球

网前搓球是羽毛球技术中动作较细腻的一种，是网前技术中的高难击球动作。

（1）正手搓球

如图 8-5 所示，用正手上网时，步法应迅速向来球方向移动，当右脚向前跨出时，持拍手向来球方向伸出，争取高的击球点。左手于身后拉举与右手对称，以保持身体的平衡。挥拍时，手腕动作由展腕至收腕发力，由右向左以斜拍面切击球托的右后侧部位，此时，球呈下旋翻滚过网；或者手腕动作由收腕至展腕发力，由左向右以斜拍面切击球托的左后侧部位，球则呈上旋翻滚过网。

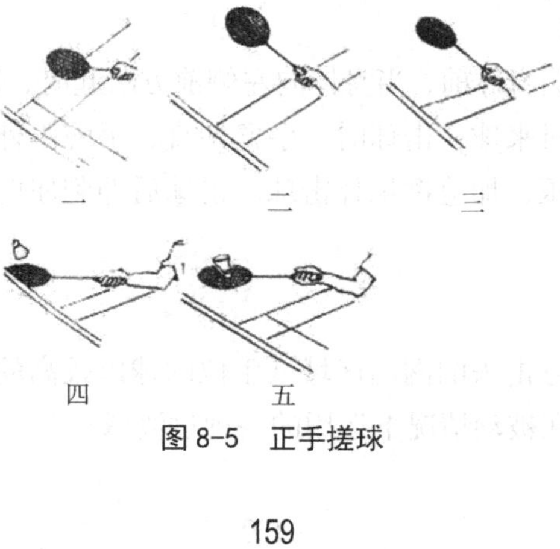

图 8-5　正手搓球

（2）反手搓球

用反手上网步法迅速向来球方向移动，其余动作与正手网前搓球相同。反手网前搓也有两种击球方式：一种是手腕动作由展腕至收腕发力，由左至右切击球托左后侧部位；另一种是手腕动作由收腕至展腕发力，由右向左切击球托的右后侧部位。

3. 扑球

扑球是在对方回球刚越过网顶上空时，运用跨步或蹬跳步迅速上前，利用前臂、手腕和手指的力量，快速地由上向下将球击回对方场区的击球方法。

（1）正手扑球

如图 8-6 所示，当对方来球距网较高时，快速蹬步上网，身体向右前倾，手臂充分伸展，同时迅速变换握拍手法，使拍面与球网平行正对来球。击球时，主要利用中指、无名指、小指突然紧握拍柄和手腕闪动，将球向前下方击出。击球后，随前动作甚微，右脚落地制动。

图 8-6　正手扑球

（2）反手扑球

反手握拍于左侧身体前，当身体向左侧前方跃起时，持拍手小臂前伸上举，手腕外展，拍面正对来球。击球时，手臂伸直，手腕由外发展到内收闪动，手握紧拍柄，拇指顶压，加速挥拍扑击球。击球后即刻屈肘，球拍回收，以免球拍触网违例。

4. 挑球

挑球是指将对方击来的网前区域低手位的球以较高的弧线向上击至对方端线附近上空。它是在被动情况下运用的一种过渡球。

（1）正手挑球

如图8-7所示，右脚向网前跨出一大步，左脚在后，侧身向网，重心在右脚上。同时右臂向后摆，自然伸腕，使球拍后引。以肘关节为轴，屈臂内旋，并捏紧球拍。用食指及手腕的力量，从右下向右前方至左上方挥拍击球，将球向前上方击出。

图8-7　正手挑球

（2）反手挑球

反手排球时，右脚跨步向前成弓箭步，重心在右脚，侧身背对网。反手握拍，手臂向左前方伸出，小臂内旋屈肘屈腕，左臂自然后伸起平衡作用。击球时，以肘关节为轴，小臂带动手腕、手指快速由左下方向前上方成半圆形挥拍击球。

（六）中场击球

中场击球技术主要包括接杀球、平抽、平挡技术。它要求判断反应快，出手击球快，引拍预摆动作弧度小和由防转攻或由攻转防的意识要强。

1. 接杀球

把对方扣杀过来的球还击回去，称为接杀球。接杀球主要由挡网前、挑后场和平抽球3种技术组成。

接杀球的站位一般在中场，两脚屈膝平行站立。右侧来球用正手挡，身体重心移向右脚。右手向右侧伸出，放松握拍，拍面略后仰对准来球。左侧来球用反手挡，身体重心移向左脚，右脚向左前方跨出一步，换成反手握拍，拍面略向后仰对准来球回击。

2. 平抽

平抽球是指击球点在肩以下，以较平的弧度、较快的球速、接近球网的高度，还击到对方场区的一种进攻性技术。击球时，应借助腰部的转体带动前臂、手腕和手指的力量快速协调地发力。击球点尽可能保持在身体的侧前方，这样有利于转动腰部和前臂旋内、旋外的发力。如果来球正对自己而又来不及闪让时，一般不要用正手击球。因为当来球靠近自己身体时，即使击球点在自己右侧腋下，反手也比正手容易发力还击。

3. 平挡

平挡和平抽的动作结构基本相同，其区别主要在于：发力较小，通常无须身体部位发力，当对方来球力量较大时，还应有所缓冲；由于发力较小，通常击球时不要握紧球拍，以免影响击球时对力量和出球方向的精确控制；羽毛球的飞行路线较短，一般落在对方前半场。

（七）基本步法

羽毛球步法一般分为起动、移动、到位配合击球和回位 4 个环节。根据场上移动的方向和场区的位置，可以将羽毛球步法划分为上网步法、后退步法和两侧移动步法。

1. 上网步法

从中心位置移动到网前击球的步法，称为上网步法。上网步法可根据各人习惯采用交叉步、并步、垫步或蹬跨步。不论正手或反手，根据来球远近，上网步法可采用三步、两步或一步上网击球。

（1）右边上网步法

可采用两步或三步交叉步加蹬跨步移动的方法；也可采用垫一步再跨一大步移动的方法上网。

（2）左边上网步法

同右边上网步法，只是移动上网是朝左边网前。

2. 后退步法

从中心移动到后场各个击球点的位置上击球的步法，称为后退步法。

（1）正手击球后退步法

分为侧身并步后退和交叉步后退两种。主要动作方法：在对方击球刹那间，判断来球，迅速调整重心至右脚。接着右脚蹬地快速向右后撤一小步，上体右转侧身对网，以交叉步或并步移动到接近击球点的位置。在移动的同时必须完成举拍准备动作，最后一步利用右脚（或双脚）蹬地起跳并在空中转体，击球后左脚后撤落地缓冲，右脚前跨以利于迅速回动。

（2）反手击球后退步法

调整重心后，右脚后撤一步，接着上体左转，左脚随即向左后退一步，右脚再跨出一步，背对网，作底线反手击球。反手击球后退步法应根据来球距离的远近调整步法。如离来球较近，可采用两步后退步法，上体向左后转，左脚同时后撤一步，右脚再向左后跨一步，作底线反手击球。如距来球较远，则采用三步或五步后退步法：右脚先垫一步，而后左脚向后方跨一步，再按右、左、右向后退。但无论是几步，反手击球后退步法最后一步应右脚在后，重心在右脚上。

3. 两侧移动步法

两侧移动步法多用于接对方的杀球和击来的半场低平球。其站位和准备姿势与上网步法基本相同。

（1）向右侧移动步法

两脚左右开立，脚跟稍提起，根据来球，调整重心，上体稍倒向左侧，左脚掌内侧用力起蹬，右脚同时向右侧转跨大步。如距来球较远，左脚向右垫一小步再起蹬，右脚同时向右侧转跨大步。

（2）向左侧移动步法

根据来球，调整重心，上体稍倒向右侧，右脚掌内侧用力起蹬，左脚同时向左侧转跨大步。来球较远时，左脚先向左侧移半步，上体向左转身的同时右脚向左前交叉跨大步。

二、羽毛球运动的基本战术

（一）单打战术

1. 发球抢攻战术

这是一种运动员利用发球使对方被动，为自己创造进攻机会的战术。这种战术一般用发网前球结合平快球、平高球，争取第三拍的主动进攻。运动员使用这一战术，可以打乱对方的整个战略部署，造成对方措手不及。运用此战术时，要求运动员应具有高质量的发球，否则难以成功。

2. 攻前击后战术

这种战术是先以吊球、放网前球、搓球吸引对方到网前，然后用推球、平高球或杀球突击对方的后场底线。它一般用于对付上网步法较慢或网前球技术较差的对手。采用此战术，要求运动员首先具有较好的网前击球技术。

3. 打四方球战术

这种战术是以快速、准确的落点攻击对方场区的 4 个角落，逼迫对方前后奔跑、被动应付，并在其回球质量下降或露出破绽时乘虚而攻之。它用于对付体力差、反应和步法移动慢的对手。

4. 打对角线战术

无论是进攻还是防守，这种战术均以打对角线为主，从而迫使对方在移动中多做转体，多走曲线。用于对付身体灵活性差、转体较慢的对手。

（二）双打战术

1. 攻人战术

攻人战术是双打比赛常用的一种战术。攻人战术，即“二打一”或“避强击弱”战术。对方两个队员的技术水平一般是不均衡的，集中力量攻击对方较弱的队员，尽量使对方的特长得不到发挥，充分暴露对方的弱点。两个人对付对方的强者，消耗其体力，减弱其进攻威力，伺机突击空当，这也是“二打一”。

2. 攻中路战术

当对方队员分边站位时，要尽可能将球攻到对方两人之间的空隙区，以造成对方争夺回击或相互让球而出现失误。这对于一些配合较差的对手比较有效。当对方成前后站位时，将球还击到两人之间也是这种战术的体现。

3. 软硬兼施战术

软硬兼施战术指先用吊网前球或推半场球迫使对方被动防守，而后大力扣杀进攻。若硬攻不下，则重吊网前球，待对方挑球欠佳时，再度强攻。此时，攻击对象最好是选择对方刚后退而立足未稳者。

4. 后压前封战术

当本方取得主动欲采取攻势时，站在后场者见高球则强攻杀球或吊网前球，迫使对方被动还击；站在前场者则应立即积极移位，准备封网扑杀。这种战术要求打法比较积极，前半场技术要好，步法移动要快，配合要默契。

第三节　羽毛球运动的主要竞赛与裁判规则

羽毛球刚兴起时，没有人数、分数和场地的限制，参与者只需要互相对击。现代羽毛球从伯明顿庄园开始，有了一定的分数、场地和人数限制；1875 年，第一本关于羽毛球规则的书在英国问世。当时的规则很简单，只规定了场地呈长方形，中间挂网的高度，双方对击的要求，但没有单打、双打的区别。随着人们观赏水平的提高及技术、战术的发展，规则也随之变化，出现了单、双打场地的区别及发球区的规定，发球得分及发球得分后的换区等规则。

目前，由国际羽联主办的世界重大羽毛球赛有：汤姆斯杯、尤伯杯、世界羽毛球锦标赛、苏迪曼杯、奥运会羽毛球比赛等。比赛的项目也有不同的形式，如男子单打、女子单打、男子双打、女子双打、混合双打、男子团体和女子团体。

一、场地器材

（一）球场

羽毛球场为一长方形场地，长度为 13.40 米，双打场地宽为 6.10 米，单打场地宽为 5.18 米（图 8-8）。球场上各条线宽均为 4 厘米，丈量时要从线的外沿算起。球场界限最好用白色、黄色或其他易于识别的颜色画出。

按国际比赛规定，整个球场上空空间最低为 9 米，在这个高度以内，不得有任何横梁或其他障碍物，球场四周两米以内不得有任何障碍物。任何并列的两个球场之间，最少应有两米的距离。球场四周的墙壁最好为深色，不能有风。

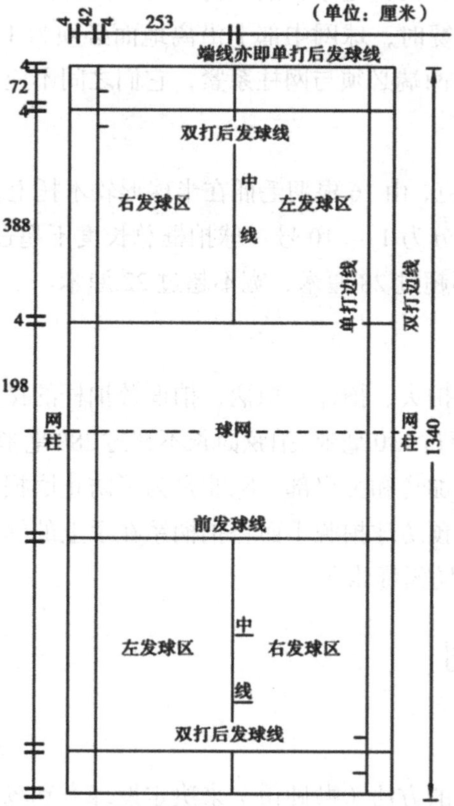

图 8-8　羽毛球场地示意图

（二）网柱

第一，从球场地面起，网柱高1.55米。网柱必须稳固地同地面垂直，并使球网保持紧拉状态。网柱应放置在双打的边线上。

第二，如不能设置网柱，必须采用其他办法标出边线通过网下的位置。例如，使用细柱或40毫米宽的条状物固定在边线上，垂直向上到网顶绳索处。

第三，在双打球场上，不论进行的是双打还是单打比赛，网柱或代表网柱的条状物，均应置于双打边线上。

（三）球网

羽毛球网长6.10米、宽76厘米，为优质深色的天然或人造纤维制成，网孔大小为15 ~ 20毫米，网的上沿应缝有双层白布（对折而成），并用细钢丝绳或尼龙绳从夹层穿过，牢固地张挂在两网柱之间。标准球网应为黄褐色或草绿色。网柱高1.55米，无论是单打或双打，两根网柱都应分别立在双打场地边线的中点上。正式比赛时，球网中部上沿离地面必须为1.524米高，球网两端高为1.55米。球网的两端必须与网柱系紧，它们之间不应该有缺缝。

（四）羽毛球

球重4.74 ~ 5.5克，由16根羽毛插在半球形软木托上，球高68 ~ 78毫米，直径58 ~ 68毫米，分为1 ~ 10号。球拍框总长度不超过68厘米，宽不超过23厘米，拍弦面长不超过28厘米，宽不超过22厘米。

（五）球拍

羽毛球拍一般由拍头、拍杆、拍柄、拍框及拍杆的接头构成。拍框总长不超过680毫米，宽不超过230毫米。拍弦面长不超过280毫米，宽不超过220毫米。

球拍不允许有附加物和突出部，除非是为了防止磨损、断裂、振动，或调整重心的附加物，或预防球拍脱手而将拍柄系在手上的绳索（现通常没有，随着手胶的发展，没有防滑绳索）。

二、比赛规则

（一）挑边

赛前，采用挑边的方法（抛硬币）来决定发球方和场区。挑边赢者将优先选择是发球或接发球，还是在一个半场区或另一个半场区比赛。

（二）计分方法

羽毛球世界联合会于 2006 年 5 月在日本东京举行的年度代表大会上，正式决定实行 21 分的新赛制。2006 年 5 月，在日本东京举行的汤姆斯杯和尤伯杯率先试行三局 21 分的赛制。这一赛制成为今后所有羽毛球国际大赛的通用赛制，第 29 届奥运会也采用这一赛制。21 分的赛制对于提高运动员的积极性、减少运动员受伤以及电视转播等方面较 15 分制有更大的优势。

世界羽联 21 分制实行每球得分制，所有单项的每局获胜分皆为 21 分，最高不超过 30 分。每场比赛采取三局两胜制，先到 21 分的一方赢得当局比赛。如果双方比分为 20 ： 20 时，获胜一方需超过对手 2 分才算取胜；直至双方比分打成 29 ： 29 时，那么先到第 30 分的一方获胜。首局获胜一方在接下来的一局比赛中先发球。

（三）站位方式

1. 单打

当发球方得分数为 0 或偶数时，双方运动员均在各自的右发球区发球或接发球；当发球方的分数为奇数时，双方运动员均在各自的左发球区发球或接发球。

2. 双打

比赛中，当比分为 0 或偶数时，球由右发球区对角发向对方场地的右接发球区；当比分为奇数时，球由左发球区对角发向对方场地的左接发球区。比赛中，如一方连续得分，发球者必须在右或左发球区交替发球，而接发球方队员的位置不变。其他情况下，选手应站在上一回合的各自发球区不变，以此保证发球者的交替。

双打比赛无论是在开始时还是在赛中，皆为单发球权，也就是说每次一方只有一次发球权。发球方失误不仅丢失发球权也将丢失 1 分，如果这时得发球权的一方得分为奇数时，则必须是位于左发球区的选手发球，如果此时得发球权的一方得分为偶数时，则必须是位于右发球区选手发球。

双打比赛只有接发球队员才能接发球，若其同伴接发球或被球触及则“违例”，判发球方得分，当发球被回击后，球可由二人中任一人击回，但不得连击，如此往返直至死球。双打比赛发球时，发球队员和接发球队员必须站在规定的发球区和接发球区内发球和接发球，他们的同伴站位可以不受限制，但不得妨碍对方。运动员发球和接发球顺序有误，已得比分有效，但需纠正方位或顺序。

（四）赛中间歇方式

每场比赛均采用三局两胜制。当任一方在比赛中得到 11 分后，比赛将间歇 1 分钟；两局比赛之间的间歇时间为 2 分钟。

（五）比赛中常见的违例

第一，过手违例——发球时，在击球的瞬间，发球员的拍杆应指向下方。否则，将判违例。

第二，过腰违例——发球时，在击球的瞬间，整个球应低于发球员的腰部。否则，将判违例。

第三，挥拍有停顿——发球开始后，挥拍动作不连贯，将判违例。

第四，脚移动、触线或不在发球区内——自发球开始至发球结束，发球员或接发球员的两脚都必须有一部分与球场地面接触，不得移动，且都必须站在斜对面的发球区内，脚不得触及发球区或接发球区的界线。否则，将判违例。

第五，最初击球点不在球托上或发球时未能击中球，将判违例。最初击球点不在球托上是指发球时，球拍先触及羽毛或同时击中羽毛和球托。

第六，发球时，球没有落在规定的接发球区内，将判违例。如发出的球没有落于对角的场区内或不过网，或挂在网上、停在网顶等。球从网下或网孔穿过或触及天花板或触及运动员的身体或衣服，将判违例。

第七，球触及球场或其他物体或人，将判违例。击球点超过网的向上延伸面，即在对方场区上空击球，将判违例。

第八，运动员的球拍从网上、网下侵入对方场区导致妨碍对方或分散对方注意力或妨碍对方、阻挡对方靠近球网的合法击球，将判违例。

第九，同一运动员连续两次挥拍击中球，或双打的同方两名队员连续各击中球一次，将判违例。

第十，球停在球拍上，紧接着被拖带抛出，将判违例。

第十一，运动员严重违反或屡次违反比赛的连续性的规定或运动员行为不端，将判违例。

第十二，其他。如擅自离开比赛场地喝水、擦汗、换球拍、接受场外指导等，或故意改变球形或破坏羽毛球或举止无礼等。

（六）重发球

第一，重发球时，原回合无效，由原发球员重新发球。

第二，除发球外，球过网后，挂在网上或停在网顶，判重发球。

第三，发球时，发球方和接发球方同时被判违例，将重发球。

第四，发球方在接发球方未做好准备时，将球发出，判重发球。

第五，球在飞行时，球托与球的其他部分完全分离，判重发球。

第六，裁判员对该回合不能作出判决时，将判重发球。

第七，出现意外情况，判重发球。

（七）交换场区

第一，第一局比赛结束时，双方应交换场地。

第二，若局数为 1 ： 1 时，在第三局比赛开始前，双方应交换场地。

第三，在第三局比赛中，领先一方比分达到 11 分时，双方应交换场地。

第四，若应交换场地而未交换时，一旦发现应立即交换，已得分数有效。

第九章　高校体育文化实践之网球运动

第一节　网球运动

一、网球的起源和发展

网球运动的起源及演变可以用四句话来概括：孕育在法国，诞生在英国，开始普及和形成高潮在美国，现盛行全世界。

网球运动起源于法国。早在12—13世纪，法国的传教士常常在教堂的回廊里，用手掌击打一种类似小球的物体，以此来丰富刻板的教堂生活。渐渐地，这种活动传入法国宫廷并成为王室贵族的一种娱乐游戏。当时，他们把这种游戏称为“jeu de paume”（法语，用手掌击球的意思），即“掌球戏”。开始，他们是在室内进行这种游戏，后来移向室外，在一块开阔的空地上，将一条绳子架在中间，两边各站一人，双方用手来回击打一种裹着头发的布球。

14世纪中叶，法国王储将这种游戏所使用的球赠给英皇亨利五世，于是这种游戏便传入了英国。

这种球的表面是用埃及坦尼斯镇所产的最为著名的绒布——斜纹法兰绒制成，英国人将这种球称为“Tennis”（英文，网球），并流传下来。直到现在，我们使用的球还保留着一层柔软的绒面。

15世纪，这种游戏由用手掌击球改用板拍打球，并很快出现了一种用羊皮纸做拍面的椭圆形球拍。同时，场地中央的绳子也改成了网子。16—17世纪是这种活动的兴旺时期，逐渐形成了一种比赛。在这之前，由于这种活动只在法国和英国的宫廷中流行，因此网球运动又被称为“宫廷网球”和“皇家网球”。

1873年，英国的温菲尔德少校改进了早期网球的打法，并将场地移向草坪地，同年出版了《草地网球》一书，提出了一套接近于现代网球的打法。1874年，又规定了球网的大小和高低，在英国创办了简易的草地网球比赛。1875年，英国板球俱乐部修订了网球比赛规则后，于1877年7月举办了第一届温布尔顿草地网球锦际赛。后来这个组织又把网球场地定为23.77米×8.23米的长方形，球网中央的高度为99厘米（在这之前，球网的高度是2.134米），并确立了每局采用15、30、40，平分的记分方法。1884年，英国又把球网中央的高度定为91.4厘米。至此，现代网球正式形成，并很快在欧美盛行起来，成为一项深受欢迎的球类运动。

随着网球运动的发展，器材和场地设置等方面也在不断地发展变化。网球拍由笨头笨脑的木制拍，发展到制作精细的圆头拍。此外，在重量、材料、质量、形状等方面都有很大的变化。球由原来的小布球，发展到胶皮球、橡皮球。

1896年在雅典举行的第1届奥运会上，网球的男子单打与双打被列为正式比赛项目。后来，由于国际奥委会和国际网球联合会在“业余运动员”的定义上有分歧，所以已经连续7届奥运会都进行的网球比赛被取消。直到1984年的洛杉矶奥运会，网球被列为表演项目。在1988年的汉城奥运会上，网球又被列为正式比赛项目。

二、现代网球运动

在英国维多利亚女王时代（1837—1901年），网球开始在英国中产阶级中传播。1859年伯明翰市地方官哈瑞·吉姆上校和西班牙人佩雷斯把在宫廷室内玩的“皇家网球”移到住宅室外的草坪上进行，后来他们又把这种“草地网球”传到立敏敦矿泉疗养地，并于1872年创立了英国第一个草地网球俱乐部“立敏敦俱乐部”。为推广草地网球俱乐部，英国退休陆军上校温菲尔德于1874年2月23日提出了一份关于改进古典网球场地及规则的专利申请书，并出版了一本名为“古典网球场地的改进及新玩法”的书。上述时间标志着现代网球时代的开始。

位于伦敦近郊温布尔顿镇的“全英棒球俱乐部”，于1875年在其俱乐部内的草坪上开辟了几片球场，开展草地网球和羽毛球活动，随后又制订了一部草地网球规则。该俱乐部于1877年同意组织一次“全英草地网球锦标赛”，并为此修改了网球规则，规定比赛为五盘三胜制，仍采用古典网球的计分方法。比赛场地未采用温菲尔德提出的形状和尺寸，而采用了与“立敏敦俱乐部”场地相似的长方形场地。比赛于1877年6月9日至19日举行，设男子单打一个项目，共有22名球员参赛，现场观众约200人，冠军由戈瑞获得，他是现代网球正式比赛的第一个男子单打冠军，也是第一个采用凌空截击打法的运动员。

此后，“全英草地网球锦标赛”每年举行一次，其影响不断扩大，草地网球俱乐部在伦敦西部和东南郊区及其他城市纷纷出现。该锦标赛的比赛项目也逐渐增加，1879 年开始设男子双打项目，1884 年又增设女子单打项目，从 1883 年开始有美国运动员参赛，该赛事逐渐成为国际性的比赛。1888 年成立的“英国草地网球协会”统一了各俱乐部的场地尺寸及比赛规则，进一步推动了草地网球在英国的发展。“全英棒球俱乐部”于 1899 年改名为“全英草地网球和棒球俱乐部”，简称为“全英俱乐部”。1922 年，“全英俱乐部”迁至位于温布尔顿镇丘奇路的新会址，在新会址内建成了有 1.5 万个座位的中心体育馆，有两片室内场地的网球馆及 14 片草地及沙土地的比赛和练习场地。“全英草地网球锦标赛”每年在此举行，这就是世界闻名的“温布尔顿草地网球锦标赛”，它已成为世界草地网球的圣地，英国也被公认为现代草地网球的发源地。

19 世纪 70 年代初，草地网球由英国军官们先后传播到英国的海外殖民地，如北美洲南端附近的百慕大群岛、大洋洲的澳大利亚及印度等地。现在百慕大群岛已成为世界上最出名的网球和高尔夫球运动的休养地，岛上共有各种不同地面的网球场 100 多个。1874 年，草地网球从百慕大传到美国纽约的斯坦岛，并很快在美国东海岸的波士顿、纽波特、费城等城市传播开来，成为社会上层人士的一种时髦的运动。美国第一个草地网球俱乐部于 1875 年在纽约市的斯坦岛出现。1880 年，《纽约先驱报》的发行人本纳特在纽波特市他自己的名为卡辛诺别墅内的数英亩草坪上开辟了众多的网球场（最多时达 40 个），现在的美国网球陈列馆及世界网球名人殿堂就设在该别墅内。

1881 年，“全美草地网球协会”成立，并选择卡辛诺别墅的草地网球场作为第一届“全美草地网球锦标赛”的场所。此后，每年一度的“全美草地网球锦标赛”一直在此举行，直到 1914 年为止，因此纽波特被称为美国草地网球的摇篮。现在，美国唯一的草地网球赛事就于每年 7 月在纽波特举行。从 1915 年开始，“全美草地网球锦标赛”移至纽约市皇后区一个名为“西边网球俱乐部”的草地网球场进行，这就是现在的“美国网球公开赛”的前身。

欧洲大陆的网球运动大多在红土或黏土场地上进行。法国是红土网球运动的故乡，巴黎在 1891 年举行了第 1 届“法国网球锦标赛”，其后 30 多年该赛事一直是法国国内各网球俱乐部成员之间的比赛，1925 年才有外国球员参加。以第一次世界大战法国空军英雄罗兰·加洛斯的名字命名的法国网球中心于 1928 年在巴黎建成，以及 20 世纪 20 年代一批称雄世界网坛的法国男、女运动员的出现，使“法国网球锦标赛”成为世界闻名的国际网球赛事。

1900 年，美国哈佛大学毕业生戴维斯捐赠了一个重 217 英两（约合 6.2 千克）的有黄金衬里的银质奖杯，建议举行英、美两国网球团体赛。该建议被英、美两国的网球协会接受后，于同年7月16—18日在美国波士顿的郎伍德板球俱乐部的草地上举行了两国团体赛，美国队以3 ：0战胜英国队。次年末，又举行了比赛。1904年，欧洲其他国家及大洋洲国家的参加使这种团体赛才真正成为“国际草地网球赛”。以后它被称为“戴维斯杯”赛，它代表国家之间最高水平的比赛。

国际女子团体赛“联合会杯”赛最初是由美国人怀特曼于1923年创办的，当时仅是英、美两国之间的比赛。1938年，澳大利亚霍普曼等人倡议举行国际女子团体赛，但这项提议到1963年才被“国际网球联合会”采纳，这就是“联合会杯”国际女子团体赛的由来。

1905年在澳大利亚墨尔本举行了首届“澳洲草地网球锦标赛”。由于地理位置偏远，赛期气候炎热，赛场设施不够完善，世界名手前往参赛的较少，所以它与当时英国、美国、法国锦标赛相比较为逊色。自戴维斯杯创始以来至20世纪70年代初，戴维斯杯的桂冠始终被英、美、法、澳四国所垄断，澳大利亚是那个时代的世界网球强国之一，曾出现过很多世界闻名的网坛名将，如玛格丽特·史密斯、拉夫尔、埃默生等人，因此“澳洲草地网球锦标赛”与美、英、法国锦标赛并列为世界四大赛事。

一个球员如在一个赛季（指一个日历年）内获得上述四大比赛中同一比赛项目的冠军，他/她就将被称为大满贯获得者。因此这四大赛事又被称为大满贯赛事。至今全世界仅有5人获此殊荣，其中男子有美国人唐纳德·巴吉（1938年）、澳大利亚人罗德·拉沃尔（1962年和1969年）；女子有美国人莫闰·康纳利（1953年）、澳大利亚人玛格丽特·史密斯（1970年）、德国人格拉芙（1988年），同年格拉芙还获得奥运会网球女单冠军，因此格拉芙被称为金满贯获得者。

早期的“四大赛事”反映了各举办国网球运动的发展及技术水平。成为国际性赛事后，它们成为各国网球高手竞赛与交流的中心，代表着现代网球运动发展过程中各个年代的技术特点和最高水平，因而备受世人瞩目。

“国际草地网球联合会”于1913年在巴黎成立，它是现在的“国际网球联合会”（简称ITF）的前身。它的会员是各国的全国网球协会，当时只有12个成员国参加，而网球强国美国未参加。

三、公开赛时代

从20世纪50年代开始，许多顶尖网球高手离开大满贯赛事，参加到逐渐增多的有奖金的职业比赛中去。1968 年在英国伯恩茅茨举行了第一个业余与职业球员都可参加的公开赛——“不列颠硬地网球锦标赛”，开创了网球公开赛的时代。同年，“温布尔顿”和“法国锦标赛”都允许职业球员参赛，“澳洲网球锦标赛”于 1969 年也允许职业球员参赛。美国于 1968 年和 1969 年分别举行了业余和职业的“美国网球锦标赛”，规定业余球员可以参加职业赛事，但职业球员不能参加业余赛事，到 1970 年业余和职业赛才合并成为一个赛事，成为真正的公开赛。而大满贯赛事先后改称为温布尔顿、法国、美国和澳洲公开赛，这四大赛事在我国被简称为“温网”“法网”“美网”和“澳网”。1968 年成为公开赛时代的起始年份。

随着职业网球赛事的兴起，男女职业球员分别于 1972 年和 1973 年成立了维护自身利益的球员工会性质的组织：“男子职业网球协会”（简称 ATP）和“女子网球协会”（简称 WTA）。在公开赛初期，男子网球赛事由 ITF 和“男子网球理事会”（简称 MTC）联合主办。女子网球赛事由“国际女子职业网球理事会”（简称 WTC）与赛事推广商及赞助商联合主办。现在全世界每年举行的奖金总额在 10 万美元以上的男子职业赛事约为 80 个，除四大公开赛外，按奖金总额和积分的多少可将这些赛事分为 4 个等级：超级巡回赛、锦标系列赛、世界系列赛、挑战赛。

此外，ITF 于 1970 年创办了“世界网球大师赛”，参赛者限定为年 ATP 排名前 8 位者，另加 1 位排名第 9 者替补，每年 11 月在纽约麦迪逊广场体育馆内举行。1989 年 ATP 接管了“四大公开赛”。1990 年 ATP 把它所主办的所有赛事称为“ATP 巡回赛”，“世界锦标赛”改名为“ATP 世界锦标赛”，同时还设有“ATP 世界双打锦标赛”。为了与 ATP 竞争，ITF 于 1990 年创办了“大满贯杯赛”，在当年“四大公开赛”中所得积分最高的前 16 名球员才有资格参加。当时刚参加职业网球赛两年，名不见经传，年仅 19 岁的桑普拉斯，在夺取了他的第一个大满贯赛事“美网”单打冠军后，取得了参加“大满贯杯赛”的资格，并出人意料地一举获得第 1 届“大满贯杯赛”的桂冠和 200 万美元的巨额奖金，但该赛事奖金虽高却没有 ATP 积分。当记者采访他对获奖有何感想时，桑普拉斯回答说：“想家了，拿了奖金就回家看妈妈。”

ATP 在世界网坛建立了举足轻重的“最佳 14 项积分体系”，即一名选手的电脑排名积分，由过去 52 周里成绩最好的 14 项比赛的积分和击败较高排名选手的奖励分相加而成。

ATP 对各类赛事的电脑排名分，以及对低排名选手击败高排名选手的奖励分值都做了详细的规定。如获四大公开赛的冠军可得 760 分；奖金总额 5 万美元挑战赛的冠军可得 60 分，等等。这一相对复杂和严密的排名体系，对世界职业网球运动的蓬勃发展起到了不可磨灭的作用。它鼓励选手积极参赛，使选手可以根据自身技术特点、状态情况灵活地选择合适的赛事，因而得到职业选手们的认同。

但是，这一看似完美的制度，也暴露了不尽理想的一面。1999 年，卡费尔尼科夫六连败后，反而登上世界第一的宝座，使不知就里的网球迷们一头雾水，这一事例将这一制度推向了一个无比尴尬的境地，变革被提到了议事日程。

2000 年 1 月 1 日，ATP 开始实行酝酿已久的新排名体系。它以“18 项积分制”为核心内容，规定从 2000 赛季开始，所有男子网球职业选手的排名积分都从 0 开始，也就是说，无论是 1999 年终排名第一的阿加西，还是年终排名很后的任何选手，都将在同一起跑线上起跑。除了每项比赛种子位置和参赛资格确认与以前 52 周的积分有关外，选手无须考虑上一年成绩的好坏。一位选手在一个赛季的积分取决于 18 项赛事。其中，四大公开赛和 9 项大师系列赛事球员必须参加，球员在这 13 项核心赛事上所得的积分将占到总积分的 70%，另外的 30% 则是球员在他所参赛的成绩最好的 5 项 ATP 巡回赛中获得的积分，两项积分相加即为个人的年终积分。年终积分最高者成为当之无愧的世界第一。

第二节　网球运动的基本技能与战术方法

一、基本技能

（一）握拍

目前，网球基本的握拍法可分为 3 种：东方式握拍法、西方式握拍法、大陆式握拍法。

1. 东方式握拍法

东方式握拍法分为正手握拍法和反手握拍法。

（1）正手握拍法

如图 9-1 所示，握拍手的虎口正对拍柄右上侧棱，手掌根与拍柄右上斜面紧贴，拇指垫握住拍柄的左垂直面，食指稍离中指，食指下关节压住拍柄右垂直面，五指紧握拍柄。拍面与地面垂直。手握拍柄好像与人握手一样，因此，其也被称为“握手式”握拍法。

图 9-1　东方式握拍法

（2）反手握拍法

反手握拍法是在正手握拍法的基础上把手向左转动 1/4（即转动 90°）或拍柄向右转动 1/4（即转动 90°），虎口正对拍柄左侧棱面，即用手掌根压住拍柄的左上斜面，拇指直贴在拍柄的左垂直面上，食指下关节压住右上斜面。

2. 西方式握拍法

如图 9-2 所示，握拍时，球拍面与地面平行，拇指与食指几乎成直角，拇指直伸压住拍上平面，食指下关节握住右上斜面，手掌从上面握住拍柄。这是底线上旋攻击型打法的首选握拍方法。这种握拍法的优点在于能击出强有力的上旋球，且稳定性强。但是其技术难度相对较大，初学者在开始学习时较难掌握。

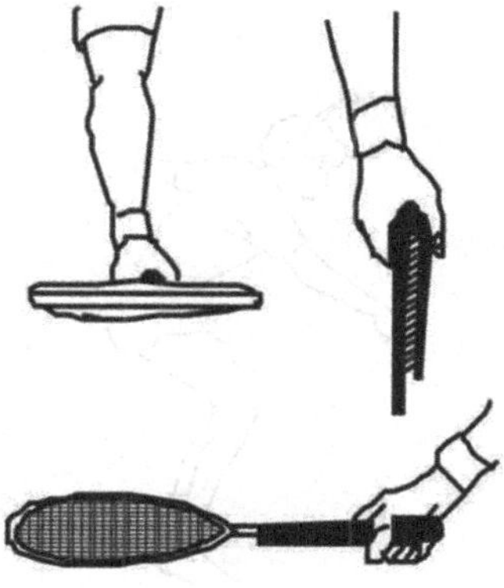

图 9-2　西方式握拍法

3. 大陆式握拍法

如图 9-3 所示，由于其形状像握着锤子的样子，因此又被称为“握锤式”握拍法。由拇指与食指形成的“V”字形虎口放在拍柄的上平面与左上斜面的交界线上，手掌根部贴住上平面，与拍柄底部平齐，大拇指与食指不分开，食指与其余 3 根手指稍分开，食指下关节紧贴在右上斜面上。这种握拍法的优点在于无论是正、反手击球时都不需要转换握拍，简单灵活。但是底线击球时不容易发力，因此是底线的攻击性打法所不适宜采用的握拍方法。

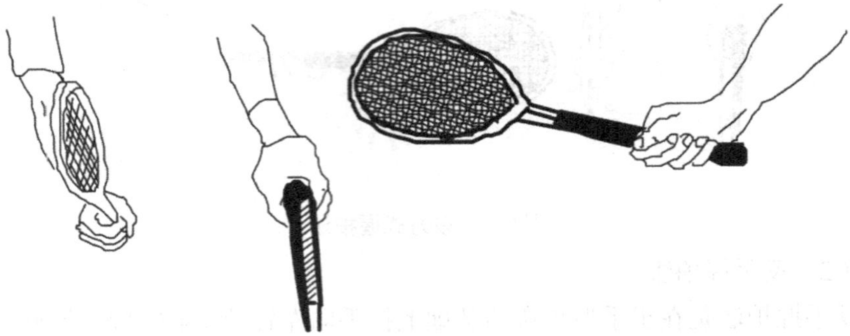

图 9-3　大陆式握拍法

（二）基本步法

网球击球时，其脚步主要采用“开放式”和“关闭式”两种方法。

1.“关闭式”步法

如图 9-4 所示，左脚向来球的方向迈出一步，两脚的连线与来球的方向平行。这种步法在底线正反手击球和网前截击中大量运用。初学者应首先学习这种步法。

图 9-4　“关闭式”步法

2.“开放式”步法

如图 9-5 所示，击球时，两脚平行站立，以前脚掌为轴，转胯转体形成击球步法。通常在有一定技术基础的前提下才会运用这种步法。

图 9-5　“开放式”步法

（三）发球

发球动作由准备姿势和站位、抛球和后摆动作、挥拍击球与随挥动作 4 个技术环节组成。下面介绍几种常见的发球方法。

1. 平击发球

平击发球的击球点应在身体的右前上方，击球的后上部，挥拍时“鞭击”动作发力要集中，充分向上伸展身体以获得最高的击球点来提高命中率。这种发球几乎没有旋转，球差不多笔直地下去，力量大，往往贴着网进入场内，在绝大多数场地上球反弹较低，一般用于第一发球，发球成功时有时能直接得分，但平击发球失误率较高。

2. 切削发球

这种发球实用且易掌握，对初学者最适宜。它是一种以右侧旋转（稍带上旋）为主的发球法，球抛在右侧前上方，球拍击球部位在球的右侧偏上方，整个挥拍动作是从右侧上方至左下方，使球产生右侧旋转。球的飞行路线是一条从右向左的弧线，可以提高命中率并把对方拉出场外回击，尤其在右区发球更能如此。削击发球的准确率高，常用于第二发球。

3. 上旋发球

上旋发球时，抛出球的位置在头后偏左的上方；拍面的触球点在球的中部偏下方；击球时身体成弓形，利用杠杆力量对球施加旋转，球拍快速从左向右上方挥动，并从下向上擦击球的背面，使球产生右侧上旋。这时，球的过网点较高，落地急速，落地后反弹很高，但这种发球难度较大。

（四）接发球

接发球在态势上是被动的，受发球方的制约，并且发球在瞬间千变万化，多数发球都指向接球方软弱的地方，因此，接发球技术是最难掌握的技术之一。

接发球的站位，一般位于端线附近，力求在接发球时向前移动击球。同时，保持两脚平行站位，比肩略宽，右手持拍者一般右脚稍前，两膝微屈，上体稍前倾，脚跟提起，将球拍置于体前。

在接发球的全过程中，眼睛始终要注视来球，一直到完成还击动作。要观察对手的抛球，这样有利于判断发球的方向和旋转。对方第一次发球时多采用大力发球，站位应偏后一些；如果对方是第二次发球，站位可略向前移，这样有利于采取攻击性的还击。

接大力发球时不要做大幅度的后摆动作，主要是控制好拍面角度，并握紧球拍，以免拍面被震转动。还击来球之前要观察对方行动，对自己的回球路线和落点要有所考虑。选择好接发球落点，对控制对手发球后抢攻有重要意义。

（五）底线正手击球

1. 正手平击球

如图 9-6 所示，后摆引拍时，手腕稍上翘使拍头高于手腕，并引拍至头部同高。挥拍时手腕相对固定握拍，以减少拍面挥动过程中的变化。击球时拍面与地面保持垂直并以同样拍面继续前挥。击球后，球拍向前挥动于左肩上方自然收拍。这种击球方法简单易学，适合初学者使用。

图 9-6　正手平击球

2. 正手上旋击球

如图 9-7 所示，正手上旋球是从网球的后下方向前上方挥拍，整个球体受摩擦，产生一种从后下方朝前上方的旋转。其特点是飞行弧线高，落地迅速，落地后弹起的反射角度较小，产生较大的前冲力。这种击球方法适合于有一定技术基础、能发力击球的人使用。

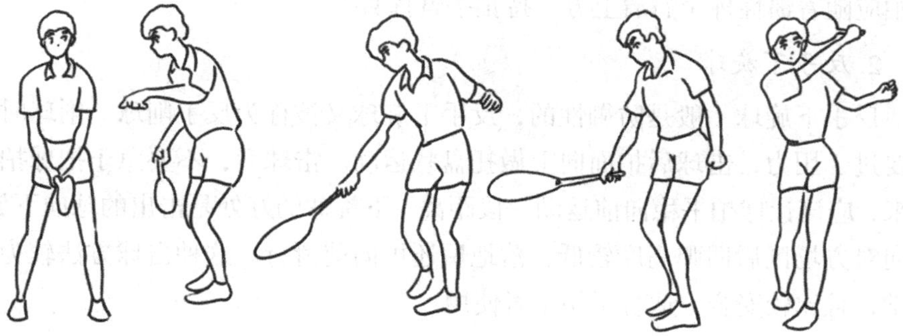

图 9-7 正手上旋击球

3. 正手削球

如图 9-8 所示，是指以底线正手切削方法击出下旋球的技术动作。后摆引拍时，直线将球拍引至身体后侧，动作较小。挥拍时手腕固定握拍，使拍面斜向地面稳定前挥。击球时用斜向地面的拍面以切削动作在身体侧前方击球。击球后球拍随球前送，并在身体前方以左手扶拍结束动作。正手削球在比赛中较少使用。

图 9-8 正手削球

（六）底线反手击球

1. 反手平击球

反手平击球特点是球速快，球的飞行路线比较平直，球落地后的前冲力量大。其动作方法为：后摆引拍时右脚向左侧前方跨出并用力踏地，屈膝降低重心。击球时手腕绷紧，使球拍与地面垂直。挥拍击球的路线是从后向前上方并要求比较平缓的挥击，同时左臂自然展开留在身后，保持身体的平衡。击球后，球拍应随着惯性挥至右肩上方，持拍手臂挥直。

2. 反手下旋球

反手下旋球一般是防御性的，反手下旋球又被称为反手削球。削球时挥拍不要过于用力，击球后拍面向上做托盘状运动。击球后，不要急于把球拍提拉起来，应该让球拍平稳向前运动一段距离。下旋球的好处是击出的球向下旋转，飘向对方场区后回弹高度较低，落地后还可向前滑行。这种击球方法较为简单易学，且比较安全，适合于初学者使用。

3. 双手反手击球

由于这种击球方法采用双手握拍，拍面容易稳定，初学者易于学习和掌握。双手反手击球的准备姿势与单手反手击球相同，左手在转肩引拍的同时，顺着拍柄下滑至双手相接成双手反手握拍，引拍尽量向后，转动上体，使右肩前探侧身对网，手腕固定球拍稍稍低于击球点，右脚向左前方跨一步，重心落在左脚上，球拍从低向高向前挥出，击球点同腰高，比单手反手击球点略靠后，随后重心前移，随上体移动将球拍充分发挥向右前上方，拍头朝上。然后迅速回到准备姿势。

（七）截击球

截击球是指凌空击对方来球的技术动作，即当球在落地之前将来球击回对方场区，可以在网前截击，也可以在场内任何地方截击空中球。截击球以网前截击为主。截击球的特点是缩短击球距离，扩大击球的角度，加快回球速度，在网球比赛中成为一种主要打法和进攻手段。

1. 正手截击球

如图 9-9 所示，后摆引拍时，左脚立即向右前方跨出，同时转肩，带动球拍向后引，拍头要高于握拍手，同时绷紧手腕，握紧球拍。截击球的动作有点像挡击或撞击，在拍面短促向前撞击的同时微微向下做切削球的动作，击球时保持拍头上翘，拍面稍向后仰。击球后有一个小幅度向前的随挥动作，随挥过程仍紧握拍。

图 9-9　正手截击球

2. 反手截击球

对大多数人来说，反拍截击比正拍截击更容易，因为它更符合人体解剖学肌肉用力结构特点。其技术要点是：如图 9-10 所示，后摆引拍时，右脚立即向左前方跨出，左手扶拍手向后拉拍，同时转肩，做短距离后摆引拍动作，拍头高于握拍手，眼睛注视来球。挥拍击球时，左手松开稍后伸，右手握紧球拍前挥并在身体前方切削来球。向前挥拍时，两只手的动作好像在拉长一根橡皮筋，以保持身体平衡。

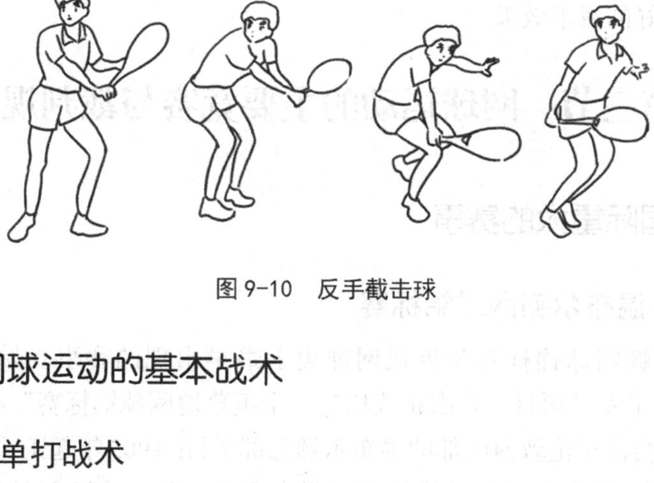

图 9-10　反手截击球

二、网球运动的基本战术

（一）单打战术

第一，变换发球的位置。一个聪明的队员要知道通过改变发球的位置来取得优势。因为这种战术迫使对手必须从不同角度来判断不同旋转的球，回球的难度会加大很多。

第二，发球上网战术。发球上网是利用发球的力量进行主动进攻，先发制人，然后上网抢攻的一项主要战术。它是上网型选手在比赛中的主要得分手段。

第三，接发球破网战术。对付发球后直接冲到网前的对手，挑出有深度的高球是相当有效的破网方法。

第四，攻击对方反手。众所周知，绝大部分球员的反手是比较弱的，只要加大力量攻击对方反手，迫使对方逐步离开场区的位置，就可掌握主动权。

第五，不上网战术。发球或接发球之后，如果自己不上网，那就应该把对方也控制在端线后面，使对手也难以找到得分的机会。在一次较长的端线来回球中，谁耐不住性子，谁就有可能因失误而失分。

（二）双打战术

第一，发球上网抢网战术。首先，运用抢网战术首先是网前同伴可以在背后做手势，告诉发球员应发什么落点，抢与不抢；采取此战术可以干扰对方接发球，为发上网得分及抢网得分创造条件。其次要强调发球员的发球质量、成功率和落点的变化。

第二，澳大利亚网前战术。澳大利亚网前战术的特别之处是发球方的一名同伴以低姿势在网前的中央准备截击。这样能给接发方造成很大的压力，起到破坏对方接发球节奏，为发球上网截击和抢网创造有利条件的作用。运用这一战术时，要求同伴告知发球落点和抢与不抢，另外，第一发球成功率要高，这样才能有良好的战术效果。

第三节　网球运动的主要竞赛与裁判规则

一、国际重大的赛事

（一）温布尔顿网球锦标赛

温布尔顿网球锦标赛是近代网球史上最早出现的赛事。始于 1877 年，1884 年设立了女子项目。首次正式比赛“全英草地网球锦标赛”在全英棒球和草地网球总会位于伦敦西南部的温布尔顿总部举行；1905 年起正式成为公开赛。至 2001 年止，温布尔顿网球锦标赛已举办了 115 届，其间由于两次世界大战停赛了 10 届。开赛时间固定于每年 6 月最后一周至 7 月初。作为最古老和最有声誉的赛事，温布尔顿大赛具有永恒的魅力。

（二）法国网球公开赛

法国网球公开赛与温布尔顿大赛一样，是世界网坛享有盛名的传统比赛。通常在每年 5 月下旬至 6 月上旬举行，是继澳大利亚公开赛后，第二个进行的大满贯赛事。

（三）美国网球公开赛

首届美国网球公开赛于1881年在罗得岛新港举行，该赛事的女子项目设立于1887年。赛事每年一次，通常在8月底9月初举行。1968年后成为公开赛，是一年中最后举行的大满贯赛事。

（四）澳大利亚网球公开赛

澳大利亚网球公开赛是四大公开赛中最晚创建的赛事，始于1905年（女子为1922年），1968年正式成为公开赛，但它又是每年最早开始的大满贯赛事。

澳大利亚网球公开赛有着自身独特的个性，它浸润着一个民族的精神，来到墨尔本的人很快就会被它那特殊的风格所感染。友善、清新、真诚、包容、兴奋，是典型的澳大利亚网球公开赛的风格。

（五）网球大师杯赛

网球大师杯赛是ATP男子年度总决赛，也是世界男子网坛顶级的赛事。2000年世界网坛三大组织——ATP、四大公开赛赛会（Grand Slants）和ITF——将原先的大满贯杯（1990—1999年）和男子职业巡回赛世界锦标赛（1990—1999年）合二为一，成为现在的大师杯赛。

二、网球场地和规则

（一）场地设备

单打球场是一个长方形的场地，长23.77米，宽8.23米。用球网将全场分隔为两个相等的区域，球网悬挂在直径不超过0.8厘米的网绳或钢丝绳上，球网两端越过或悬挂在直径不超过15厘米的圆形网柱或边长不超过15厘米的正方形网柱顶上。网柱高不得超过网绳顶部2.5厘米。网柱中心距边线外沿0.914米。网柱高度应使网绳或钢丝绳的顶部距地面1.07米。

当一个兼有双打和单打的场地挂着双打球网用于单打时，球网必须用高度为1.07米的两根支柱支撑，这两根支柱称为“单打支柱”。它的直径或边长不得超过7.5厘米，单打支柱中心距单打场地边线外沿0.914米。

球网应充分展开，完全填满两柱间的空隙，网孔大小以不让球穿过为准。球网中央高0.914米，并用不超过5厘米宽的白色中心带绷紧束于地面，网顶的绳或钢丝绳要用白色网边布包缝，每边宽不得少于5厘米，也不得多于6.3厘米。

在球网、中心带、网边白布或单打支柱上均不得有广告。

球场两端的界线称为端线（也叫底线）。球场两边的界线称为边线。在球网两侧 6.4 米处的场内各画一条与球网平行的横线，称为发球线。联结两发球线的中点画一条与边线平行的宽 5 厘米的横线，称为中线，中线与球网成十字形，将发球线与边线之间的地面分成 4 个相等的区域，这四个区域称为发球区。全场除端线可宽至 10 厘米外，其他各线的宽度均不得超过 5 厘米，也不得少于 2.5 厘米。全场各区的丈量，除中线外都从各线的外沿计算。所有的线应使用同一颜色。

戴维斯杯或国际网联主办的其他正式锦标赛规定，端线以外至少要有 6.40 米的空地，边线以外至少要有 3.66 米的空地。

双打球场应为 10.97 米宽，比单打球场每边各多 1.37 米。两发球线间的单打球场边线为发球区的边线。其余各项均和单打相同。

（二）球场固定物

球场固定物包括球网、网柱、单打支柱、绳或钢丝绳、中心带、网边白布，还包括球场四周的挡网、看台、固定的或可移动的座位或座椅，安置在场地周围上空的设备等。除主裁判外，网球比赛还需要有各个位置上的裁判员、辅助裁判员、脚误裁判员、司线员、拾球员等。

（三）球

球为白色或黄色，外表毛质均匀，接缝处没有缝线。球的直径为 6.35 ~ 6.67 厘米，重量为 56.7 ~ 58.5 克。球的弹力为：从 2.54 米的高处自由落下时，能在混凝土地面上弹起 1.35 ~ 1.47 米；气温在 20℃时，如果在球上加压 8.165 千克，球的推进变形应大于 0.89 厘米，小于 1.08 厘米。

（四）球拍

球拍如不符合下列规格，不得在比赛中使用。

第一，球拍的击球面必须是平的，由弦线上下交替编织或联结组成，其组成格式应完全一致。

弦线不应有附属物或突起物。如有附属物，只限用来限制或防止弦线的磨损、振动或分散重力，其大小和布置均应合理。

第二，拍框和拍柄的总长不得超过 81.28 厘米，总宽不得超过 31.75 厘米。拍框内沿总长不得超过 39.37 厘米，总宽不得超过 29.21 厘米。

第三，拍框包括拍柄，不应有附属物或设备。如有附属物或设备，只限用来限制或防止拍框和拍柄的磨损、振动或分散重力。任何附属物或设备，其大小和布置必须合理。

第四，拍框包括拍柄和弦线，在每一分的比赛期间，不应有任何可使运动员改变其球拍形状或其重力分配的设备。

（五）发球员和接球员

运动员应各自站在球网的一边，先发球的运动员称为发球员，另一边的运动员称为接发球员。

（六）选择权

第一局比赛用掷硬币的方法来决定选择场区或发球权、接发球权。猜中硬币的规定面者，有权选择或要求对方选择。

第一，选择发球或接发球者，应让对方选择场区。

第二，选择场区者，应让对方选择发球或接发球。

（七）发球

发球员在发球前，应先站在端线后、中点和边线的假定延长线之间的区域里，然后用手将球向空中任何方向抛起，在球接触地面以前用球拍击球（仅能用一只手的运动员，可用球拍将球抛起）。球拍与球接触，就算完成球的发送。

（八）脚误

发球员在完成整个发球动作中，应做到以下两条，否则就是脚误。

第一条：不得通过行走或跑动改变原站的位置。发球员发球时两脚轻微移动而未变更原位，不算行走或跑动。

第二条：两脚只准站在端线后、中点和边线的假定延长线之间，不能触及其他区域。

（九）发球员的位置

第一，每局开始发球时，发球员应先从右区端线后发球；得（失）一分后，再换到左区发球。这样每得（失）一分就轮流交换发球位置。如发球位置错误而未察觉，比分仍然有效；一旦察觉，应立即纠正。

第二，发出的球在对方还击前，应从网上越过，落到对角的对方发球区内或其周围的线上。

（十）发球失误

发球时发生下列任何一种情况，均判为失误。

第一，发球员违反上述规则第（七）、第（八）和第（九）条的各项规定。

第二，未击中球。

第三，发出的球，在落地前触及固定物（球网、中心带、网边白布除外）。

（十一）第二次发球

发球员第一次发球失误后，应在原发球位置进行第二次发球。如果第一次发球失误后，发觉发球位置错误，应按规则第（九）条改在另一区发球，但只能再发一次球。

（十二）发球时间

发球员须等待接球员准备好后，才能发球。接球员做出还击姿势就算已做好准备；如接球员表示尚未准备好，即使所发的球没有落到发球区内，接球员也不能要求判此球失误。

（十三）重发球和重赛

第一，下列情况应判发球无效，重新发球。

其一，合法的发球触及球网、中心带、网边白布后，仍落到对方发球区内，或发球触及球网、中心带、网边白布后，在落地前，触及接球员的身体或其穿戴的物件。

其二，无论发球成功还是失败，接球员均未做好准备。

第二，遇到下列情况时，应判重赛，并给予两次发球机会。

其一，活球期间球破了，应判重赛。

其二，观众进入场内妨碍运动员击球。

其三，当球击中空中的另一只球时。

其四，裁判员或司线员由于纠正错判而影响运动员还击。

（十四）发球次序

单打：第一局比赛终了，接球员成为发球员，发球员成为接球员。以后每局终了，均依次互相交换，直至比赛结束。

双打：应在每盘开始之前，决定发球次序。每盘第一局开始时，由发球方决定由何人首先发球，对方则同样在第二局开始时决定由何人首先发球。第三局由第一局发球方的另一球员发球。第四局由第二局发球方的另一球员发球。

此后各局均按此次序发球。

（十五）运动员交换场地

双方应在每盘的第一、三、五等单数局结束后，以及每盘结束且双方局数之和为单数时，交换场地。如一盘结束，双方局数之和为双数，则不交换场地，需等下一盘第一局结束后再进行交换。

（十六）“活球”期

自球发出时起（除失误或重发外），至判定该分胜负时止，为“活球”期。

（十七）发球员得分

发生下列任何一种情况，判发球员得分。

第一，发出的球（发球无效除外）在着地前触及接球员或他穿戴的任何物件。

第二，接球员违反第（十九）条规则的规定而失分。

（十八）接球员得分

出现下列任何一种情况，判接球员得分：

第一，发球员连续两次发球失误。

第二，发球员违反规则第（十九）条的规定而失分。

（十九）失分

发生下列任何一种情况，均判为失分：

第一，在球第二次着地前未能还击过网［规则第（二十三）条第一和第三款除外］。

第二，还击的球触及对方场区界线以外的地面、固定物或其他物件［规则第（二十三）条第一和第三款除外］。

第三，还击空中球失败（站在场外击空中球失败也算失分）。

第四，在比赛进行中，运动员故意用球拍拖带或接住球，或故意用球拍触球超过一次。

第五，“活球”期间运动员的身体、球拍（不论是否握在手中）或穿戴的其他物件触及球网、网柱、绳或钢丝绳、中心带、网边白布或对方场区以内的地面。

第六，来球尚未过网即在空中还击（过网击球）。

第七，除握在手中（不论单手或双手）的球拍外，运动员的身体或穿戴的物件触球。

第八，抛拍击球。

第九，比赛进行中，运动员故意改变其球拍形状。

（二十）阻碍击球

甲方的举动妨碍乙方击球时，该举动若属故意，判甲方失分，若系无意则判该分重赛。

（二十一）压线球

落在线上的球都属于界内球。

（二十二）球触固定物

击出的球，落到对方场区地面后再触及固定物（球网、网柱、单打支柱、绳或钢丝绳、中心带、网边白布除外）时，判击球者得分；球在落地前触及固定物，判对方得分。

（二十三）有效还击

下列任何一种情况，都是有效还击。

第一，球触球网、网柱、单打支柱、绳或钢丝绳、中心带或网边白布后，从网上越过落入对方场区内。

第二，对方发出或还击的球落到本方场区内，或在风吹回本方场区上空时，本方运动员挥拍过网击球，球落到对方场区内，其身体、衣服或球拍并未触及球网、网柱、单打支柱、绳或钢丝绳、中心带、网边白布或对方场区的地面。

第三，球从网柱或单打支柱以外还击至对方场区（不论还击的球是高还是低于球网或是触及网柱或单打支柱）。

第四，合法击球后，球拍随球过网。

第五，对方发出或击出的球，碰到本方场区内的另一球，而还击的运动员仍能回球到对方场区内。

（二十四）意外阻碍

运动员遇到不能控制的意外阻碍［球场固定物及规则第（二十）条的规定除外］，妨碍其击球时，该分应重赛。

如有观众进入场内妨碍了运动员击球，该分重赛。

（二十五）胜一局

运动员每胜一球得一分，胜第一分记分 15，胜第二分记分 30，胜第三分记分 40，先得四分者胜一局。但遇双方各得三分时，则为“平分”。“平分”

后，一方先得一分时，为“该运动员占先”。“占先”后再得一分，才算胜一局；如一方“占先”后，对方又得一分，则仍为“平分”。依此类推，直到一方在“平分”后净胜两分，才算结束该局。

（二十六）胜一盘

第一，一方先胜六局为胜一盘。但遇双方各得五局时，一方必须净胜两局才算胜一盘。

第二，决胜局计分制可作为本条规则第一款在平局时处理长盘的变通办法，但要在比赛前宣布这一决定。

1. 决胜局计分规则

决胜局计分制可应用于每盘的局数为六平时，但三盘两胜制的第三盘和五盘三胜制的第五盘不得使用此制度，应使用本条第一款的长盘制，除非另有规定并在比赛前宣布。

2. 决胜局计分制

（1）单打

①先得七分者为胜该局及该盘。若分数成六平时，比赛需延长到某方净胜两分为止。决胜局应全部采用数字计分制。

②该轮到的发球员发出第一分球后，接着由对方发第二分及第三分球；此后轮流交替发球，每人连发两分球，直至决出该局与该盘的胜负为止。

③该轮到的发球员在右区发第一分球后，即改由对方依次在左区和右区发第二、三分球；此后轮流交替发球，每人连发两分球，其中第一分球均应在左区发球。如果从错误的半区发球，在发觉前已得的分数均有效，但在发觉后应立即纠正错误的站位。

④运动员应在每六分及决胜局结束时交换场地。

⑤更换新球时，决胜局作为一局计算。如逢该局更换新球，应暂缓更换，待下一盘第二局开始时，再行更换。

（2）双打

单打比赛的规定都适用于双打比赛。轮到发球的运动员发第一分球，此后发球次序仍按该盘比赛中原先的发球次序排定，每人轮流交替发两分球，直到决出该局与该盘的胜负为止。

（二十七）最多盘数

一场比赛最多盘数是五盘，女子最多盘数是三盘。

（二十八）临场官员的任务

比赛时如设裁判员，裁判员的判定就是最后的判定。

比赛设有裁判长时，如运动员对裁判员涉及有关规则问题的判定有异议，可提请裁判长解决，裁判长的判定就是最后的判定。

比赛中设有司线员、司网和脚误裁判员等辅助人员时，对于具体发生的事例，他们的判定就是最后的判定。如果裁判员认为是明显误判，他有权纠正辅助人员的判定或指令该分重赛。当辅助人员不能做出判定时，应立即向裁判员示意，由裁判员作出判定。如裁判员对于具体发生的事例不能作出判定时，可指令该分重赛。

在戴维斯杯和其他团体赛中，球场上的裁判长有权更改任何判决，还可以指示裁判员判该分重赛。

裁判长认为天色黑暗或因场地、气候等条件不能继续比赛时，可令比赛停止。补赛时双方运动员原有比分和原站方位仍然有效；经裁判长与双方运动员一致同意后，可重赛。

但现在科技水平普遍提高，“鹰眼”技术的应用使裁判的误判率大大下降，但每盘中，如果球员对裁判员 / 长的决议有异议，其可挑战“鹰眼”的机会只有 2 次。

（二十九）连续比赛和休息时间

第一，如第一次发球是失误，发球员必须毫不延误地开始第二次发球。

接发球员必须按发球员合理的速度进行比赛，当发球员准备发球时，接发球员必须准备去接球。

交换场地时，从前一局结束至下一局第一分发球球拍击球时，最多有 1 分 30 秒的间歇。当有外界干扰使比赛无法连续进行时，裁判员可酌情处理。

由国际网联承认的国际巡回赛和团体赛的组织者，可以决定分与分之间允许间歇的时间，在任何时候，间歇的时间都不得超过 25 秒。

第二，不能为了使运动员能够恢复力量、呼吸或身体素质而暂停、延误或干扰比赛。但是如因事故而受伤，裁判员可允许一次暂停（3 分钟）。

由国际网联承认的国际巡回赛和团体赛的组织者，可以延长这一次暂停时间，从 3 分钟到 5 分钟。

第三，若某些情况非运动员所能控制，如运动员的服装、鞋或器材（不包括球拍），因料理不当而不能或难以继续比赛时，裁判员可暂停比赛，直到料理好为止。

第四，当需要和适宜时，裁判员在任何时候都可以暂停或延缓比赛。

第五，男子比赛在第三盘打完之后，女子比赛在第二盘打完之后，双方球员可以有不超过 10 分钟的休息时间。如果是地处北纬 15° 与南纬 15° 之间的国家，则以不超过 45 分钟为限。此外，当出现球员无法控制的特殊情况时，裁判员有权在适当的时间暂停。

如果比赛被暂停至第二天才能恢复，则在第二天打完第三盘之后（女子第二盘之后）才有休息权。第一天未打完的盘作一盘计算。如果在同一天内，比赛设暂停超过 10 分钟，在没有间断的情况下，要再连续打完三盘后（女子比赛打完二盘后）才有休息权。上一段没有打完的一盘作一盘计算。

（三十）指导

团体赛中，在交换场地时，可由坐在场内的队长给予指导，但在决胜局换边时不得进行指导。

在其他比赛时，运动员不能接受指导。

在裁判员发出警告后，裁判员有权取消犯规运动员的比赛资格。当使用批准的罚分制（指三级罚分制）时，裁判员应按照罚分制处罚。

（三十一）更换新球

假如在规定的局数以后应换新球，但在正确的次序未换新球，则此错误应等到该轮及发新球的运动员或在双打时该对运动员，在其下一轮发球局到来时予以纠正，更换新球。此后，应按原先规定的两次换球间的局数来更换新球。

（三十二）双打规则

除以下各条规定外，上述规则均适用于双打。

（三十三）双打接球次序

应在每盘开始之前，决定接球次序如下：先接球的一方，应在第一局开始时，决定何人先接发球，并在这盘单数局继续先接发球。对方同样应在第二局开始时，决定何人先接发球，并在这盘双数局继续先接发球。其同伴应在每局中轮流接发球。

（三十四）双打发球次序错误

如果发球次序错误，应在发觉时立即纠正。但已得的分数或已有的失误都有效。如发觉时全局已经终了，此后发球次序就以该局为准，轮流发球。

（三十五）双打接球次序错误

如果接球次序错误，发觉后仍按已错误的次序进行，等到下一局再纠正。

（三十六）发球失误或得分

发出的球，如违反第（十）条规定，或触及同队队员或他/她穿戴的物件时，都算失误。发出的球，在着地前触及接球员的同伴或他穿戴的物件时，应判发球方得分。

（三十七）双打还击

接发球后，双方应轮流由其中任何一名队员还击。如果运动员在其同队队员击球后，再以球拍触球，则判对方得分。

第十章　高校体育文化实践之乒乓球运动

乒乓球是我国国球，也是一种世界流行的球类体育项目。它的英语官方名称是“Table Tennis”，意即“桌上网球”。“乒乓球”一名起源自 1900 年，其因打击时发出“Ping Pong”的声音，中国就以“乒乓球”作为它的官方名称。

第一节　乒乓球运动

一、乒乓球运动的特征

乒乓球运动是集智能、技能、体能三者于一体的隔网对抗的运动项目。比赛得分是按规则将球击中对方桌面迫使对手回球出界或落网。其特点是球小、速度快、变化多、技巧性强、趣味性高，设备比较简单，不受年龄、性别和身体条件的限制，在室内外都可进行，运动量可大可小，不同年龄、不同性别、不同身体条件的人均可参加此项活动。它可由两人组成单打比赛，四人组成双打比赛，也可由不同性别组成男女混合双打比赛。乒乓球运动是我国广大人民群众所喜爱的体育项目之一，它具有广泛的适应性和较高的锻炼价值，比较容易开展和普及。

打乒乓球时，乒乓球飞行的速度很快，一般把球从本方台面打到对方台面不到 0.5 秒。在这样短暂的时间内，要求运动员对来球的方向、速度、旋转、落点等进行全面观察，迅速做出判断，并立即决定对策，迅速移动步伐，调整击球的位置与拍面角度，进行挥拍击球。为了适应各种复杂的变化，运动员必须经常从一个动作、战术转变到另外一个动作、战术，这就要求打乒乓球时要集中注意力、加快反应速度，神经系统特别是视觉神经要处于良好的兴奋状态。因此，经常参加乒乓球运动，能提高人的机智灵活性，并促进人体各方面的协调性和灵敏性。

二、乒乓球运动打法的分类

随着乒乓球技术及器材的进步，乒乓球打法也在不断更新，现阶段乒乓球的打法类型主要有以下几类。

（一）快攻型

本类打法可分为左推右攻型和两面攻打型，这类打法起源于中国，特点是快、准、狠、变。

1. 左推右攻型打法

此类打法可以是直拍也可以是横拍，正手位以各种快攻技术抢占先机，压制对手以制造得分机会。正手扣杀是主要的得分手段，反手位则用以推挡（直拍）或（快拨）过渡。此类打法的缺点是反手位进攻往往需要正手侧身攻来解决，因此对步法要求较高。

2. 两面攻打法

此类打法基本与左推右攻类似，但在这类打法中，反手位也可以进攻，因此威胁较左推右攻打法大。缺点是反手位对付弧圈时，拍型不易下压，容易将球打飞。在弧圈球盛行的今天，此类打发不易练好，但练好后也是对弧圈球威胁最大的一种打法。中国连续三届男子单打世界冠军庄则栋是其杰出的代表。自庄则栋以后，两面攻打法才逐渐流行开。

（二）弧圈球类

此类打法可以分为快攻结合弧圈类和弧圈结合快攻类。此类打法的特点是以强烈的上旋弧圈球作为过渡，以扣杀或前冲弧圈球作为主要得分手段。

1. 快攻结合弧圈类

此类打法可以是直拍也可以是横拍，起源于日本。日本人发明了弧圈球以后结合自己的远台长抽技术，便形成了快攻结合弧圈打法的雏形。欧洲人借鉴日本技术利用横握球拍，将此技术发扬光大。

2. 弧圈结合快攻类

乍一看，此类打法和快攻结合弧圈很难分开，其实这两种打法还是有区别的。快攻结合弧圈以速度为主，弧圈结合快攻是以旋转为主，通常用前冲弧圈来代替扣杀。例如，我国名将王楠是快攻结合弧圈，而李菊则是弧圈结合快攻。此类打法起源于欧洲，站位中近台，对付削球打法有较大的优势。中国运动员采用直握球拍弧圈结合快攻形成了自己的独特打法，在历届大赛上均有上乘表现。

（三）削球类

此种打法是乒乓球第一打法，近年来此种打法人才凋零。自从出现弧圈球以后，削球便越来越难打。此类打法讲究后发制人，让对方失误送分。

以上是基本的打法类型，各种打法的互相交流，取长补短又形成了许多新的打法，现在流行的打法大概有以下 5 种：直拍左推右攻类；直、横拍两面攻类；直、横拍快攻结合弧圈类；直、横拍弧圈结合快攻类；横拍削、攻结合类。

三、乒乓球运动的发展

乒乓球起源于英国，由网球发展而来。19 世纪末，欧洲盛行网球运动，但受到场地和天气的限制，网球推广困难，于是英国大学生把网球移到室内，以餐桌为球台，书作球网，用羊皮纸作球拍，在餐桌上打来打去。球台和球网的大小、高度及记分方法均无统一规定，发球的方法也无严格限制。最初，这种游戏称为“弗利姆－弗拉姆（Flim-Flam）”，又称为“高西马（Goossime）”。

1926 年 12 月，国际乒乓球联合会在英国伦敦成立，举行了第 1 届世界乒乓球锦标赛。世界乒乓球运动的发展主要经历了 5 个阶段：欧洲全盛期（1926—1951 年）；日本称雄世界乒坛（1952—1959 年）；中国乒乓球运动的崛起（1960—1965 年）；欧洲的复兴和欧亚对抗（1971—1987 年）；进入奥运时代（1988 年至今）。

1904 年，乒乓球运动由日本传入上海。由于器材均从国外进口，故仅限于上层社会人士参加，运动水平极低。1930 年，中国队首次参加了第 9 届远东运动会的乒乓球赛。1935 年，中华全国乒乓球协进会在上海成立。新中国成立后，乒乓球运动得到迅速的普及与发展。20 世纪 50 年代，我国在全国范围内开展了群众性的乒乓球运动，这使我国的技术水平得以飞速提高。1952 年 10 月，北京举行了第 1 次全国乒乓球比赛。1959 年，我国优秀运动员容国团在第 25 届世乒赛中获得第 1 个男子单打世界冠军，这标志着我国乒乓球运动在世界乒坛的崛起。自此，我国乒乓球技术水平进入了世界最先进的行列，并长盛不衰。

四、乒乓球运动的意义

首先，它具有较高的锻炼价值。作为一项全身运动，乒乓球所特有的速度快、变化多的特点决定了参与者在以下方面均可受益：一是身的肌肉和关节组织都可以得到活动，从而提高了动作的速度和上下肢活动的能力；二是极有效地发展反应、灵敏、协调和操作思维能力。

其次，由于该项运动具有极为明显的竞技性特点和娱乐功能，这又使其成为一项培养勇敢顽强、机智果断等品质和保持青春活力、调节神经的有效运动。经常打乒乓球能提高视觉的敏锐性和神经系统的灵活性，使人心情舒畅，想象力丰富，有利于提高学习和工作效率。此外，生活、工作中产生的不良情绪，也可在打乒乓球锻炼中得到缓解和宣泄，起到积极的心理调节作用，提高社会的适应能力。

第二节　乒乓球运动的基本技能与战术方法

一、乒乓球运动的基本技能

乒乓球技术主要由握拍法、基本站位、基本姿势、基本步法、发球和接发球，以及各种击球方法所组成。

（一）握拍

当前世界上流行的握拍法有两种：一是直握拍法；二是横握拍法。

1. 直拍握法

此方法的优点是此握法正反手都用球拍的同一拍面击球，一般情况下不需要两面转换，出手较快；正手攻球快速有力，攻斜、直线球时拍形变化不大，对手不易判断，便于从速度、球路和力量上取得主动；手腕动作灵活，发球可做较多变化。但反手攻球时，因受身体阻碍较难掌握，不易起重板；攻削交替时手法变化大，影响击球速度和准确性；防守时照顾面积较小。

基本握法：如图 10-1 所示，用拇指和食指握住球拍拍柄与拍面的结合部位，拍柄右侧贴在食指的第三关节内侧，食指的第二关节压住球拍的右肩，其第一关节自然向内弯曲，拇指的第一关节压住球拍的左肩，其他三指自然弯曲斜形重叠，以中指第一关节贴于球拍的 1/3 上端。

图 10-1　直拍握法

2. 横拍握法

此握法照顾面比直拍大，攻球和削球时握拍的手法变化不大；反手攻球不受身体阻碍，便于发力；削球时用力方便，易于发挥手臂的力量和掌握旋转变化。但在还击左右两面来球时，需变换击球拍面；攻斜、直线球时调节拍形的幅度大、动作明显，易被对方识破；台内正手攻球也较难掌握。

基本握法：如图 10-2 所示，以中指、无名指、小指自然地握住拍柄，拇指在球拍正面轻贴在中指旁边，食指自然伸直斜于球拍的背面，虎口轻微贴拍。

图 10-2　横拍握法

在准备击球时或将球击出后，握拍都不宜过紧或过松。过紧会使手腕僵硬，影响球的飞行弧线；过松会因拍面不稳，影响发力和击球的准确性。

（二）基本站位

乒乓球运动员的基本站位应根据不同类型的打法、个人技术特点和身体特点来选定。一般情形如下（以右手持拍为例）。

第一，左推右攻打法的运动员，其站位在近台偏左，距球台 30 ~ 40 厘米。

第二，两面攻打法的运动员，基本站位也在近台中间偏左，但距球台 40 ~ 50 厘米。

第三，弧圈球打法的运动员，基本站位在中台偏左，距球台约 50 厘米。两面拉弧圈球的运动员，其站位中间略偏左。

第四，横板攻削结合打法的运动员，基本站位在中台附近；削球打法的运动员，基本站位则在中远台附近。

（三）基本姿势

击球前身体的基本姿势应做到（图 10-3）：一是，两脚平行站立，距离略比肩宽，保持身体平稳，重心置于两脚之间。二是两脚稍微提踵，前掌内侧着地，两膝微屈内扣，上体含胸略前倾。三是右手握拍于腹前，手臂自然弯曲，持拍手腕放松，左手协调平衡。四是，下颌稍向下收，两眼注视来球；形如箭在弦上，视球以外无物。

关键是要做到重心低，启动快。两脚略比肩宽和屈膝内扣是为了保持身体重心的稳定性；脚掌内侧着地和稍微提踵是为了保证快速启动。横握球拍时肘部向下，前臂自然平举即可，其余与直握拍相同。

图 10-3　基本姿势

（四）基本步法

乒乓球运动常用的基本步法有单步、跨步、跳步、并步、交叉步等。

1. 单步

以一脚为轴心，另一脚向前或向后、左、右移动一步，身体重心随之落到移动脚上，挥拍击球。其特点是移动简单，范围小，身体重心平稳。当来球离身体较近时采用。

2. 跨步

从来球方向的异侧脚蹬地，同侧脚向来球方向跨出一大步，身体重心随即移到同侧脚，异侧脚迅速跟上。特点是移动范围比单步大。当来球离身体较远时采用。移动速度快，多用于借力回击。

3. 跳步

以来球方向的异侧脚蹬地为主，两脚发力同时离地，异侧脚先落地，另一脚随即着地，在另一脚落地瞬间即挥拍击球。跳移过程中，身体重心起伏不宜过大，落地要稳。特点是移动范围比单步和跨步更大，移动速度更快，一般在来球离身体较远时采用。

4. 并步

由来球方向的异侧脚向同侧脚并一步，然后同侧脚再向来球方向迈一步，挥拍击球。特点是移动时脚步不腾空，身体重心平稳，移动范围不如跳步大。

5. 交叉步

来球方向的同侧脚发力，异侧脚迅速从体前做平行交叉横跨一大步，同侧脚迅速跟上落地还原，挥拍击球。特点是移动范围比其他步法都大，适用于主动发力进攻，一般在来球距身体较远时采用。

（五）发球

乒乓球比赛是从发球开始的，其技术的好坏将直接影响到得分和失分，发球是力争主动、先发制人的第一个环节。现介绍几种常用的发球技术。

1. 平击发球

平击发球速度慢，力量轻，几乎不带旋转，易掌握，是初学者的入门技术，也是掌握其他发球技术的基础。它分为正手平击发球和反手平击发球两种。

正、反手平击发球时，站位近台，抛球的同时，向右（左）侧后方引拍。当球下降至稍高于网时，上臂带动前臂向前平行挥动，拍形稍前倾，或接近垂直，击球的中上部。击球后，手臂继续向左（右）前上方顺势挥动，并迅速还原。

2. 正手发转和不转的球

正手发转与不转球是用相似的动作迷惑对方，发出旋转差异较大的球，往往能够取得主动。它是中国乒乓球队于 1959 年发明的一种技术。

其准备姿势与正手平击发球相似。发加转球时，拍面后仰，用球拍下半部靠左的一侧去摩擦球的底部。发不转球时，拍面的后仰角度小一些，用球拍上半部偏右的一侧碰击球的中下部。

3. 发短球

发短球指发至对方距球网约 40 厘米范围内的球，且第二跳不出台。具有动作小、出手快、落点短的特点。正反手均可发短球。

在抛球时，向身体右后方引拍，手腕放松。当球从高点下降至稍高于网时，前臂向前下方稍用力，拍面后仰，击球瞬间主要以手腕发力为主，触球中上部，并向底部摩擦。

4. 正手发左侧上、下旋球

用近似的发球方法发出两种旋转方向完全不同的球，极易迷惑对方，并具有较大的威胁性，是极常用的发球技术。其所发出的球均具有较强烈的左侧旋。

右脚在后，抛球时，持拍手向右上方引拍，手腕略向外展。当球下落时，手臂迅速向左下方挥动，在与网同高时触球，触球瞬间手腕快速向左上方挥动，使球拍从球的中部略偏下向左上方摩擦。发左侧下旋球时，手腕快速向左下方转动，使球拍从球的中下部向左下方摩擦。

5. 侧身正、反手发高抛球

由于将球高抛至 2 ~ 3 米，故下降的球将获得更快的加速度，从而增大球与拍的合力，增强了发球的旋转；也因高抛球下落时间长，改变了击球节奏，可影响对手的注意力和心理状态，从而增大发球的威胁性。

（六）接发球

接发球的基本方法由点、拨、带、拉、攻、推、搓、削、摆短等技术综合组成。运用这些方法接发球时，存在着一般的规律，即用某单一接发球方法可以接稳对方某种性能的发球。下面介绍一般接发球的规律和最基本的接发球方法。

1. 接上旋球

一般采用推、拨、攻、拉等技术回接。

2. 接下旋球

发过来的球速度较慢，触拍后向下反弹，用搓球回接时，注意拍面后仰以增加向前上方的发力。用拉攻或弧圈球回接时，一定要增加向上提拉的力量。

3. 接左侧上、下旋球

接左侧上旋球一般采用推、攻为宜。回接时，拍面角度要稍前倾，拍面向左偏斜以抵消来球的左侧旋，向前下方用力要相对加大，防止球触拍时向自己右上方反弹。接左侧下旋球一般采用搓、削为宜。回接时，拍面角度要稍后仰，拍面所朝方向向左偏斜以抵消来球的左侧旋，稍向上用力，防止球触拍时向自己左下方反弹。

4. 接旋转不明发球

当旋转判断不明时，站位应稍远，运用慢搓，击球下降中期，这样有利于增加判断时间，降低来球旋转强度，并为赢得接球的技术提供时间。

5. 接短球

由于对方发来的球是台内近网短球，所以回接时最主要的是注意及时上前，以获得最适合的击球位置，同时要控制好身体的前冲力量，接发球后要迅速还原，准备下一拍来球。无论采用搓、削、挑、带中的哪一种方法回接短球，都应特别注意，来球是在台内，台面会影响引拍，因此要充分依靠前臂和手腕发力，同时要根据来球的旋转性能调节拍面角度、击球部位、击球时间和用力方向。

（七）推挡

推挡，顾名思义具有推和挡的两种功能。“挡”着重防守，强调借力，如在接重板或速度较快的球时，多采用“挡”，其主要有平挡、减力挡、侧挡等技术；“推”力主进攻，强调主动加力，加快球速，主要技术有快推、加力推、推挤、下旋推挡等。这里着重介绍平挡、快推和加力推 3 种技术。

1. 平挡（挡球）

两脚平行站位，身体靠近球台。击球前，上臂贴近身体，前臂约与台面平行，球拍置于腹前，略高于台面呈半横状，拍面近乎垂直。击球时，调整好拍形，在来球上升前期触球中部或中上部，借来球的反弹力将球挡回。平挡具有速度慢、发力均匀柔和、力量小等特点。

2. 快推

近台中偏左站位，右脚稍前，上臂和肘关节靠近右侧身旁。拍面垂直，当球弹起至上升前或中期时，拍面略前倾，大臂带动前臂向前或前上方加速推出，击球中上部。

3. 加力推

动作较大，回球力量重，球速快，主要用于对付反手位速度较慢、反弹偏高的球。当来球弹至上升后期或高点期时，拍面前倾，大臂带动前臂，前臂带动手腕向前或前下方加速发力推出，击球中上部。加力推时，可以配合髋、腰以及身体前移共同发力。

（八）攻球

攻球可分为正手攻球和反手攻球两种。每种又可包括许多不同的攻球方法。下面主要介绍六种常用的攻球技术。

1. 正手快攻

正手快攻具有站位近、动作小、速度快、攻击性强的特点。动作时左脚稍前，身体离球台 40 ~ 50 厘米，呈基本姿势站立，以前臂为主引拍至身体右侧方，球拍呈半横状。击球时，在上臂带动下前臂和手腕由右侧方向左前上方挥动，拇指压拍，食指放松，拍面稍前倾，在来球弹起上升期，击球的中上部。击球后，手臂随势向前挥摆，迅速还原成击球前的准备姿势。

2. 正手台内攻

正手台内攻具有站位近、动作小、速度快、突然性强等特点，动作时站位近台，右方大角度来球时右脚上步，中间或偏左方向来球时左脚上步。上步同时上臂和肘部前移，前臂伸进台内迎球。当来球跳至最高点，若下旋强，拍面稍后仰，前臂和手腕向前上方发力，击球的中下部；若下旋弱，拍面接近垂直，前臂和手腕以向前发力为主击球的中部；若上旋球，拍面稍前倾，前臂和手腕向前发力击球的中上部。

3. 正手中远台攻

正手中远台攻具有站位远、动作大、力量重的特点。动作时，左脚稍前，身体离球台 1 米左右。持拍手臂较大幅度向右后方引拍，拍面接近垂直。击球时，右脚蹬地、向左转体，同时上臂带动前臂由右后方加速向左前上方发力挥动，手腕边挥边转使拍形逐渐前倾，在来球弹起至下降期前，击球中部或中上部。

4. 正手扣杀

正手扣杀具有力量重、速度快、攻击性强的特点。动作时，前臂内旋使拍面稍前倾，持拍手臂在随着身体向右转动的同时，引拍于身体右后方。身体随着右脚蹬地而左转，持拍手上臂要带动前臂加速向左前上方发力挥动，拍面稍前倾，在来球弹起至高点时，击球的中上部。一般击球点在胸前 0.5 米为宜。

5. 反手快攻

左脚稍后，身体离球台 0.4 ~ 0.5 米。持拍手臂自然弯曲并外旋使拍面前倾，上臂与肘关节自然靠近身体，引拍至腹前偏左的位置。击球时，在上臂带动下，前臂和手腕向右前上方挥动，同时配合外旋转腕动作，使拍面稍前倾，在来球弹起上升时，击球中上部。

6. 反手中远台攻

右脚稍前，身体离球台 0.7 ~ 1 米。身体左转的同时，持拍手的上臂和肘关节靠近身体，前臂向左下方移动，引拍至身体左侧下方，拍面稍前倾。击球时，身体右转，同时手臂由左后向前挥动，前臂在上臂带动下，向前上方用力，并配合向外转腕，使拍面稍倾，在来球弹起下降时，击球中下部。

（九）搓球

对初学者来说，首先应学反手搓球，再学正手搓球。先练习慢搓，再练习快搓。在基本熟悉以上技术之后，再练习搓转与不转的球。

1. 快搓

动作幅度较小，回球速度较快，能借助来球的前进力去回击。它是对付削球和搓球的一种方法。

右脚稍前，身体靠近球台。来球在身体左侧时，可运用反手搓球。击球时，上臂迅速前伸，前臂跟随向前，拍形稍后仰，利用上臂前送力量，在上升期击球中下部。来球在身体右侧，可以运用正手搓球。搓球时，身体稍向右转，手臂向右前上引拍，然后前臂和手腕向前下方用力，在上升期击球中下部。

2. 慢搓

慢搓的动作幅度较大，回球速度较慢，靠主动发力回击，回球有一定旋转强度。

反手搓球时，向左上方引拍，前臂以肘关节为轴，快速向前下方用力挥摆，伸手腕辅助用力，手指配合使拍面后仰，在球的下降前期切击球的中下部。

正手搓球时，手臂外旋使拍面后仰，前臂提起，向右上方引拍至右肩高度。当来球处于下降期前，手臂快速向左前下方挥摆，屈手腕辅助用力，切击球的中下部。

3. 搓转与不转

其特点是用近似手法搓出转与不转两种性质不同的球，使对方难以判断，增加其回球难度或直接导致接球失误。

动作方法：搓转与不转球的动作方法与快搓技术的动作相同。决定转与不转要看击球作用力是偏离球心还是通过球心。搓转球时，除击球速度、击球力量和拍面后仰角度要加大以外，还要在球拍切击球时切薄一些，使其作用力远离球心，形成较旋转的下旋球。而搓不转球时，减小拍面后仰角度，击球中下部并向前上推，使击球力量接近或通过球心，这样就形成相对的不转球。搓转与不转球时，一定要在相似的动作上下功夫，若搓不转球的动作意图很明显，则会弄巧成拙，送给对方进攻机会。

二、乒乓球运动的基本战术

在乒乓球竞赛中，无论是一个队或一名运动员，经常会遇到各种各样的对手。比赛时，运用战术的目的，主要是通过有效的战略和战术，压倒对方，赢得主动和胜利。为了达到这个目的，运动员在比赛时就必须认真贯彻“积极快速，灵活多变”的指导思想，因为只有积极而又快速地运用各种战术，才能控制对方，使自己处于主动的地位。然而在竞赛过程中，进攻与防守、主动与被动、控制和反控制，常会在全局中出现许多变化，甚至在一分的争夺中，比赛的主动权也会多次易手。因此，战术又必须灵活多样，只有及时地和正确地解决比赛中所出现的各种变化，才能取得更多的主动权。

乒乓球的基本战术包括发球抢攻战术、接发球战术、对攻战术、推攻战术、搓攻战术、削攻战术等。

（一）发球抢攻战术

发球抢攻战术是乒乓球所特有的打法，特别是进攻型打法的主要战术和得分手段。发球抢攻战术以发球的旋转、速度、落点灵活变化为主要技术特征，常用的有以下几种。

第一，发下旋转与不转球抢攻。

第二，发正、反手奔球抢攻。

第三，发正、反手侧上、下旋球抢攻。

发球抢攻要注意：一是发球要有线路和落点变化，以便使对方在前、后、左、右走动中接发球。二是发球后要有抢攻准备，以便不失抢攻的机会。三是自己发什么球，对方可能以什么技术回击，这些要在发球前做到心中有数。这样，才能较好地做好抢攻的准备。

（二）接发球战术

接发球战术是发球抢攻战术的直接对立面。接发球战术一方面要抑制、扰乱或破坏对方运用发球抢攻的战术，降低发球抢攻的质量，形成相持状态；另一方面要从被动中求主动，通过过渡性接发球技术力争在第四板抢先上手，转入对己方有利的战局，同时抓住机会采用接发球抢攻直接得分或设法取得明显的战术优势。接发球战术是各类型打法的选手都必须掌握的战术，主要有主动法、稳健法和相持法。

（三）对攻战术

对攻战术是进攻型选手经常采用的战术。运用正、反手攻球、反手推挡等技术，采用攻击对方两角、追身攻、轻重结合来达到目的。常用的有以下几种。

第一，压反手，伺机正手侧身攻。

第二，调右压左，转攻两角或追身。

第三，连压中路，突变攻两角。

（四）推攻战术

推攻战术主要运用正手攻球和反手推挡的速度和力量，并结合落点变化和节奏变化来压制和调动对方，以争取主动或得分。推攻战术是用左推右攻打法对付攻击型打法的主要战术，具有反手推挡能力的两面攻的运动员和攻削结合的运动员也时常使用它。其方法如下。

第一，左推右攻。

第二，推挡侧身攻。

第三，推挡、侧身攻后，扑正手。

第四，左推结合反手攻。

第五，左推、反手攻后，侧身攻。

第六，左推、反手攻、侧身攻后、扑正手。

（五）搓攻战术

搓攻战术主要运用“转、低、快、变”的搓球控制对方，以寻找战机，然后采用低突、快点或快拉等技术展开攻势并进入连续攻；在搓球中遇到机会球时进行扣杀，常常带有突然性，往往可以直接得分。搓攻战术是乒乓球各种打法都不可缺少的辅助战术。其方法如下。

第一，正、反手搓球结合正手快拉、快点、突击或扣杀。

第二，正、反手搓球结合反手快拉、快点、突击或扣杀。

（六）削攻战术

削攻是利用削球的旋转、节奏、落点变化来控制对方的攻势，并为进攻创造机会，达到反

击对方目的的一种手段。削攻战术是削攻型打法对付进攻型、弧圈型打法的重要战术，常用的有以下几种：削转与不转球，伺机反攻；削长、短球反攻；削逼两角，伺机反攻；逢直变斜，逢斜变直，伺机反攻。

第三节　乒乓球运动的主要竞赛与裁判规则

一、乒乓球比赛的场地、器材

（一）比赛场地

正规比赛场地要求不小于长 14 米，宽 7 米，高 5 米。赛区应用 75 厘米高的深色挡板围起，与相邻的比赛场地及观众隔开。

（二）球

球应为圆球体，直径为 40 毫米，质量为 2.7 克。

（三）球台

标准的乒乓球台由两块组成，每块长 1.37 米，总长 2.74 米，台面宽为 1.525 米，球台与地面距离是 0.76 米，台面四边涂上 0.02 米宽的白线，台面中间应有一条 0.003 米宽与球台长边平行的中线。

（四）球网

网高 0.1525 米，网应与网柱、台面紧贴，网应柔软，呈暗绿色，网柱应为单一颜色，其表面应无光泽。

（五）球拍

球拍的大小、形状和质量不限，但底板应平整、坚硬，底板至少有 85% 的天然木材，对胶皮、海绵及胶粒的密度也有严格要求，球拍两面必须是两种颜色，即一面是鲜红色，另一面是黑色。

二、乒乓球的竞赛与裁判规则

（一）发球

第一，发球开始时，球自然地置于不持拍手的手掌上，手掌张开，保持静止。

第二，发球时，发球员须用手将球几乎垂直地向上抛起，不得使球旋转，并使球在离开不执拍手的手掌之后上升不少于 16 厘米，球下降到被击出前不能碰到任何物体。

第三，当球从抛起的最高点下降时，发球员方可击球，使球首先触及本方台区，然后越过或绕过球网装置，再触及接发球员的台区。双打中，球应先后触及发球员和接发球员的右半区。

第四，从发球开始，到球被击出，球要始终在台面以上和发球员的端线以内，而且不能被发球员或其双打同伴的身体或衣服的任何部分挡住。

第五，在运动员发球时，球与球拍接触的一瞬间，球与网柱连线所形成的虚拟三角形之内和一定高度的上方不能有任何遮挡物，并且其中一名裁判员要能看清运动员的击球点。

（二）击球

对方发球或还击后，本方运动员必须击球，使球直接越过或绕过球网装置，或触及球网装置后，再触及对方台区。

（三）失分

未能合法发球；未能合法还击；击球后，该球没有触及对方台区而越过对方端线；阻挡；连击；用不符合规则条款的拍面击球；运动员或运动员穿戴的任何物件使球台移动；运动员或运动员穿戴的任何物件触及球网装置；不执拍手触及比赛台面；双打运动员击球次序错误；执行轮换发球法时，发球一方被接发球一方或其双打同伴，包括接发球一击，完成了13次合法还击。

（四）一局比赛

在一局比赛中，先得11分的一方为胜方；10平后，先多得2分的一方为胜方。一场单打比赛的淘汰赛采用七局四胜制，团体赛中的一场单打或双打采用五局三胜制。

（五）次序和方位

第一，在获得2分后，接发球方变为发球方，依此类推，直到该局比赛结束。但当双方比分为10平，或采用轮换发球法时，发球和接发球次序不变，但每人只轮发1分球。

第二，在双打中，每次换发球时，前面的接发球员应成为发球员，前面的发球员的同伴应成为接发球员。

第三，在一局比赛中首先发球的一方，在该场比赛的下一局中应首先接发球，在双打比赛的决胜局中，当一方先得5分后，接发球一方必须交换接发球次序。

第四，一局中，在某一方位比赛的一方，在该场比赛的下一局应换到另一方位。在决胜局中，一方先得5分时，双方应交换方位。

（六）间歇

第一，在局与局之间，有不超过1分钟的休息时间。

第二，在一场比赛中，双方各有一次不超过1分钟的暂停时间。

第三，每局比赛中，每得6分球后，或决胜局交换方位时，有短暂的时间擦汗。

（七）竞赛方法

已经举办过的8届奥运会乒乓球比赛，竞赛方法大同小异，但均不完全相同，主要是采用分组预选和单淘汰加附加赛或排名淘汰赛加附加赛的方式。

第十一章　高校体育文化实践之健美操运动

健美操是集音乐、舞蹈、体操、美学于一体的新型体育项目。它以其自身固有的价值和魅力，风靡世界，深受广大青年学生及群众的喜爱。目前，健美操已被列入我国学校体育教学大纲，成为学校体育教学的主要课程之一。

本章将重点阐述的是健美操的基本常识、健美操的基本技能与训练方法，以及主要竞赛与裁判规则。

第一节　健美操运动

一、健美操运动及其特征

（一）健美操运动的定义和分类

1. 健美操运动的定义

健美操（Aerobics）是一项以有氧练习为基础，集体操、舞蹈、音乐为一体的体育运动。其寓健身于娱乐之中，能有效地提高心肺功能，塑造优美的形体，陶冶艺术的情操。

自古以来，人类对自身的“美”，就有着执着的追求。孔子主张“尽善尽美”，讲究身体姿态端正。古希腊人采用跑跳、投掷、柔软体操和健美舞蹈等各种体育项目进行人体美的锻炼。而古印度的瑜伽术有许多姿势与现代健美操的动作相一致。

1980 年，世界健美操冠军联合会（简称 ANAC）成立。1983 年，国际健美操联会（简称 IAF）成立。20 世纪 80 年代起，健美操运动在世界各地蓬勃发展。美国健身、影视明星简 · 方达编写了《简 · 方达健美术》，对健美操运动在世界范围的推广起到了积极作用。仅法国巴黎就有一千多个健美操中心。在俄罗斯、波兰、保加利亚等国，健美操已被列入大、中小学的体育教学大纲。日本不仅有青年、妇女喜爱的健美操，还创编了孕妇健美操、婴儿健美操等。健美操以其鲜明的韵律感、全面的协调性、广泛的适用性、显著的实效性风靡全球。

2. 健美操运动的分类

健美操的分类方法众多，根据练习的主要目的和任务，可分为竞技健美操和健身健美操；根据练习形式，可分为徒手健美操、器械健美操和特殊场地健美操；根据性别特征，可分为女子健美操和男子健美操；根据年龄特征，可分为幼儿健美操、儿童健美操、少年健美操、青年健美操、中年健美操和老年健美操；根据锻炼部位，可分为颈部健美操、肩部健美操、臂部健美操、胸部健美操、腹部健美操、腰部健美操、髓部健美操、腿部健美操等。

（二）健美操运动的特点

1. 高度的艺术性

健美操属健美体育的范畴，具有高度的艺术性。

健美操的艺术性主要体现在其“健、力、美”的特征上。“健康、力量、美丽”是人类有史以来所追求的身体状况的最高境界。在健美操运动中，无论是健身健美操还是竞技健美操，无不处处表现出“健、力、美”的特征，包含着高度的艺术性因素，这使健美操不同于其他运动项目，这也正是人们热爱健美操运动的原因之一。

健美操动作协调、流畅、有弹性，使练习者不仅锻炼了身体、增强了体质，而且从中得到了“美”的享受，提高了审美意识和艺术修养。健美操运动员在比赛中所表现出的健美的形体、高超的技术、流畅的动作、充沛的体力等，也无不给观众留下深刻的印象。

2. 强烈的节奏性

节奏是运动不可或缺的组成部分。健美操动作具有强烈的节奏性特点，并通过音乐充分地表现出来。健美操运动之所以深受人们喜爱，除练习本身所具有的功效性、动作的时代感外，现代音乐给健美操带来的活力也是因素之一。健美操动作与音乐强烈的节奏性使健美操练习更具有感染力，健美操比赛和表演也更具有观赏性。

3. 广泛的适应性

健美操练习形式多样，运动量可大可小、容易控制，对场地器材的要求也不高，各个年龄段、不同性别、不同身体素质、不同技术水平的人都适宜，各种人群都能从健美操练习中找到适合自己的方式，都能从健美操练习中得到乐趣。例如，中老年人可选择低强度的有氧练习，达到锻炼身体、娱乐身心、保持健康的目的；而对具有较好身体素质的年轻人来说，可选择难度较高、运动量较大的竞技健美操作为练习的手段。竞技健美操练习不仅锻炼了身体，还可提高技术水平，满足其进取心。

二、健美操运动的意义

健美操是我国全民健身运动的一个重要组成部分。随着我国人民生活水平的迅速提高，健身、休闲、娱乐逐渐成为人们的日常需要，健美操以其独特的魅力在众多传统体育项目中脱颖而出，受到越来越多的人的喜爱。目前，以健美操为主要内容的各种健身中心遍布我国大中型城市，在大、中、小学，健美操也被列入教学大纲，成为正规的被传授的教学内容。另外，各种以健美操为主要内容的电视节目的播出，也促进了健美操运动的普及与开展，使更多的人认识了健美操，并加入健美操锻炼中来。健美操已成为全民健身运动的一个重要组成部分。

（一）增强体质、增进健康

经常从事健美操锻炼，对于心血管系统机能的提高具有十分显著的效果。它可以使心肌纤维增粗，心肌收缩力增强，心血量增加，提高机体的供血、供氧能力。

健美操锻炼对呼吸系统的机能也有良好的影响。它能使呼吸肌变得强壮有力，使人体安静时的呼吸加深、次数减少，运动时吸氧量增大，从而大大提高机体的有氧代谢能力。

健美操锻炼还能提高消化系统的机能。由于健美操中的髋部全方位活动较多，因此，这能有效地刺激肠胃蠕动，增强消化系统的机能，有助于营养物质的吸收和利用，从而提高对疾病的抵抗能力。

（二）改善体形、培养端庄体态

健美操的独到之处，是它可以对身体比例的均衡产生积极的影响，特别是能增加胸背肌肉的体积，消除腰腹部沉积的多余脂肪，使线条变得优美。此外，通过经常性正确的形体动作训练，还能矫正不正确的身体姿势，培养正确端庄的体态，使锻炼者的形体和举止风度发生良好的变化。

（三）调节心理活动、陶冶美好情操

健美操是在音乐伴奏下进行的身体练习。人们在欢乐的气氛中进行锻炼，不仅心情愉悦，而且能很快忘却烦恼，还能使身心得到全面调节，此外，精神面貌和气质修养也都会有所改善和提高。特别是作为一种群体运动，健美操在集体场所进行锻炼，还能使练习者体验到个人与集体的关系，起到协调人与人之间关系的作用。通过集体配合练习，还有助于增进友谊，结交朋友，提高群体意识。

（四）提高神经系统机能、提高身体素质

健美操是一项要求力度的身体练习，经常参加健美操运动，可使肌肉的力量得到增强，肌腱、韧带、肌肉的弹性得以提高，有效地发展人体的力量和柔韧素质。另外，健美操动作的路线、方向、速度、类型、力度等的不断变化，可以加强人对动作的记忆力和再现力，提高神经系统的灵活性和均衡性，全面增强人的协调性。

（五）提高审美能力、丰富业余文化生活

健美操是具有较强艺术性的运动项目，经常从事该活动，可以增强节奏感、韵律感，提高认识美、鉴赏美、表现美和创造美的能力。目前，不仅有正式的世界级锦标赛、全国锦标赛，还有省市比赛，甚至有单位、学校内部的比赛。近年来，健美操还经常作为表演项目出现在各种场合。对观众来说，观看比赛和表演本身就是一种娱乐行为。在表演过程中，运动员精湛的技艺、强健的体魄，给予观众“美”的享受，起到了振奋精神的作用，丰富了群众的业余文化生活。

三、健美操的文化与发展

健美操起源可追溯到两千多年前的古希腊。古希腊人对人体美的崇尚举世闻名。他们认为，在世界万物之中，只有人体的健美才是最匀称、最和谐、最庄重、最有生气和最完美的。他们喜爱采用跑跳、投掷、柔软体操和健美舞蹈等各种体育项目进行人体美的锻炼。他们提出了“体操锻炼身体，音乐陶冶精神”的主张。而古印度很早就有瑜伽术，其中的一些姿势与当下流行的健美操所常用的基本姿势是一致的。由此可知，古代人对健身健美的追求是现代健美操形成与发展的基础。

19 世纪末 20 世纪初，欧洲出现了许多体操流派，他们在理论和实践上的创新都对健美操的发展起到了推动作用。而 20 世纪 80 年代初，随着遍及全球的健身热和娱乐体育的发展，健美操以其强大的生命力风靡世界。美国是对世界健美操的发展有着重要影响的国家，其代表人——影视明星简·方达，根据自己的健身体会和经验，撰写了《简·方达健美术》一书。该书自 1981 年出版后，引起了世界的轰动。她以现身说法，促进了健美操在世界范围内的推广。与此同时，自 1985 年开始，美国正式举办一年一度的健美操锦标赛，并确定了竞赛项目和规则，使健美操发展成为竞技性运动项目。健美操不仅在美、英、法等国家迅速发展，而且在一些发展中的国家和地区也得到不同程度的开展。在亚洲地区，日本、菲律宾、新加坡等国家也建有许多健美操活动中心及健身俱乐部，人们都开始将健美操作为自己的主要健身方式，由此形成了世界范围内的健美操热。

我国健美操兴起与发展的背景是 20 世纪 70 年代末的改革开放。当时，北京、上海、广州等地相继举办了各种健美操培训班。随后，通过各种新闻媒介对国外各种健美操的介绍，健美操逐步在我国广泛开展起来。1984 年，原北京体育学院成立了健美操研究组，接着上海体育学院成立了健美操教研室，率先开设了健美操课程。一些大专院校也根据国家教委对高校体育教学的要求，逐步开设了健美操普修或选修课，从而把我国的健美操从社会引向了学校。1986—1988 年，健身健美操和竞技健美操在我国得到了长足的发展。继 1986 年 4 月在广州举行的我国首次“全国女子健美操邀请赛”后，我国于 1987 年 5 月在北京又成功地举办了首届正式的竞技健美操比赛——“长城杯”健美操邀请赛。为了有组织、有计划地推动全国大学生健美操运动的发展，1992 年 2 月，我国在北京成立了中国大学生体育协会健美操、艺术体操协会。1992 年 9 月，中国健美操协会在北京的正式成立，标志着我国健美操运动进入了一个崭新的发展阶段。

第二节　健美操运动的基本技能与训练方法

一、健美操基本动作

（一）下肢动作

健美操的基本步伐有五类：踏步类、迈步类、点地类、抬腿类和双腿类。

1. 踏步类

运动强度较低，两脚始终依次交替落地。

第一，踏步。如图 11-1 所示，两腿原地依次抬起，依次落地，两臂自然前后摆动。落地时，由脚尖过渡到脚跟，踝、膝、髋关节依次有弹性地缓冲。

图 11-1 踏步

第二，走步。如图 11-2 所示，迈步向前走时，脚跟先落地，过渡到全脚掌；向后走时则相反。其技术要点基本与踏步相同。

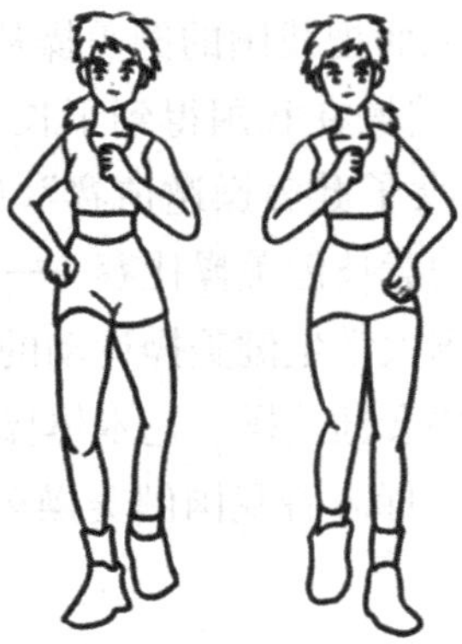

图 11-2 走步

第三，一字步。如图 11-3 所示，一脚向前一步，另一脚并于前脚，然后依次还原。前后均要有并脚过程；每一拍动作膝关节始终有弹性地缓冲。

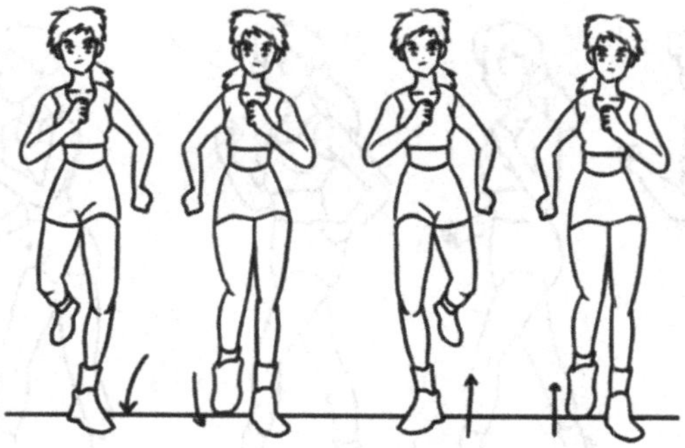

图 11-3　一字步

第四，V 字步。如图 11-4 所示，一脚向前侧方迈一步，另一脚随之向另一侧方迈一步，两脚开立，屈膝，然后依次退回原位。两脚间距离略比肩宽，重心落于两腿之间。

图 11-4　V 字步

第五，漫步。如图 11-5 所示，一脚向前迈出，屈膝，重心随之前移，另一脚稍抬起，然后原地落下；或向后撤一步，重心后移，另一脚稍抬起，然后原地落下。动作富有弹性，身体重心随之前后移动。

图 11-5　漫步

第六，跑步。如图 11-6 所示，两腿经过腾空，依次屈膝落地缓冲，脚跟要着地，两臂屈肘摆臂。

图 11-6　跑步

2. 迈步类

一条腿先迈出一步，重心移至该腿，另一条腿用脚跟、脚尖点地或吸腿、屈腿、踢腿后向另一个方向迈步。

第一，并步。如图 11-7 所示，一脚迈出，另一脚随之并拢屈膝点地；再向反方向迈步。两膝保持弹动，重心随之移动，动作幅度和力度可随风格而定。

图 11-7　并步

第二，侧交叉步。如图 11-8 所示，一脚向侧迈一步，另一脚在其后交叉，随之再向同侧迈一步，另一脚并拢，屈膝点地。第一步脚跟先落地，屈膝缓冲，身体重心随脚步快速移动。

图 11-8　侧交叉步

3. 点地类

一腿屈膝站立，另一腿伸出，用脚尖或脚跟点地后还原到并腿位置。

第一，脚尖点地。如图 11-9 所示，一腿稍屈膝站立，另一腿伸出（向前、向后、向任意一侧），脚尖点地，然后还原到并腿姿势。支撑腿始终保持屈膝站立，并随动作有弹性地屈伸。

图 11-9　脚尖点地

第二，脚跟点地。如图 11-10 所示，一腿稍屈膝站立，另一腿伸出，脚跟点地，然后还原到并腿姿势。只可做向前和向左右侧的脚跟点地。

图 11-10　脚跟点地

4. 抬腿类

一腿站立，另一腿抬起。

第一，吸腿。如图 11-11 所示，一腿屈膝抬起，落地还原。上体保持正直，大腿用力上提超过水平，小腿自然下垂。

图 11-11　吸腿

第二，摆腿。如图 11-12 所示，一腿稍屈膝站立，另一腿做摆动。摆腿时，上体顺势前倾、后倾或侧倾。

图 11-12　摆腿

第三，踢腿。如图 11-13 所示，一腿稍屈膝站立，另一腿抬起，然后还原。踢腿时，加速用力且有控制，上体保持正直。

图 11-13　踢腿

第四，弹踢腿（跳）。如图 11-14 所示，一腿站立（蹬跳），另一腿先向后屈，再向前下方弹踢，最后还原。腿弹出时要有控制，不需太高，上体保持正直。

图 11-14　弹踢腿（跳）

第五，后屈腿（跳）。如图 11-15 所示，一腿站立（蹬跳），另一腿向后屈膝折叠，放下腿还原。后屈腿脚跟靠近臀部，支撑腿有弹性地缓冲落地，两膝并拢。

图 11-15　后屈腿（跳）

5. 双腿类

双腿站立或跳跃，身体重心在两腿之间。

第一，并腿跳。如图 11-16 所示，两腿并拢跳起。落地缓冲且有控制。

图 11-16　并腿跳

第二，分腿跳。如图 11-17 所示，分腿分立，屈膝半蹲（大、小腿夹角不小于 90°），向上跳起，分腿落地屈膝缓冲。

图 11-17 分腿跳

第三，半蹲。分为并腿半蹲和分腿半蹲，两腿要有控制地同时屈和伸。如图 11-18 所示，分腿半蹲时，两腿左右分开稍大于肩，脚尖稍外展，膝关节角度不小于 90° ，与脚尖方向一致，上体保持直立。

图 11-18 半蹲

第四，弓步。如图 11-19 所示，两脚前后分开，平行站立，一腿屈膝，脚尖与膝垂直，另一腿伸直，重心落于两脚之间。也可两膝皆屈，后腿的大腿垂直于地面。

图 11-19　弓步

（二）上肢动作

1. 手形

健美操中，手掌随臂的姿态而灵活变化，一般而言，手臂伸展时，手指和手腕随之伸展，手背呈反弓形；手臂弯曲时，手指、手腕放松，从肩至手指呈一柔和弧线。恰当地运用各种手形，能使手臂动作更加丰富多彩、生动活泼。健美操常见手形如下所述。

第一，并拢式——五指伸直并拢，大拇指微屈，指关节贴于食指旁。

第二，分开式——五指用力伸直，充分张开，手腕保持一定的紧张程度。

第三，一指式——握拳，食指或拇指伸直。

第四，芭蕾手势——五指微屈，后三指并拢、稍内收，拇指内扣。

第五，拳式——握拳，拇指在外，指关节弯曲，紧贴于食指和中指。

第六，立掌式——五指伸直，手掌用力上翘。

第七，西班牙舞手势——五指用力，小指、无名指、中指自掌指关节处依次屈，拇指稍内扣。

第八，花式——在分开式的基础上小指伸直向掌心回弯到最大限度，无名指会随小指回弯。

第九，剑指——无名指与小指屈指相叠，中指与食指并拢伸直。

2. 臂部动作

健美操的手臂动作包括举、屈、伸、摆、绕、绕环等（表 11-1）。

表 11-1　健美操手臂基本动作

动作分类	动作界定	动作变化
举（摆/提/拉）	以肩为轴，臂伸直向某方向抬起并停止在某一部位，活动范围不超过 180°	单或双臂的前、后、侧举。其中双臂既可以做相同的动作，也可以做不同的动作；既可同时，又可依次，还可交叉
屈	肘关节产生一定的弯曲角度	包括胸前平屈、肩上侧屈、肩下侧屈、肩上前屈、腰间屈、头后屈。既可以一臂做动作，又可以两臂同时做相同动作，也可以两臂依次做相同动作
绕（绕环）	以肩关节为轴，手臂在 180° 至 360° 之间的运动为绕；大于 360° 以上的圆周运动为绕环	单或双臂的前、后、内、外绕（环绕），小绕、中绕、大绕。两臂动作既可以同时，又可依次

3. 肩部动作

单肩或双肩提肩、沉肩、收肩、展肩、绕肩、振肩等。

（三）躯干动作

躯干的波浪动作可向前、后、左、右，依靠身体各部位依次完成，动作要协调、连贯。例如，前波浪是从下而上，后波浪从上而下等。

二、健美操基本动作组合

下面以有氧健美操为例，简单介绍一下健美操的基本动作组合（表 11-2）。

表 11-2　健美操的基本动作组合

序号	音乐	动作
1	2×8 拍	左脚原地踏步，两臂体侧摆动
2	2×8 拍	拍侧并步：双手叉腰，左踏右并，右踏左并
3	2×8 拍	拍侧并 2 步：左踏右并 2 步，之后右踏左并 2 步，双手变化提前击掌
4	2×8 拍	拍前点步：一腿微屈，另一腿直腿脚跟前点地。双手叉腰 1×8 拍，双手向上 1×8 拍
5	2×8 拍	拍侧点步：一腿微屈，另一腿直腿脚跟侧点地。双手叉腰 1×8 拍，双手向上 1×8 拍
6	2×8 拍	拍后点步：一腿微屈，另一腿直腿脚跟后点地。双手叉腰 1×8 拍，双手向上 1×8 拍

续　表

序号	音乐	动作
7	2×8 拍	拍后交叉步：①左脚左侧步；②右脚左后交叉；③左脚继续左侧步；④右脚并左脚，反方向再来一次，双臂上举两次
8	2×8 拍	拍V字步：①左脚左上；②右脚右上；③左脚退原地；④右脚退原地。手臂1，2拍自然摆动，3，4拍拍手两次，后面4拍同上。重复2×8拍
9	2×8 拍	拍后交叉加V字步：一次后交叉接一次V字步。后交叉手臂自然打开胸前交叉，V字步手臂体侧自然摆动，重复2×8拍
10	2×8 拍	拍原地开合跳：①手臂侧平举；②手臂上举拍掌；③侧平举；④手臂上举拍掌，依次重复，2×8拍
11	2×8 拍	拍后踢腿跑(4拍)+转身90°；分并腿跳，转360°，回到原点。后踢腿手臂自然摆动，分腿跳手臂叉腰

三、健美操音乐的选择

音乐是健美操的灵魂。旋律优美、节奏感强的音乐。有助于练习者牢固地记忆动作顺序和掌握动作；而欢快、热烈、富有节奏的音乐，能有效地激发练习者的积极性和热情，使练习者闻声自娱，欲动不止。

健美操音乐的选配有两种方法。

（一）根据音乐选择动作

音乐是健美操教学中的重要组成部分。对精心选择的乐曲，要分析音乐的结构特点，应根据音乐的风格特点、节奏和旋律来设计、创编健美操的成套动作。动作的节奏必须与音乐的风格相一致，与节奏相统一，只有这样才能达到良好的健美操效果。一般应选择节奏明显、旋律优美、结构较完整、具有较强感染力且格调健康的迪斯科、爵士乐、摇滚乐或民族音乐作为成套动作的音乐。

（二）根据动作制作音乐

当选择的乐曲在时间、速度或风格等方面与动作不相符时，需将音乐重新处理或制作。

首先是音乐的剪接。剪接的形式有两种：一种是同一首乐曲的剪接；另一种是两首或多首乐曲的剪接。但无论采用哪一种剪接方法，都应注意：剪接的部位一般放在有停顿、空拍或乐曲的结尾处较好；剪接处前后乐曲的旋律应尽量做到相同或相似，特别是两首或多首乐曲的剪接，其乐曲的速度和旋律要相同或相似，以免在音乐的节奏和旋律方面出现不自然的现象。

其次是音乐速度的调整。乐曲的调速有两种：一种是整首乐曲的调速；另一种是对乐曲的部分进行调速。在实践制作过程中，要在乐曲的流畅处进行调速比较困难。在具体操作时，可采用以下方法，效果或许会好一些：即将调速后的音乐放完之后，稍加停顿（停4拍），再录制减速的音乐或在调速的乐曲剪接处配上有特殊效果的声音，如海浪声等，但时间不宜过长，不能超过8拍，不然就会影响乐曲的完整性。

最后是成套音乐的制作。即结合成套动作有特点，在音乐中适当加一些特殊效果，这不仅能有效地提高学生的表现力和练习的积极性，而且对培养他们的美感意识等也极为有效。

此外，选用音乐时的注意事项有以下几方面。

第一，音乐的风格应与动作的风格相一致。音乐的选择直接影响着健美操的风格、结构、速度和节奏。音乐选配得好，就容易激发编操者的创作灵感和练习者的锻炼激情。因此，在选配健美操音乐时，要注意音乐与健美操的风格相一致。竞技健美操应根据运动员的特点，选配最能显示其个性的音乐，而对于大众健身健美操音乐的选配，则应体现出民族风格，并向着突出时代特征的方向发展。

第二，音乐应体现健美操的特点。选配的音乐应体现健美操“健、力、美”的特点，强调美与力的结合。音乐的旋律要动听，力求新颖，富于变化，节奏要鲜明、强劲、规整，速度要适中。

第三，根据年龄特点选择音乐。一般来说，青年人可选择节奏强烈的迪斯科、摇摆舞、霹雳舞、爵士舞等风格的音乐，以使动作快速、有力、活泼；中老年人，则可以轻巧、优美、欢乐的音乐为主；少年儿童应选用活泼、轻快、跳跃性、节奏感强的音乐。

第四，音乐速度要适中。健美操的音乐速度通常是以10秒钟为单位作为设计动作速度的标准。健身健美操的音乐速度分为慢、中、快三种：慢速为每10秒钟16 ~ 20拍；中速为21 ~ 24拍；快速为24拍以上。通常，为了充分体现大众健美操的健身性，大众健身操的音乐为每10秒钟20 ~ 24拍。而竞技健美操的音乐速度则偏快，通常为每10秒钟26 ~ 30拍，因为快速跳动的音乐节奏更能让人产生激情，它也具有感染力。

四、健美操自主练习法

（一）找规律

找出动作的规律，如左右对称，由上至下排列顺序等，可帮助练习者更快地记住动作顺序。

（二）分解法

将较复杂的动作分解成上肢、下肢两部分，或将较长的套路分成几段，分别进行练习，待各部分熟练后再练习完整动作。

（三）照镜子

建议经常照镜子，面对镜子练习并纠正动作。在自我欣赏的同时，提高自信心。

（四）听音乐

健美操是一种韵律操，要多听音乐找音乐的节奏感，久而久之，会随着音乐跳出成套连贯优美的动作。

五、健美操的练习常识

（一）选择适合自己的健美操

健身操的作用和功能取决于每个人锻炼的不同目的，因此，每个人应该根据自己锻炼的目的去选择适合自己的健身操，这就需要从针对性、科学性、实效性、持久性四个方面去考虑。针对性指的是为强身健体，还是为长寿、防病治病、弥补功能等目的，这些是选择适合自己健身操的前提。实效性是指动作具有实用价值，不要过分注重形式和花样，在较短时间内就能收到良好的效果。科学性是指每项运动都有其自身的规律，健身操也不例外，必须注重它的运动量大小适度，不能太激烈，强度也不能太大，注意循序渐进，持之以恒。持久性是指尽可能选择自己爱好的一些动作或习惯的一些运动形式，并且这些动作要有简便易学的特点，否则就难以持久。

（二）维持健美操的锻炼效果

要想取得理想的锻炼效果，必须科学地安排练习时间与次数，并注意运动卫生。

1. 合理安排练习时间与次数

进行健美操练习，可根据自己的工作、学习情况及生活习惯，安排在早上、白天或晚上。其中，以下午 3 时至晚上 8 时为宜，因为在这段时间内，体力比较旺盛，另外工作之后进行锻炼也可以起到消除疲劳的作用。每星期安排 2 ~ 3 次，每次 1 ~ 2 小时，若在饭前练习要休息半小时才能用餐；饭后练习则要休息 1 小时以上才能进行；晚上练习，要在临睡前两小时结束，以免因过度兴奋影响入睡。

2. 注意运动卫生

进行健美操运动前应先进行准备活动，使身体发热，提高神经系统的兴奋度。因为人体从安静状态进入运动状态需要克服内脏器官的生理惰性，运动开始后应逐渐加强。这样，血液循环和气体交换才能逐渐得到改善；新陈代谢才能逐渐旺盛，从而使关节、肌肉、韧带的柔韧性和灵活性增强。这样既可以防止损伤，又可以使肌体做好机能上的准备。练习完毕，要做整理活动，使运动时流入肌肉中的血液慢慢流回心脏，机体逐渐恢复平静状态，紧张的肌肉得到舒展放松。运动后洗热水澡，能使全身感到舒适、精神焕发，精力更加充沛。

第三节　健美操运动的主要竞赛与裁判规则

健美操竞赛活动的开展对促进健美操的普及与发展有着十分重要的意义。可以使更多的人了解健美操，热爱健美操，也有利于提高该运动项目的技术水平，促进对健美操运动发展方向的研究，使该项运动的技术向更健康的方向发展。

一、健美操竞赛的分类

健美操竞赛可分为健身性健美操竞赛和竞技性健美操竞赛两大类。

第一，健身性健美操比赛以“锻炼身体、推动群众性运动及提高社会参与性”为目的，因此，不需要特定的竞赛规则，技术要求较低，比赛操作简单，一般省、市和基层单位均可组织比赛。

第二，竞技性健美操比赛以“夺标和提高技术水平”为目的，因此，比赛要求参赛者必须具备一定的身体素质和专项技术水平，参赛人数和年龄受到一定限制，并严格执行竞赛规则。

竞技性健美操比赛主要形式有：锦标赛、冠军赛、邀请赛、友谊赛、大奖赛、运动员等级赛、大众等级赛及基层比赛。

二、健美操竞赛的内容

健美操竞赛的内容有规定动作竞赛和自编动作竞赛。

第一，规定动作比赛是主办单位根据比赛目的、任务、参赛对象层次以及不具备创编和评审条件等因素而特意在赛前创编好的成套动作，以此作为参赛队共同的比赛套路。

第二，自编动作比赛是参赛单位按照赛前下发的竞赛规程和特定的竞赛规则要求，进行不同项目的自编动作比赛，每个项目都要有严格的评分规则。

三、健美操竞赛的组织

健美操竞赛的组织是一项复杂而又细致的工作，它直接影响比赛的质量和预期的效果。在赛前、赛中及赛后都要进行一系列的工作，每个环节都十分重要，一环紧扣一环，缺一不可。

（一）召开主办单位筹备联席会议

由主办单位或主要负责人召集有关单位及部门的相关人员出席会议。会议的主要内容是协商并落实有关竞赛的具体事宜，包括确定承办单位和协办单位、经费来源、比赛日期、地点、规模等。成立竞赛筹备办公室，确定办公室成员，将任务分工落实到具体的人。

（二）制订竞赛规程

竞赛规程是组织比赛的重要的指导性文件，是比赛筹备工作的依据，也是参赛单位、运动员、教练员及裁判员必须执行的规则。竞赛规程应由主办单位制订，一般应至少提前 3 个月下发给各个部门，以便参赛单位有充分的时间准备并安排好各项事宜。竞赛规程应简明、准确，使执行者不易产生误会。

竞赛规程一般应包括比赛的名称、比赛的目的、比赛的时间和地点、参加单位的条件、竞赛的项目等。

（三）建立竞赛组织机构

根据比赛规模的大小，成立相应的组织机构。全国性比赛通常由主办单位和承办单位共同协商确定大会组织委员会成员，包括主办单位负责人、赞助单位负责人、承办单位和当地体委的负责人，上级领导机关的代表和有关知名人士以及总裁判长。组织委员会一般设主任 1 名，副主任 1 名，委员若干名。它是比赛大会的最高领导机构，在其下属的是各办事机构。根据比赛规模决定成立几个分部门。大规模的或大型综合性比赛，部门分得很细，各部门责任具体、细致。中小型比赛则可以设几个部门或只安排具体的人分别负责这几方面的事宜。

（四）领队和教练员会议

领队和教练员会议是竞赛中一项重要内容，是参加队与大会及裁判员沟通的主要途径之一，双方都应重视。一般由组委会主持，各处负责人及裁判长参加。通常在赛前、赛后各安排一次。赛前领队、教练员会议主要内容包括：

第一，介绍比赛的准备情况。

第二，介绍大会主要部门的负责人和主要工作人员。

第三，宣布大会竞赛日程及有关规定。

第四，解答和解决参赛队提出的有关问题。如比赛安排、生活、规程及规则等方面。如果在规则和技术方面的问题较多，还应单独召开领队、教练员技术会议，由裁判长详细解答。

第五，抽签排定比赛出场顺序。如果时间允许，采取公开抽签的办法由各队自己抽签比较好。如果时间不允许，可提前进行抽签，但必须要有组委会委员或有关负责人在场监督执行，由指定人员代理抽签。这项工作应在领队、教练员会议上专门交代，以免引起误解。

（五）比赛的进行

1. 开幕式

开幕式包括主持人宣布比赛开幕式开始，运动员入场式，介绍领导和嘉宾等环节。

2. 比赛进行

第一，赛前检录：一般赛前 20 分钟按出场顺序第一次检录，赛前 5 分钟第二次检录。

第二，运动员外场准备，由播音员向观众介绍裁判委员会和裁判员。

第三，运动员由播音员宣告后上场向裁判员示意，做好准备姿势，由放音员播放音乐。

第四，运动员在音乐伴奏下完成整套动作。

第五，裁判员进行评分并公开示分，播音员宣布得分。

第六，记录员记录每名裁判员的分数和运动员的最后得分。

第七，赛后，记录单经裁判长确认无误后，交总记录处存根。

第八，成绩由总记录处统计后得出比赛名次。

（六）闭幕式及发奖

包括主持人宣布闭幕式开始、裁判长宣布比赛成绩、获奖运动员入场、优秀运动员表演或专门组织的表演等环节。

四、健美操竞赛的裁判方法

从首届“长城杯”全国健美操邀请赛发展到今天，健美操竞赛的比赛规模不断扩大，比赛组织不断正规化，规则也不断修改完善，目前已和国际接轨。竞赛活动逐渐分为健身性健美操的比赛和竞技性健美操的比赛。两种比赛都有各自的评分规则和评分方法。健身性健美操的评分规则请参照《中国学生健身健美操竞赛评分规则》。

（一）对裁判员的基本要求

第一，经常参与和健美操运动相关的各种活动。

第二，对健美操运动的项目特点及技术要求有很好的理解。

第三，明确评分规则的要求并具备一定的评分技巧与经验。

第四，评分态度严肃、认真、公正、准确。

（二）裁判组的组成

裁判组一般由裁判长 1 名、裁判员 4 ~ 5 名、记录员 1 ~ 2 名、计时员 1 名、视线员 2 名、检录员 1 ~ 2 名、放音员 1 ~ 2 名组成。可根据比赛规模的大小适当增减裁判员人数。

（三）评分方法

根据规程，比赛可采用公开示分或不公开示分的方法。一般中小型比赛可以采用 10 分制，成套动作的满分为 10 分。裁判员各自独立进行评分，裁判员的评分精确到 0.1 分。最后得分的计算方法是：几名裁判员的评分去掉最高分和最低分，中间分的平均分即为最后得分。最后得分精确到 0.01 分。

（四）评分要点

一般中小型健美操比赛以健身性健美操比赛为主，而健身性健美操比赛的主要目的是丰富人们的业余文化生活，促进健美操运动在广大群众中的开展，宣传健美操运动，吸引更多的人加入健美操运动中来。因此，健身性健美操比赛的评分重点与要求与竞技健美操比赛有所不同。健身性健美操的评分因素是：热情与活力、能力与技术以及动作的编排。

第十二章　高校体育文化实践之啦啦操运动

啦啦操是一项深受广大群众喜爱，普及性极强，集体操、舞蹈、音乐、健身、娱乐于一体的体育项目。托举、人塔、空翻、抛接等动作缤纷闪亮，充满青春气息，多元化的表演让人目不暇接。啦啦操还注重团队协作、奋发向上、自信热情，代表着张扬热烈、朝气蓬勃的精神力量。

第一节　啦啦操运动与文化

一、啦啦操运动及其特征

（一）啦啦操运动的起源与发展

1. 啦啦操的起源与发展

啦啦操（Cheerleading）的历史可以追溯到原始部落时代，其中，“cheer”有振奋精神、提振士气的意思。在早期的部落社会里，为激励外出打仗或者打猎的战士们，部落成员通常会举行仪式。仪式中，族人用欢呼声和手舞足蹈的表演来鼓励战士，希望战士能凯旋。现代啦啦操运动的历史可以追溯到19世纪80年代，当时美国正风行着美式足球。在普林斯顿大学的一场美式足球赛场上，为了帮运动员加油、给他们呐喊助威，烘托赛场气氛，第一次出现了自发的团队表演形式，这就是现代啦啦操的雏形。

1884年，普林斯顿大学的一个毕业生托马斯·皮伯仕把这种有组织的呐喊、欢呼连同足球运动一起带到了明尼苏达大学。从此，有组织的啦啦操在明尼苏达产生。

1898年11月12日是啦啦操正式诞生的时间，明尼苏达大学的学生约翰尼·加贝尔在观看一次足球比赛时非常激动，从人群中跳出来站在观众前面带领他们一起为比赛呐喊助威，这次对啦啦操发展有着重要转折意义的呐喊被记载在明尼苏达大学由学生发行的名为*Ariel*的刊物上。

1998年，国际全明星啦啦操联盟（简称IASF）成立，这是啦啦操发展史上一个重要的转折点。它是一个以推动啦啦操向世界范围发展，并通过传播啦啦操知识提高世界青少年的健康水平，以及促进国家、地区之间啦啦操协会之间的友谊和世界和平为目标的非营利组织，总部设在美国。

在我国，啦啦操运动开展得越来越火热，它们在各个高校迅速传播，成为各个高校体育文化的一部分，部分学校已经成为中国啦啦操推广示范基地。它们广泛推动着啦啦操运动，一批又一批的啦啦操团队不断创造着新的精彩。

2. 啦啦操的定义

啦啦操运动是指在音乐伴奏下，通过运动员集体完成复杂、高难度的基本手位与舞蹈动作，充分展现团队高超的运动技能与技巧，体现青春活力、积极向上的团队精神，并努力追求最高团队荣誉的一项体育运动。

“世界啦啦操锦标赛”是全球啦啦队界的一项重要赛事。2010年4月21—26日，美国奥兰多迪斯尼乐园赛场迎来了全球20多个国家、60多个组织的上万名顶尖高手参加，其中包括了代表中国首次出征的8支队伍。

3. 啦啦操运动的分类

啦啦操是以团体操的形式出现的，分为技巧啦啦操和舞蹈啦啦操。

第一，技巧啦啦操是指以翻腾、托举、抛接、金字塔组合、舞蹈动作、过渡连接及口号等形式为基本内容的团队竞赛项目，包括集体技巧啦啦操、五人配合技巧啦啦操、混双配合技巧啦啦操。其中，技巧啦啦操包括男女混合组、全女子组和舞伴特技。

第二，舞蹈啦啦操是指以舞蹈动作为主，通过展示各种舞蹈技巧和元素，并结合道具进行表演的团队竞赛项目，包括花球、街舞舞蹈啦啦操、爵士舞蹈啦啦操和自由舞蹈啦啦操。

目前，我国啦啦操比赛有规定套路、舞蹈自编套路和技巧自编套路。规定套路是指中国大学生健美操艺术体操协会啦啦操专项委员会审定的运动员等级规定动作，成套动作时间为1分30秒，前后有10秒的宽容度。舞蹈自编套路的时间为2分30秒，前后有10秒的宽容度。从第一个声音响起开始计时，到最后一个声音结束完成计时。比赛人数6 ~ 30人（性别不限）。

（二）啦啦操运动的特征

1. 啦啦操表演形象的动感活力性

啦啦操运动充分体现着一种朝气蓬勃、健康向上的精神，因此，啦啦操队员必须拥有青春的形象、健康的体魄和健美的体形。男运动员要有明显的肌肉线条，体形匀称成倒三角；女运动员要具有明快的肌肉曲线美，上下肢比例匀称，皮肤色泽光亮健康。所有的啦啦操队员要求五官端正、仪态端庄、青春靓丽，具有当代青少年的青春美和健康美。

2. 啦啦操表演技术的风格突出性

技术特点是指啦啦操运动所特有的技术风格。啦啦操运动的技术特点不同于健美操和舞蹈，它更多体现在所有肢体类动作在过程中。它通过短暂加速和定位制动来实现其特有的力度感，因此，适当的慢板动作是被允许的，但只作为过渡动作出现。它要求运用啦啦操基本手位、步伐、跳跃并结合多种舞蹈元素、口号等，通过多种空间、方向、队形、节奏的变化展示出啦啦操运动的项目特征。

3. 啦啦操表演组织的团结协作性

啦啦操运动是以集体形式展开活动的。国际全明星啦啦操协会规定：参赛人员性别不限，参赛人数为 6 ~ 30 人。只有在人数上达到一定要求时，才能编排更多的具有创造性、复杂技巧的动作及更多层次的动作，完成更多的空间转换及队形变换，才能真正体现啦啦操运动的无限魅力。在技能上，啦啦操运动需要队员间的技术、经验交流以达到技能的实施和配合的默契。啦啦操运动在拖举、抛接、金字塔组合中最能彰显队员的团结协作。为了使队伍的整体机能得到最大限度的发挥，需要强调成员之间的相互激励、相互配合，以便实现团队的目标。

（三）啦啦操运动的功能

1. 健身、塑造形体

与其他运动项目一样，啦啦操最基本的功能就是健身。啦啦操练习的动作和身体姿态要求与我们日常生活中的要求基本一致。通过长期的啦啦操练习，可改善不良的身体状态，形成优美的体态，从而在日常生活中表现出一种良好的气质与修养，给人以朝气蓬勃、健康向上的感觉。因此，啦啦操运动在塑造练习者自身形体的同时，还能让练习者自身的形象气质得到大幅度的提高。

2. 缓解压力、娱乐身心

作为一项体育运动，啦啦操以其动作优美、协调，同时又有节奏强烈的音乐伴奏，而成为缓解精神压力的一剂良方。在轻松优美的健美操锻炼中，练习者的注意力会从烦恼的事情上转移开，忘掉失意与压抑，尽情享受健美操运动所带来的欢乐，得到内心的安宁，从而缓解精神压力，使人具有更强的活力和最佳的心态。

3. 增强团队意识

啦啦操是一个团队项目。啦啦操运动有很多配合完成的动作，它需要队员共同完成，如技巧啦啦操里面的抛接动作，必须配合得非常完美才能顺利完成。因此，啦啦操可以培养学生们的团队意识，增强大家相互协作的能力，提高学生之间的责任心和责任感，增进队员之间的信任感，以及队员们的服从能力和克服一切困难、完成任务的坚强的毅力等。

二、啦啦操运动的特点

（一）技术特征

啦啦操的技术特征主要体现为肢体动作的发力方式，即通过短暂的加速、制动定位来实现啦啦操特有的力度感；动作完成得干净利落，具有清晰的开始和结束；在运动过程中，重心稳定、移动平稳，身体控制精确、位置准确。

（二）啦啦队的口号

啦啦队的口号是技巧啦啦操项目的一种文化，是指成套动作开始前，参赛队伍全体队员集体上场，在规定的时间内通过口号、道具，配合手位等动作内容来展现自己的热情，鼓舞赛场上同伴们的斗志，带动观众，为比赛的运动员加油呐喊，渲染赛场气氛。

（三）啦啦队的吉祥物

啦啦队吉祥物是构成啦啦操运动项目队伍形象特征的主要成分，是啦啦操文化传播的重要载体，是每一支啦啦操参赛队必须拥有的。吉祥物一般是各支参赛队伍对能代表本队特点的动物或者当地的稀有动物进行包装设计的产物。它以富有活力的独特形象，体现参赛队伍的运动精神和特点，传达参赛队伍的文化和人文精神，能够调动比赛现场气氛，娱乐观众。

（四）啦啦队队旗、徽标

啦啦队的队旗、徽标是啦啦队文化的最好体现，是识别一支啦啦队的主要途径。每一支啦啦队都应有属于自己的队旗、徽标，能够体现出本队传承、积淀的精神、内涵和文化。

1. 队旗

啦啦队的队旗代表了一支队伍的精神、主义和信仰，它是通过一定的图案、色彩和式样反映一支队伍的特色和文化传统的工具。各队队旗的图案、颜色都有一定含义。队旗是啦啦队的核心，是啦啦队的自豪和骄傲，也是这支队伍精神的象征。

2. 徽标

啦啦队的徽标象征着啦啦队的团队精神，是佩戴在身体或箱包、物品上，用来表示身份、特征、荣誉的一种标志，也是团队特色文化内涵的象征。参赛队伍之间队徽的交换与保存，可加强啦啦队之间的文化交流，加强队员之间的情感沟通，它也是建立各队友谊的桥梁与纽带。

（五）现场鼓励

通过鼓励性语言、口号、歌声、简单的肢体动作与标志牌、队旗、吉祥物等道具来影响观众，调动观众情绪，烘托赛场气氛。

现场鼓励要求：

第一，口号要使用有激励性和互动性的语言，内容必须健康、文明、积极向上。

第二，全队人员共同参与，与赛场观众互动，形成场上、场下呼应的效果。

第三，口号与动作相结合，配合队旗、吉祥物、标志牌等道具与赛场观众互动。

第二节　啦啦操运动的基本技能与训练方法

啦啦操运动有 32 个基本手位，其最能体现啦啦操的风格特点。本节将具体介绍啦啦操运动的基本技术和主要的训练方法，以便让同学们在动作技术中更具体地认识啦啦操运动。

一、啦啦操的 32 个基本手位

啦啦操手位由 32 个基本手位动作组成。手位动作都要求在肩位之前完成，走最短路线、瞬间制动。在所有啦啦操比赛的成套动作中部必须出现 4×8 拍的啦啦操基本手位组合，并且提倡 32 位基本手位运用的多样性、方向的多样性、节奏变化的多样性，同时还提倡在不改变 32 位基本手位的前提下，多运用身体其他部位的配合。

二、舞蹈啦啦操的难度动作

（一）柔韧练习：踢腿

定义：是一种腿功柔韧性训练的动作。

特点：上体保持直立，发力要快，落地要稳。

（二）平衡练习：燕式平衡

定义：身体在运动或者受到外力作用时自动调整并维持身体姿态的能力。

特点：循序渐进。

（三）跳步练习：跳跃

定义：不包括空翻的跳跃，包括分退跳、团身跳、屈体跳、跨跳等。

特点：发力速度快，腾空高，空中姿态美，落地稳。

（四）转体练习：平衡转体

定义：在空中的时候身体绕人体垂直轴的转体或身体平行与地面的转体。

特点：转体过程中，脚尖支撑转体轴应垂直，结束时稳定。

三、舞蹈啦啦操的特殊规定内容

第一，2×8 拍的对比组合。

第二，每个 8 拍出现一次方向变化。

第三，每 4×8 拍出现一次空间变化。

第四，成套中队形变化不得少于 8 次，其中流动队形不得少于 3 次。

四、啦啦操的难度动作

啦啦操的难度动作主要是托举和抛接，基本手法如下。

（一）髓位双腿托举

如图 12-1 所示，双底座弓步站立，屈膝腿大腿面要平。上面的人双脚站在底座的筋位，底座人一只手抓住上面人的脚掌，另一只手从内侧挽住上面人的膝关节。

图 12-1　髋位双腿托举

（二）肩位双脚托举

如图 12-2 至图 12-5 所示，两底座面对面，双脚分开同肩宽，屈双膝站立；上面的人站在两底座之间，双手撑在两底座的肩上；后点保护人站在上面人的后面，双手卡住上面人的腰。上面的人在后点保护人的帮助下跳上，在底座的肩上形成支撑，底座主动托上面人的脚。底座腰部挺直，用腿部的力量把上面的人托起至肩位；后点保护人紧握上面人的小腿或脚后跟；上面的人直立，含胸收腹紧腰，双肩略上提，底座将上面人抛起后四臂交错上举，五指并拢伸直，主动接上面的人下来。上面的人并腿紧腰，落下后屈腰缓冲，两臂用力扣住底座的双肩。

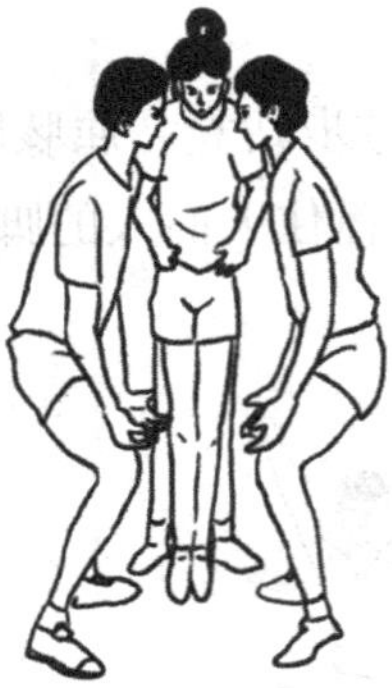

图 12-2 肩位双脚托举（1）

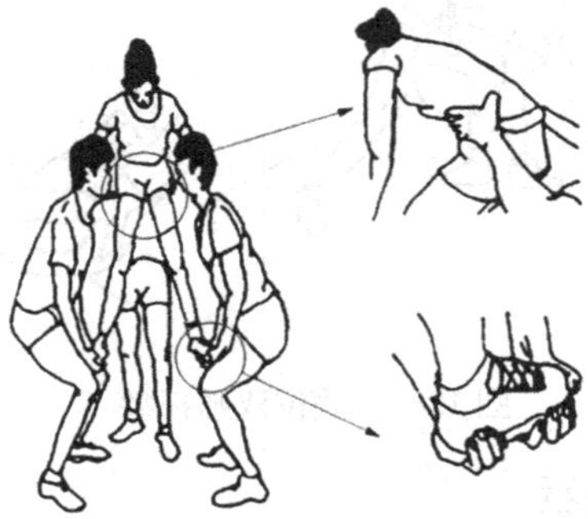

图 12-3 肩位双脚托举（2）

图 12-4 肩位双脚托举（3）

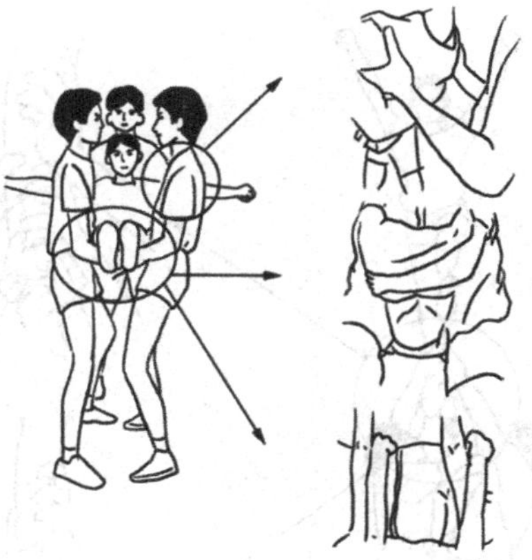

图 12-5　肩位双脚托举（4）

（三）高臂双手单腿吸腿托举

如图 12-6、图 12-7 所示，两底座弓步或屈双膝开立，一手抓上面人的脚底，一手抓跟关节；后点保护人下蹲，一手抓上面人的踝关节，一手抓小腿；上面的人双手扶底座的肩吸腹站立。将上面的人托起后，底座托上面人脚的手要给上面人的脚一个平面；上面人站立腿肌肉上提，紧腰提肩。

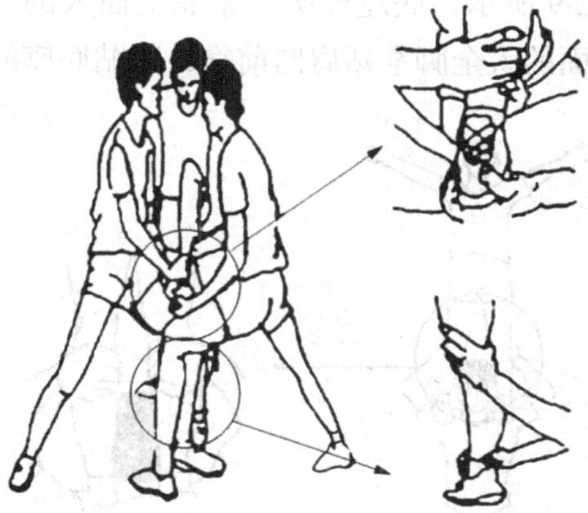

图 12-6　高臂双手单腿吸腿托举（1）

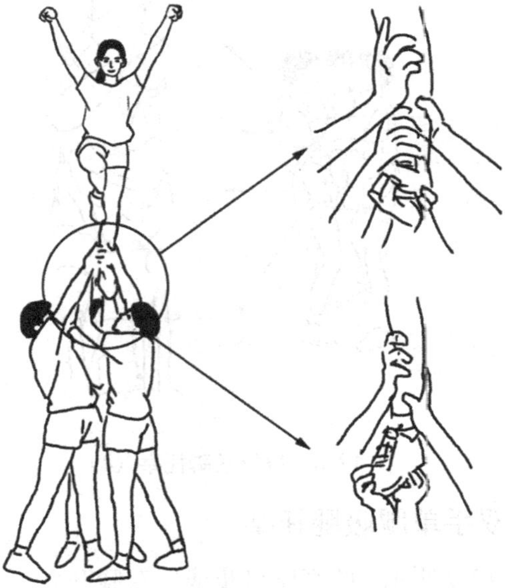

图 12-7　高臂双手单腿吸腿托举（2）

（四）肩位站肩双脚托举

如图 12-8、图 12-9 所示，底座梗头，紧靠上面人的小腿，双手紧握上面人的小腿向前扣；上面的人全脚掌站肩向前靠，紧贴底座的头部。

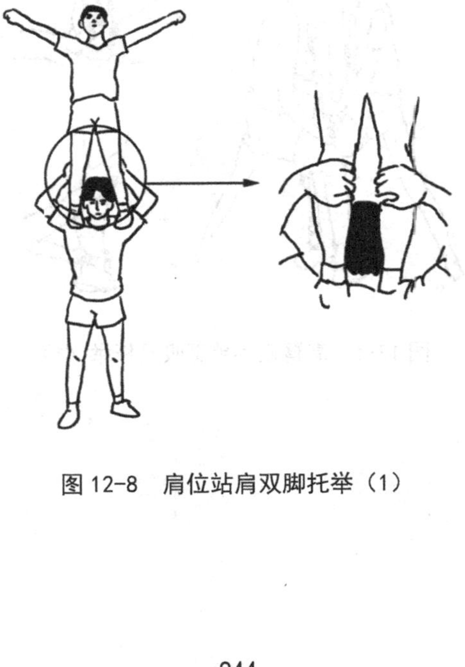

图 12-8　肩位站肩双脚托举（1）

图 12-9 肩位站肩双脚托举（2）

（五）肩位双手双脚托举

如图 12-10 所示，底座双脚开立同肩宽，紧腰合阴，双肘内收，手攀尽量给出平面。

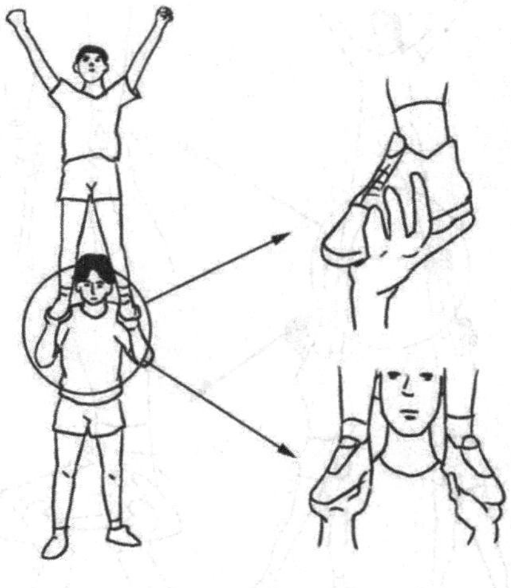

图 12-10 肩位双手双脚托举

（六）肩位双手单脚吸腿托举

如图 12-11 所示，底座双手可同向抓上面人的双脚，也可以一前一后抓握。

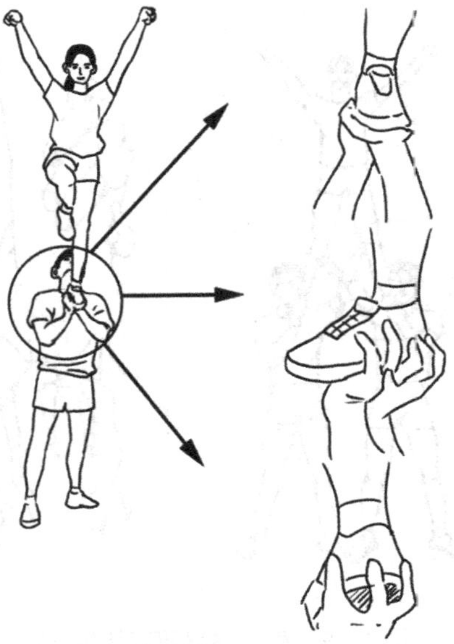

图 12-11 肩位双手单脚吸腿托举

（七）双人高臂双手双脚托举

如图 12-12 所示，双人高臂双手双脚托举。

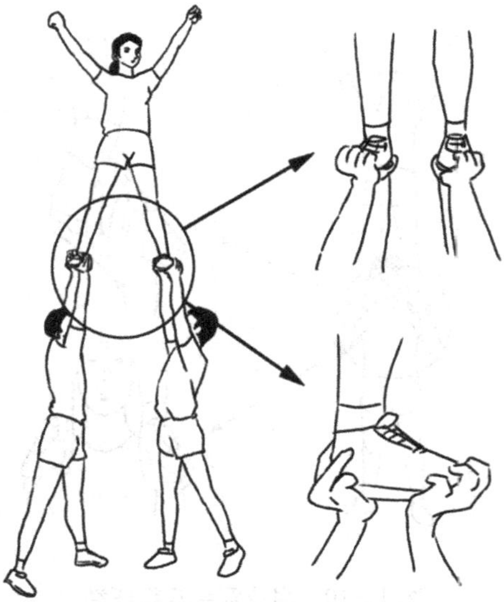

图 12-12 双人高臂双手双脚托举

（八）单人高臂双手双脚托举

如图 12-13 所示，底座将上面的人托起后，双臂要向中间夹，将力量向中间集中。上面的人紧腰含胸略提肩。

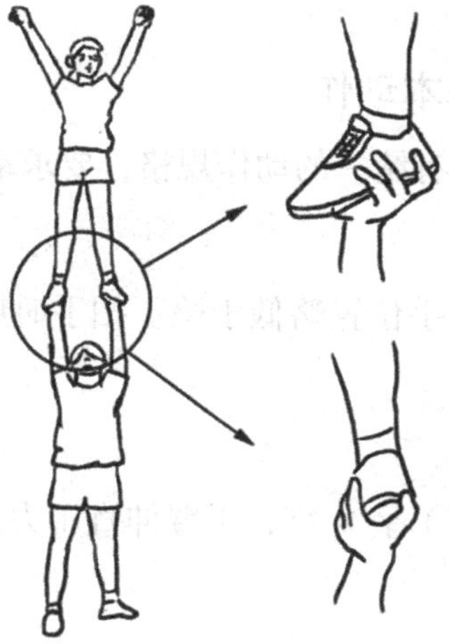

图 12-13　单人高臂双手双脚托举

（九）抛接基本手法

如图 12-14 所示，底座四手相握后，中间的缝隙越小越好，并且手臂要放松，但是腰背必须挺直。

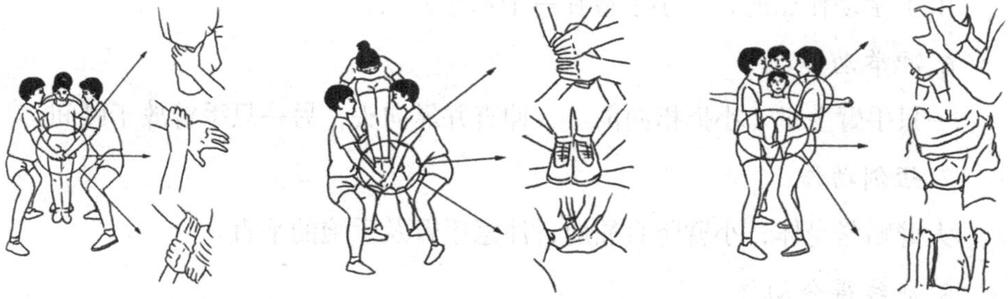

图 12-14　抛接基本手法

五、技巧啦啦操的特殊规定内容

第一，2 × 8 拍的对比组合。

第二，2 × 8 拍的基本手位组合。

第三，4×8 拍的个性舞蹈组合。

第四，一组原地跳跃动作组合（莲花跳、跨栏跳、屈体跳、屈体分腿跳）。

第五，不同的队形变化不得少于 5 次。

六、啦啦操的基本动作与训练方法

（一）啦啦操的基本动作

啦啦操的基本动作，有统一的动作规格，要求动作的速度及力度。

1. 拍手

两手臂胸前击掌，双手位置略低于脸。拍手时应注意稳、准、狠，集体练习时节奏应高度一致。

2. 高 V 字动作

手臂侧上举（略前倾）呈 V 字，手臂伸直用力，注意手腕平直，是手臂的延长线。

3. 倒 V 字动作

同高 V 字动作，但方向向下。

4. T 字动作

两臂侧平举（略前倾），手臂伸直、手腕平直，大拇指向前。

5. 断 T 字动作

由 T 字动作屈肘，大小手臂在一个水平面上。

6. 冲举动作

一只手臂上举（小拇指向前），伸直并靠向头，另一只手臂放于腰间。

7. 短剑动作

大臂贴紧身体，小臂竖直屈肘，注意手臂及手腕的平直。

8. 底线得分动作

两只手臂上举（小拇指向前），伸直并靠向头，手腕平直。

9. 烛台动作

两手臂前举，保持手腕的平直，拳心向里，拳面向前。注意两手臂应朝正前方不能有夹角。

10. 正 L 动作、反 L 动作

一个冲举动作，半个 T 字动作，开口朝左为正 L 动作，反之则为反 L 动作。

11. 左斜线动作、右斜线动作

一个手臂是高 V 字动作的一部分，另一个手臂是倒 V 字动作的一部分。举起右臂、放下左臂为右斜线动作，反之则为左斜线动作。

12. K 字动作

腿为侧弓步，弓腿一侧手臂做高 V 字动作，另一侧手臂朝屈腿方向做斜下冲拳，与身体组成 K 字图形，注意脸朝向前方。

（二）啦啦操教学提示

1. 热身

因为啦啦操有其自身项目特点，所以在进行学习或者练习之前一定要做 5 ~ 10 分钟的热身练习。首先是慢跑和原地慢跑以及各种配合着伸展（回转）手臂的跑跳运动。接下来的伸展运动也是极其重要的环节，身体各部位的伸展，注意幅度不要超过自身能力的极限，以防止受伤。

2. 基本动作练习

第一，单个动作练习：主要掌握基本动作的具体要求，培养良好的本体感觉。

第二，基本动作的组合练习：主要熟悉各基本动作之间的转换，了解正确的动作路线，采用递进的方式加入各个动作。

第三，基本动作的复合练习：在动作组合的基础上，可以加入如屈膝、转体、侧身、步法、口号、表情等元素，使练习内容更加适合啦啦操的实际功能，同时在集体练习时，也要在动作的一致性方面下功夫。

3. 套路练习

连续快节奏的徒手动作或跑跳动作构成了啦啦操套路的主体部分。整套动作速度快、幅度大、节奏强、活动强度大，因此教师要根据练习者的掌握情况，酌情选择练习形式。若是掌握不熟练，节奏把握不准确，教师就应放慢速度采用带做或者语言提示。随着学习环节的不断深入，教师则应选择适宜的啦啦操音乐来组织练习，并且强调集体练习时的动作统一、激情投入，力求从“形一致”到“神一致”，更好地体现啦啦操积极向上、勇于拼搏的精神。

（三）啦啦操音乐的选择

啦啦操可以选用单纯的音乐或歌曲。由于单纯的音乐比歌曲容易理解，故啦啦操队一般选用单纯音乐。一首大家都非常熟悉而且内容健康的中文歌曲也同样能起到良好的效果。如果选用外文歌曲，最好能懂得歌词的意思，以免出现动作与音乐内涵不符的现象。在选用民族音乐时，必须注意音乐本身的气氛和效果，同时在使用中，还要注意到动作与音乐风格上的协调。

同学们应尽量使音乐节奏与动作的进行相吻合。成套啦啦操的音乐，还可以采用慢板音乐作为开始部分或结束部分，这有利于更好地表现快板音乐的速度和力度，尤其是结束时，它可以给人一种松弛和宁静的感觉。啦啦操动作与音乐旋律协调一致，会激发练习者的情绪，给练习者带来愉快和美的享受，可以延缓疲劳的出现，达到健身和陶冶情操的目的。

啦啦操音乐的选择的具体方法可以参考健美操音乐的选择。

第三节　啦啦操运动的主要竞赛与评分规则

一、竞赛组织

2010 年，我国建立全国啦啦操联赛制，赛事体系的建立对我国啦啦操运动项目的普及和发展起到了极大的推动作用。

2010 年，全国有 6 个赛区，近 10 000 人参加了比赛；2011 年，全国有 10 个赛区，参赛人数近 15 000 人；2012 年，全国有 14 个赛区，参赛人数达到 25 000 人；2014 年，全国有 17 个赛区，参赛人数超过 35 000 人。它因此成为国家体育总局发展最快的一项赛事。从 2017 起，全国啦啦操联赛将采用跨年度赛制，2017 ~ 2018 年全国啦啦操联赛有 20 站比赛，参赛人数将超过 50 000 人。

经过近几年的发展，全国啦啦操赛事管理体系逐渐建立并完善。主要包括以下赛事：

第一，全国啦啦操锦标赛：每年举行一次。

第二，全国啦啦操冠军赛：每年举行一次。

第三，中国啦啦之星争霸赛：与全国啦啦操联赛分站赛和总决赛一起举行。

第四，中国啦啦操公开赛：在全国啦啦操联赛总决赛结束后举行。

第五，各省市啦啦操比赛：各省根据实际情况执行。

第六，其他赛事：各种系列赛、大奖赛、邀请赛以及商业性赛事，不定期举办。

二、啦啦操竞赛项目

（一）技巧啦啦操

第一，双人配合技巧啦啦操自选套路。

第二，五人配合技巧啦啦操自选套路。

第三，集体技巧啦啦操自选套路。

（二）舞蹈啦啦操

第一，花球舞蹈啦啦操自选套路。

第二，爵士舞蹈啦啦操自选套路。

第三，街舞舞蹈啦啦操自选套路。

第四，自由舞蹈啦啦操自选套路。

三、啦啦操的动作评分因素及分值

成套动作的满分为 100 分，其中包括动作完成、编排、表演。

（一）动作完成（60 分）

包括技术技巧 30 分、整体的一致性 10 分、合拍 10 分和团队末期度 10 分。所有动作都应完成，要充分体现团队的一致性，配合要默契。

1. 技术技巧（30 分）

以最佳的准确性完成动作的能力。

第一，身体姿态：身体各部位应符合正常人体生理解剖位置，保持正确的重心位置，完成动作时，保持身体重心平稳。

第二，准确性：动作清楚，部位准确。

第三，力度：动作要有力度和爆发力，动作到位要快速控制，无延伸动作，要展示瞬间完成动作的能力。

减分标准：

小错误每次 1 分。

中错误每次 2 分。

大错误每次 3 分。

严重错误每次 4 分。

失误每次 5 分。

减分依据：

小错误是指几乎没有错误，微小地与轻微地偏离正确的动作。小错误也可视为较好的完成。

中错误是明显地或严重地偏离正确的动作。中错误仍可视为比较令人满意或一般的完成。

大错误是指严重地偏离正确的动作。大错误被视为不令人满意地完成。

失误是指身体重心失去平衡或跌倒。

2. 一致性（10 分）

作为一个整体完成所有动作的能力，它以同一运动范围、动作幅度、腾空高度和准确性地完成所有动作为标准。一致性体现在同时或一次性完成动作的准确性。

评分标准：

非常好：8.1 ~ 10.0 分。

好：6.1 ~ 8.0 分。

较好：4.1 ~ 6.0 分。

差：2.1 ~ 4.0 分。

不可接受：0.0 ~ 2.0 分。

3. 合拍（10 分）

运动员的动作必须与音乐的节奏拍节相符，并配合乐句。

评分标准：

非常好：8.1 ~ 10.0 分。

好：6.1 ~ 8.0 分。

较好：4.1 ~ 6.0 分。

差：2.1 ~ 4.0 分。

不可接受：0.0 ~ 2.0 分。

4. 团队默契（10 分）

团队配合要默契，交流自然、巧妙、流畅，队形变化迅速、准确。

评分标准：

非常好：8.1 ~ 10.0 分。

好：6.1 ~ 8.0 分。

较好：4.1 ~ 6.0 分。

差：2.1 ~ 4.0 分。

不可接受：0.0 ~ 2.0 分。

（二）编排（20 分）

包括开始及结束的自创动作 10 分、队形变化设计 10 分。

1. 自创动作（10 分）

开场及结束自创动作编排可通过造型、队形和自创操动作的变化达到独特的效果。动作编排要结合自己队伍的特点，做到有新意、有创意。

评分标准：

非常好：8.1 ~ 10.0 分。

好：6.1 ~ 8.0 分。

较好：4.1 ~ 6.0 分。

差：2.1 ~ 4.0 分。

不可接受：0.0 ~ 2.0 分。

2. 队形变化设计（10 分）

评分标准：

非常好：8.1 ~ 10.0 分。

好：6.1 ~ 8.0 分。

较好：4.1 ~ 6.0 分。

差：2.1 ~ 4.0 分。

不可接受：0.0 ~ 2.0 分。

（三）表演及总体印象（20 分）

表演及总体印象包括表现力、感染力、自信力 10 分，总体印象 10 分。

1. 表演（10 分）

第一，表现力：通过自己的活力、热情、高超的技能来吸引观众的能力。

第二，感染力：运动员持续感染观众的能力，目光的持续接触、交流的能力。

第三，自信力：运动员强烈自信心的表现。

第四，表演要与音乐风格、舞蹈动作特点和主题内容和谐一致。

评分标准：

非常好：8.1 ~ 10.0 分。

好：6.1 ~ 8.0 分。

较好：4.1 ~ 6.0 分。

差：2.1 ~ 4.0 分。

不可接受：0.0 ~ 2.0 分。

2. 总体印象（10 分）

总体印象包括团队精神的体现，运动员外貌、体态、健康程度，成套动作的编排情况，场地使用的情况，成套动作的完成情况及服装等总体感觉。

第一，团体精神要突出，体现得淋漓尽致。

第二，运动员的体形要健美，肌肉线条明快，身体比例匀称，体现当代青少年学生的青春美、健康美。

第三，成套动作编排要有新意、连接巧妙、流畅，要与音乐风格吻合，要给人意想不到的效果；场地利用充分，队形变化多样，变队迅速，成形准确。

第四，成套动作完成完美，要体现啦啦队的动作特征。动作要有力度，部位准确，动作节奏变化清晰，开始和结束动作清楚。

评分标准：

非常好：8.1 ~ 10.0 分。

好：6.1 ~ 8.0 分。

较好：4.1 ~ 6.0 分。

差：2.1 ~ 4.0 分。

不可接受：0.0 ~ 2.0 分。

参考文献

[1] 包娅，刘洋．高校体育文化教育研究 [M]．北京：中国纺织出版社，2018．

[2] 程会娜．大学生校园体育文化解析 [M]．北京：世界图书出版公司，2018．

[3] 陈进，李楠．民俗体育文化探源与传承保护 [M]．长春：吉林大学出版社，2018．

[4] 丁敏．体育文化发展探索与传承 [M]．北京：九州出版社，2018．

[5] 杜鹏．探究体育文化与体育教学 [M]．长春：吉林出版集团股份有限公司，2018．

[6] 董好杰．当代体育文化多维探索与研究新思路 [M]．北京：冶金工业出版社，2018．

[7] 邓星华．体育文化传播与国家形象构建研究 [M]．北京：科学出版社，2018．

[8] 范恺．社区体育文化活动探析 [M]．北京：北京体育大学出版社，2018．

[9] 郭朕，刘君玲．现代社区体育文化建筑与锻炼指导 [M]．长春：吉林大学出版社，2018．

[10] 黄莹仪，高耀武，杜秀磊．民族传统体育文化的多维分析 [M]．北京：中国书籍出版社，2018．

[11] 霍朋．当代中国体育文化育人功能研究 [M]．北京：地质出版社．2018．

[12] 贾清兰．体育教学与体育文化融合研究 [M]．长春：吉林出版集团股份有限公司，2018．

[13] 李世宏．传统教育视角下中国古代体育文化研究 [M]．上海：上海人民出版社，2018．

[14] 李世华．体育文化十讲 [M]．北京：中国商业出版社，2018．

[15] 李中军．体育文化的多视角探索 [M]．长春：吉林大学出版社，2018．

[16] 李程秀．民族传统体育文化传承与发展实践 [M]．长春：吉林出版集团股份有限公司，2018．

[17] 李新科．体育文化多元解析与运动方法研究 [M]．北京：中国纺织出版社，2018．

[18] 路云亭．表演的异化：足球的观剧本性 [M]．上海：上海人民出版社，2018．

[19] 刘忠举．现代体育文化体系解析与发展研究 [M]．北京：中国书籍出版社，2018．

[20] 刘东起．新形势下网球运动文化发展剖析与全民健身攻略 [M]．北京：中国书籍出版社，2018．

[21] 刘军勇．民俗体育文化传承研究 [M]．长春：吉林大学出版社，2018．

[22] 刘淑梅，田世华，宋湘勤．大学体育文化与运动技能教程 [M]．西安：陕西人民教育出版社，2018．

[23] 刘军. 多元化视角下的体育文化研究 [M]. 长春: 吉林科学技术出版社，2018.

[24] 刘青健. 妈祖民俗体育文化及产业化研究 [M]. 厦门: 厦门大学出版社，2018.

[25] 莫铭．校园体育文化建设研究 [M]．天津：天津科学技术出版社，2018．

[26] 孙柱兵. 中国民俗体育文化的变迁和发展 [M]. 北京: 光明日报出版社，2018.

[27] 唐君玲．民族传统体育文化传承与发展研究 [M]．北京：中国大地出版社，2018．

[28] 王建军，白如冰. 高校体育文化教育研究 [M]. 长春: 吉林美术出版社，2018.

[29] 王洪珅. 中国传统体育文化的生态适应论 [M]. 北京: 中国商务出版社，2018.

[30] 王小军．多元体育文化解析与发展 [M]．北京：中国书籍出版社，2018．

[31] 王加新，杨进，严华．高校体育文化理论与实践研究 [M]．咸阳：西北农林科技大学出版社，2018．

[32] 汪雄．民族传统体育文化的多维审视 [M]．北京：九州出版社，2018．

[33] 铉令强，王玮．体育文化与体育教学发展动态研究 [M]．北京：北京工业大学出版社，2018．

[34] 许贵泉．民间体育文化的保护与发展研究 [M]．北京：现代出版社，2018．

[35] 易小东，王荣珂，赵晓哲．探究体育文化与体育教学 [M]．延吉：延边大学出版社，2018．

[36] 余雄．高等院校校园体育文化建设研究 [M]．长春：东北师范大学出版社，2018．

[37] 张虎祥．体育文化与全民健身 [M]．北京：九州出版社，2018．

[38] 张基振．民间体育文化研究 [M]．济南：山东大学出版社，2018．

[39] 赵金林．校园体育文化建设与实践探究 [M]．北京：中国书籍出版社，2018．

[40] 赵金林．休闲体育文化多元解析与运动方法指导 [M]．北京：中国书籍出版社，2018．

[41] 曾伟．体育科学与运动文化 [M]．北京：中国书籍出版社，2018．

[42] 周辉．现代体育文化体系分析与发展研究 [M]．北京：中国水利水电出版社，2018．

[43] 郑辉．体育文化差异与跨文化交流 [M]．长春：吉林人民出版社，2018．

[44] 郑焕然，程会娜．大学体育文化与运动教程（含微课）[M]．北京：清华大学出版社，2018．